KB071480

빛의 아이디어를 찾아서... 찾아가기

로

교사, 수업으로 말하다

Charlotte Danielson 저 | 정혜영 역

TALK ABOUT TEACHING!
Leading Professional Conversations (2nd ed.)

학지사

역자 서문

교원의 리더십 개발이나 전문성 신장의 중요성은 누구나 인정하지만, 그것을 어떻게 길러 주고 격려하며 개발시킬 수 있는지에 대해서는 여러 논의와 논란이 지속되고 있다. 하지만 냉정하게 인정할 수밖에 없는 사실은 우리가 아직까지 그에 대한 명확한 설명을 하지도 못하고 분명한 방법을 자신 있게 제시하지도 못한다는 점이며, 교사교육을 공부하는 사람으로 이에 대한 안타까움을 숨길 수가 없다. 이와 같은 결과가 초래된 연유를 생각해 보면, 교원의 전문성이나 리더십 그 자체가 매우 추상적인 개념이어서 그 실체에 대한 인식과 분석이 명확하지 않기 때문에 그에 도달하는 방법 역시 다양한 접근과 동시에 논란도 제기된다고 본다. 교원의 전문성 및 개발 영역에 관심을 가지고 있는 역자 역시 이와 관련한 여러 국내외 문헌을 읽으면서 한국 상황에서 시도된 그리고 시도될 수 있는 전문성 신장 방안에 관해 연구하고 있다.

이러한 분야에 대해 관심을 가지고 있던 중 2017년 연구년을 맞아 미국 텍사스 샌안토니오에서 열린 전 세계의 교육 관련 최대 규모 학회인 미국교육학회(American Educational Research Association: AERA)에 참석하였다가 『Talk About Teaching!: Leading Professional Conversations(2nd ed.)』를 접하게 되었다. 교원의 전문성 신장 방안에 대해 조금이라도 관심을 가지고 있는 사람이라면 이 책의 저자인 Charlotte Danielson의 이름과 연구에 대해 익히 알고 있을 것이다. 전 세계적으로 교육과 관련된 저명한 학회나 학술지에서 수업(teaching)

과 교원의 전문성에 관한 그녀의 서적과 연구들이 빈번히 언급되어 왔고, 특히 미국과 유럽 국가에서 그녀의 저서들은 현재 관련 영역의 학교 현장에서 가장 많이 활용되는 책 중의 하나로 평가받고 있다. 특히 그녀의 '수업 관련 틀(Framework for Teaching)'은 미국과 유럽을 비롯한 전 세계의 여러 나라에서 교원의 질 향상 및 전문성 신장에 대해 논의할 때 우선적으로 고려되고 있으며, 학교 현장에서도 이러한 수업 관련 틀을 참조하여 수업 및 교원 평가 시 적극 활용하고 있다. 역자 역시 그녀의 서적들을 대학원 수업이나 논문의 참고문헌으로 활용하곤 하였다.

수업 전문성 신장을 다루고 있는 기존 서적과는 달리, 이 책은 바로 '교원의 수업 전문성 신장'을 위한 방법으로 '교원들 간의 대화'에 초점을 두고 있는 것이 특징이다. 교사라면 누구나 동 학년 교사나 학교의 행정가, 동료 교사와 '장학(supervision)'이라는 명목으로 공식적으로나 비공식적으로 수업에 관한 대화를 나눈 경험이 있다. 이때 교원의 수업 전문성 신장을 위해 교원들의 대화는 어떠하여야 하는지에 대해 구체적이며 상세하게 언급하고 있는 것이 이 책의 장점으로, 개인적으로 매우 흥미롭게 읽었다.

사실 교원 간의 대화가 교원의 전문성 향상에 가장 원초적이며 필수불가결한 방식임을 인식한다면, 이러한 수업에 대한 교원 간 대화의 중요성에 동의하고 주목할 것이다. 이 책의 주요 메시지는 교원의 대화는 전문적이어야 하며, 그 전문적인 대화라면 반드시 고려해야 할 여섯 가지 주제(교수 목적의 명료성과 내용의 정확성, 학습환경, 학급 경영, 학생의 지적 참여, 모든 학생의 성공적인 학습, 전문성)를 매우 구체적으로 다루고 있다. 비록 미국에서 시도된 맥락일지라도 우리나라 교원의 수업 전문성 신장에 시사하는 바가 매우 크다고 생각되어 이 책의 번역을 시작하였다. 교사교육에 관심을 가지고 있으면서 교원의 전문성과 수업 전문성에 관해 연구하는 대학원생과 학자들 그리고 현장 교원 및 행정가들에게 이 책을 권하고 싶다.

『교사, 수업을 말하다: 빅 아이디어로 수업 전문성 찾아가기』가 나오기까지

도움을 주신 많은 분이 계시다. 번역 초고를 읽으며 보다 근접한 의미의 용어나 맥락을 추천해 준 Suzie Oh 박사, 송미사 박사를 비롯한 여러 석 · 박사 과정 학생(이은주, 동민주, 성아연)에게 감사한 마음을 표현하고 싶다. 그리고 이 책을 출판하도록 도움을 주신 학지사 김진환 사장님을 비롯해 출판되기까지 수고해 주신 여러 관계자분께 심심한 감사를 드린다.

역자 정혜영

저자 서문

『Talk About Teaching!: Leading Professional Conversations』의 초판이 나온 이후 6년 동안 교육 지평은 상당히 많이 변화하였다. 학교 현장에서 많은 교사가 학생들에게 학습이 일어나게 하는 교사의 높은 책무성 기준에 대해 논의하고 있다. 학생이 학습했다는 증거로 볼 수 있는 것은 무엇인지, 그러한 학생의 학습에 개별 교사들은 어떻게 개입하는지와 학생의 성장을 어떻게 측정할 것인지에 대한 논의는 여전히 계속되는 토론거리이다. 하지만 어떤 면에서 볼 때, 앞으로도 교사 평가에서 학생들의 성장을 통합적으로 측정하고자 하는 방식은 영원히 변하지 않을 것이다.

하지만 교사의 '수업의 질'이야말로 학교의 내부 요인 중에서 학생들의 학습에 가장 중요한 영향을 미치는 최소 한도의 요소임에 틀림이 없고, 이러한 교수 현장을 강화하게 되면 필수불가결하게 학습은 직접적으로 이와 병행되어 일어난다. 즉, 이것은 교사들의 학습을 촉진하는 방법으로 알려진 자기 평가(self-assessment), 현장에 대한 반성(reflection on practice), 전문적 대화(professional conversation) 등의 활동과 연계될 필요가 있다.

그러므로 이 책에 대한 필요성은 과거 어느 때보다 중요해졌고, 교사 평가를 둘러싼 교사의 높은 수준의 책무성이 요구되는 환경에서, 전문적 탐구가 가능한 학교 문화 속에서, 교사들이 자신의 교수 현장을 강화시킬 수 있는 기회를 가져 본다는 것은 매우 필요하다.

그리고 우리가 수업 관련 대화에 관심을 가져야 하는 두 번째 이유는 어느 시점부터 학생들의 학습이 이루어져야 한다는 요구가 극적으로 증가하고 있기 때문이다. 미국의 경우, 현재 대부분의 주(state)에서 '공통 핵심 주 기준(Common Core State Standards: CCSS)'을 도입하였는데, 이는 공식적인 정책의 일환으로 학생의 학습을 평가해야 한다는 것을 의미한다. 그러한 학생 관련 기준을 도입하지 않은 다른 주에서도 학생들의 학습과 관련된 이들 나름의 엄격한 기준을 도입하고 있다. 국가 차원의 기준을 도입하든 주 차원에서 기준을 만들든 간에, '학생들의 학습'에 초점을 둔 보다 엄격한 기준에 맞추려면 교육 현장에서 수준 높은 단계의 교수(예: 개념 이해, 고급 인지 과정, 토론 기술 등)가 요구될 수밖에 없다. 교사들에게는 이러한 방향이 '고단한 일'이 될지 몰라도, 새롭고 더욱 엄격한 방식의 교수가 요구된다는 것을 받아들이게 된다.

따라서 교사 평가는 보다 엄격한 절차를 따르고, 동시에 학생들의 학습은 더욱 높은 기준으로 가늠한다는 이 두 가지 요소가 종합되어 수업 현장이 개선될 필요가 있다는 결론에 도달하게 된다. 이러한 교수를 개선하는 데 있어 가장 강력한 기제로 작동하는 것 중 하나가 바로 '전문성을 띤 대화(professional conversation)'이며, 그러한 연유로 이 책의 제목이 정해지게 되었다.

이 책의 2판은 교사 평가와 관련하여 현재 변화된 환경을 반영하고, 교사들로 하여금 교수(teaching)를 강화시킬 수 있는 기회를 강조하는 것이 지속적으로 필수불가결하다는 점을 담고 있다. 또한 2판에서는 참고문헌을 최신판으로 갱신하였고, 완전히 새로운 디자인과 그래픽을 사용하였으며, 미국 대부분의 주에서 CCSS를 도입했다는 점을 고려하여, 중요한 학생들의 학습을 기술하는 부분에서 학생들의 학습과 관련된 더욱 높은 수준의 기준을 적용하는 것에 대한 시사점을 담고 있다. 마지막으로 4장 '대화를 위한 주제(Topics for Conversation)'는 교수(teaching)를 바라보는 교직 세계의 변화된 시각이 반영되도록 완전히 재기술하였다.

이 책을 읽기 전에

   학교의 리더십은 교수 관련 리더십을 의미한다. 모든 교육자(행정가, 담당 부장, 팀 리더, 수석교사, 비공식적 교사 리더 등)는 공식적으로든 비공식적으로든 그들의 영향력을 발휘하는 데 책임의식을 가져야 하며, 학생들의 학습이 보다 높은 수준에 이를 수 있도록 자신이 맡은 역할에서 최선을 다해야 한다. 이 과정에서 사람들이 흔히 알고 있던 상식 수준의 지혜와 충돌하기도 하고, 어떤 경우에는 새로운 시사점을 얻거나 최신 연구에 도움을 주기도 한다.

   가르치는 일은 너무나 복합적인 일이어서 어떤 교사의 기술을 강화시키고자 한다면 그 사람의 교직 생애 내내 노력을 기울여야 한다. 교수와 학습에 관한 새로운 방법들이 계속 나오고 있고, 교직이 진정한 전문직으로 여겨지려면, 모든 교사는 가르치는 과목이나 교수법 원칙 측면에서 뒤처지지 않아야 한다. 다른 말로 하면, 교사가 계속 학습한다는 것은 바로 가르치는 일에 대한 책임감을 드러내는 것이다. 따라서 교수 리더십의 본질적 의무는 바로 교사의 학습을 지원하는 것이라 할 수 있다.

   그렇다면 교사의 학습을 도와주고 촉진시키는 것은 무엇일까? 교수 영역에서 이러한 학습이 본질적 요소로 여기는 것을 '전문적인 탐구 문화'라고 본다면, 학교 리더들은 어떻게 하면 이러한 교사의 학습이 최대로 일어날 수 있는 문화를 조성할 수 있을까? 교사의 학습을 가능하게 하는 메커니즘은 무엇일까?

   전통적으로 해 오던 전문적인 독서모임이나 워크숍 이외에 교사의 학습을 촉진시킬 수 있는 중요한 메커니즘은 바로 '대화(conversation)'이다. 논의의 초점을 가지고 어떤 때는 구조화된 대화를 통하여 교사들이 자신의 업무에 대해 깊이 생각하고, 자신들의 접근 방식과 학생들의 반응을 되돌아보게 만든다. 하지만 이러한 대화를 하려면 기술이 필요하다. 만일 어느 교사에게 교장이나 행정가가 자신의 수업에서 일어난 어떤 사태에 대해 얘기하자고 하면, 대부분의 교사는 내 학급에 뭔가 잘못이 있거나 그들이 내 수업에 대해 무슨 걱정을 하고

있다고 생각하곤 한다. 하지만 교사들 사이에서 전문성을 띤 대화가 일어나지 않는다면, 교육 리더라 불리는 사람들이 교사의 학습을 촉진시키는 데 가장 강력한 도구 중 하나를 제대로 활용하지 못하고 있는 것이다.

전문적 대화에는 세 가지 유형이 있다.

① **공식적인 반성적 대화**: 교사 평가를 목적으로 수행되며, 공식적인 수업관찰 후에 시도함.

② **코칭 대화**: 교사가 자신의 교실에서 벌어지는 어떤 구체적인 사태에 대해 또 다른 시각에서 피드백을 받고자 행정가나 동료 교사를 자신의 교실로 초대함.

③ **전문성을 띤 비공식적인 대화**: 교사가 수업을 하고 있을 때 교장이 사전 예고 없이 짧게 그 학급을 방문하고, 전문적인 수업을 관찰한 후에 시도함.

첫 번째(공식적인 반성적 대화)와 두 번째(코칭 대화) 유형은 이미 다른 전문 서적에서 많이 다루고 있다. 그러나 마지막의 전문성을 띤 비공식적인 대화는 설명이 많이 필요하며, 교수 현장에 가장 많은 영향을 미치는 부분이기도 하다. 이 세 번째 유형인 '전문성을 띤 비공식적인 대화'가 이 책의 초점이다.

차례

'전문성을 띤 대화'의 필요성

1장 '전문성을 띤 대화'의 필요성

사실 모든 학교 교육자는 교육 현장에 관한 풍부한 대화를 하면서 전문적인 보상을 경험한다. 관례적으로 보면, 워크숍에서 가장 중요하게 여겨지는 발표 내용 후에 이어지는 교사들의 의견이야말로 동료와의 대화에 참여하게 만드는 계기가 된다. 심지어 그 의견이 워크숍의 원래 목적과는 꽤 벗어난 것[예를 들어, '수업 관련 틀(Framework for Teaching)'을 사용하여 교실 관찰을 시도하는]일 때에도 참석자들은 이러한 토론으로 인해서 그 경험이 매우 유익했다고 말한다. "거기에서 건질 만한 것은 그 대화가 전부였어."라고 말하기도 한다. 교사들은 이러한 대화를 통해 자신들의 신념과 계획을 명료화하고, 새로운 가능성을 탐색하며 연습하고 고려한다.

대부분 수업과 관련된 대화는 교실에서 관찰되었던 것에 근거하지만, 관찰이 용이하지 않거나 관찰 시간이 매우 짧은 경우일지라도 유용할 수 있다. 중요한 점은 대화의 이면에 담고 있는 것을 얘기하거나 교사들이 갖고 있던 기본 가정과 다른 접근 방식이 적용되었을 경우 나타나는 결과를 점검할 때 이러한 수행 기술로 인해 대화가 풍부해진다는 점이다. 노련한 방식으로 교사를 촉진시키면, 이러한 대화는 교사로 하여금 자신의 수업(teaching)을 깊이 돌아보고, 학생 및 교사 행동 양쪽의 모습을 모두 바라볼 수 있게 해 준다.

모든 행정가의 본질적 책무는 교원 간의 전문적인 탐구 문화를 만들어 주는 것이다. 오랜 기간 가르치는 일, 즉 교수는 개인 영역으로 보아 다른 동료 교사들은 관여할 수 없는 분리된 것으로 여겨졌다. 학교에서의 탐구 문화의 중요성은 가르친다는 것의 복합성 그리고 매일 수업을 준비해야 하는 요구를 반영하는 것이지만, 실제 많은 교사는 자신의 수업을 돌아보고 그것으로부터 배울 수 있는 시간을 마련하지 못한다. 비슷한 맥락에서 교사들은 동료 교사들과 자신의 수업 경험을 공유하지 않으며, 그 결과 동료의 경험을 통해 배울 수도 없게 된다. 그러므로 대부분의 학교는 배우는 조직도, 전문적 탐구 공동체도 아닌 셈이다. 그 대신, 교사 개인 입장에서 볼 때 가르치는 상황에서 어려움에 자주 봉착하지만 본질적으로 홀로 그 어려움을 해결해야 했던 일들이 모아져 쌓여 갈 뿐이다.

하지만 가르치는 일은 너무나 도전적이고 복합적이기 때문에 교사들이 이러한 현실에서 수업을 강화시키는 데 도움이 되는 모든 기회를 제공해 주는 것이 중요하다. 교사들끼리 혹은 교사와 행정가 사이라 할지라도, 탐구 공동체를 구성하도록 만드는 중요한 도구는 바로 '수업 관찰과 전문성을 띤 대화'이며, 이것은 특히 교사의 지속적인 학습에 매우 필수적이다.

많은 교장은 교사들이 본인 교실을 방문해도 좋다는 의사를 표시하면서, "언제든 방문하세요."라고 말하곤 한다. 그러나 많은 교사는 학교에서 행정가와 마주치기 거의 힘들다는 불만족을 표시하기도 하는데, 이러한 유형의 교사들은 행정가들에게 자신의 수업을 보여 주고 싶어 하는 경우일 수 있다. 하지만 전반적으로 대부분의 교사가 이러한 감정을 갖고 있다고 보기 어렵다. 많은 교사는 의도가 무엇이든 간에, 행정가들이 자신의 교실에 들어올 때마다 행정가의 마음에 들지 않을 무언가를 발견할까 봐 신경이 온통 곤두서고 위가 뭉치는 경험을 하곤 한다. 교사는 긴장하고, 학생들은 평상시와는 다른 무언가의 분위기를 감지하고 바른 행동 태세로 전환하곤 한다. 교사와 행정가, 이 둘은 사실 학교의 서열 체계상 동등한 힘을 갖고 있지 않다. 교장이 교실에 들어왔을 때 관찰자의 입장에서 내 교실이 어떻게 보일지 고려하지 않을 교사는 거의 없다. 그 결과, 교사 입장에서는 당연히 걱정과 긴장을 느끼게 된다.

아무리 교사가 신분 보장 면에서 걱정할 필요가 없을지라도, 관찰자가 내 교실에 들어와서 아무런 판단을 내리지 않으리라고 보는 교사는 아마 거의 없을 것이다. 특히 관찰자가 동료 교사일 때는 이러한 믿음은 더욱 분명해진다. 교사와 행정가 간의 권력(power) 차이로 인하여, 행정가가 내 교실에 들어올 때 교사가 경험하는 불안감은 증폭된다. 이러한 불안감을 없애고 '전문성을 띤 대화'를 통해 바람직한 결과를 얻으려면, 교사들은 무엇을 기대하는지 교사의 입장을 아는 것이 중요하다. 따라서 이 책은 가능한 한 그러한 결과를 얻을 수 있도록 모든 학교 교육자가 '전문성을 띤 대화'에 참여하게 도와주는 것을 목표로 삼고 이 점에 대해 다루려고 한다.

수업 개선에 필수적인 것

학생들의 학업에 영향을 미치는 모든 요인 중에서 학생 개인의(혹은 학생 그룹이든) 학업 성취 차이를 내는 요인의 약 절반 정도를 설명하는 것이 '학교' 요인이라는 점을 이제는 누구나 인정하고 있다. 나머지 요인은 학생의 양육환경을 비롯해 학생에게 얼마나 안정적으로 가능한 기회를 제공해 주느냐에 상당한 영향을 미치는 '학부모의 소득 및 교육 수준'이다.

하지만 학교 그 자체는 교육과정상의 풍부함, 일반적인 분위기, 학생 지원 서비스 및 특별활동 여부 등과 같은 여러 가변적인 부분을 품고 있는 복합적인 기관이다. 이러한 가변 요인에도 불구하고, 학교의 영향력하에서 학생의 학습에 가장 영향을 미치는 단 한 가지 요인을 꼽으라면 당연히 '수업의 질(quality of teaching)'*이라 할 수 있다. 그러므로 학생의 학습을 개선하고자 하는 학교라면 당연히 수업의 질을 높이는 데 힘을 쏟아야 한다. 이러한 노력을 할 때 유의해야 할 점은 교사들이 어떤 수업 면에서 결함을 갖고 있을 것이라는 선입견을 가져서는 안 된다는 것이다. 교사들의 전문적 발달을 옹호하는 정책 입안가와 실천가들이라면 교사가 가르치는 수준이 형편없기 때문에 반드시 고쳐야 한다고 주장하지 않는다. 오히려 그와는 정반대의 견해를 갖고 있다. 즉, 이들은 교사들의 전문적 발달을 옹호하면서, 가르치는 일은 너무 '어려워' 결코 완벽할

---

*역자 주: '수업의 질'과 관련하여 논의되고 있는 NBPTS의 '수업전문성' 기준 및 InTASC의 기준에 따른 '교사의 수행 및 성과'를 1장의 마지막 부분인 부록에서 소개하였다.

수 없다는 인식을 갖고 있다. 따라서 이들의 입장에서는 수업을 얼마나 잘했는지와 상관없이, 수업이란 항상 개선될 여지가 있다고 생각한다. 이에 대해 Lee Shulman(2004, p. 504)은 "이러한 일을 30년 이상 하고 나니, 교실에서 가르친다는 것은 인류가 만들어 낸 일 중에서 아마도 가장 복잡하고, 가장 도전적이며, 가장 부담되고, 미묘하며, 뉘앙스를 품고 있고, 두려운 활동이다."라고 언급하였다.

게다가 수업을 개선하기 위해서 필수적인 것이 있을 뿐 아니라, 그러한 필수적인 것에는 교사의 지속적인 노력이 필요하다. 즉, 다른 전문직 종사자와 마찬가지로 교사들은 자신의 지식과 기술을 증진시키기 위해서는 교직에 몸담고 있는 교직 생애 내내 탐구의 끈을 놓지 말아야 한다. 이는 교사가 정년 보장을 받을 때까지 혹은 어떤 주어진 기간에 교직에서 성공적이었다는 등의 특정 기간이 명시된 노력을 의미하는 것이 아니다. 즉, 전문적 학습이란 가르치는 일에 대해 위압적인 책무를 부과하려는 것이 아니라, 오히려 이러한 책임에 '통합적'인 입장을 취한다. 일단 교원 양성기관의 프로그램을 마쳤기 때문에 이제 어느 정도 교사로서의 커리어를 갖추었다고 보는 믿음은 유행에 한참 뒤떨어진 진정 고루한 생각이다.

교사 학습의 본질

성공적인 교직생활이 되기 위해서 지속적으로 교사가 학습해야 한다는 중요성을 받아들인다면, 이제는 이러한 '교사의 학습은 어떻게 해야 가장 잘 촉진될 수 있는지'를 고려하는 것이 핵심이 된다. 이것은 새롭게 제기되는 질문이 아니며, 수년 동안 학교에서 이에 대해 다루는 현장 워크숍을 진행해 왔다. 하지만 이제 대부분의 학교 교육자는 교사가 수동적인 역할을 담당하는 그런 워크숍이나 발표의 비효율성에 대해 인식하고 있다. 즉, 교사의 사고를 개선하거나 현장을 변화시키기에는 그러한 형식은 비효율적이었다는 점을 너무나 많은 사람들이 공감하고 있다는 의미이다.

'어떻게 하면 교사의 학습을 가장 잘 촉진시킬 수 있을지'를 결정할 때, 교사의 학습도 '학습'이라는 점 그리고 학교 교육자 자신들이 학습에 대해 알고 있는 것을 적용하려 한다는 점을 기억하는 것이 중요하다. 비록 교사와 같은 성인들은 많은 인생 경험을 갖고 있어서 아이들의 학습과는 차별되는 중요한 점이 있는 것도 사실이지만, 그럼에도 불구하고 학습 원칙은 동일하다. 간결하게 말하자면, 어린이든 성인이든 학습에 대해 알려진 것은 학습이란 능동적인 지적 과정을 통해 '학습자'의 주도로 수행되는 것이라는 것이다. 즉, 교사들이 무언가를 배우기 위해서는 교사들이 그러한 지적 과업에 참여해야 하는 것이 중요하다.

이러한 견해에서 볼 때, 일반적으로 그동안 교사에게 제공되었던 피드백의 한계란 명백하다. 교사의 관점에서 보면, 행정가든 심지어 동료 교사든 이들이 제안해 주는 것에 귀 기울이도록 하는 경험은 전적으로 수동적인 것이다. 사실, 전체적으로 볼 때 지금까지의 수업관찰 과정이 교사에게 수동적인 역할을 담당하도록 했다는 점은 교사들이 이에 대해 가치를 별로 두지 않게 된 이유를 이해하는 데 도움이 된다. 전통적인 수업관찰 상황에서는 감독자가 교실을 방문하여 메모를 하고, 무언가를 관찰 노트에 적고, 감독자는 교실을 나가고, 그 후에 수업에 관해 그 교사와 얘기하곤 한다. 여기서는 누가 주도적으로 일을 수행하고 있는지(감독자)를 인식하는 것이 중요하다. 실제로 교사에게 요구되는 일의 전부는 그 교사가 감독자와의 협의회를 견뎌 내는 것으로, 결국 감독자가 말을 멈추었을 때 비로소 그 교사가 그 자리에서 벗어날 수 있다. 따라서 이러한 전통적인 방식으로 접근하는 장학의 결과를 통해 교사들이 배우는 것은 거의 없으며, 교사들이 이 과정에서 실제로 주도적으로 맡을 역할이 없다는 사실은 더 이상 놀라운 사실이 아니다.

교사를 대상으로 한 수많은 전통적 현장 연수 내용들을 살펴보면, 대부분 교사에게는 '그냥 앉아 있다 가는' 시간이라는 점에 그 공통점이 있다. 주로 교사들이 앉아서 듣고만 있는 이러한 형태의 워크숍은 대개 학교나 교육청 소속이 아닌, 다른 곳의 외부 전문가가 와서 수동적으로 듣고 있는 교사들을 대상으로 공식적으로 강의를 하곤 한다. 비록 이 워크숍이 상호작용 성격을 띤다 해도, 이곳에서 다뤄지는 활동과 주제들은 참석자인 교사가 아닌 외부 사람들이 결정한다. 그러한 시간이 종료되면, 교사들은 자신의 교실로 돌아가 워크숍에서 얻은 자료들을 책장에 얌전히 꽂아 두고, 자신의 평범한 일상으로 되돌아간다. 워크숍 발표자는 교사들에게 중요한 정보와 통찰력을 나눠 준다는 점에서 진정 전문가인 듯 보이나, 교사들이 그 내용을 자신의 학급 상황에 맞게 적용해 보려는 어려운 작업을 시도할 기회가 없다면, 교사들은 그 시간을 통해 배우는 것이 거의 없다고 봐야 한다.

　학교 교육자들은 자신들의 접근 방법을 교사의 전문적인 학습으로 변화시킬 때 상당히 다른 결과를 얻게 된다는 것을 알게 되었다. 몇몇 학교에서는 교사들을 지명하여 그들을 수석교사로 훈련받게 한 후, 그들이 동료들과 깊은 대화를 나눌 수 있는 기회를 제공할 수 있는 일정도 마련해 주었다. 어떤 학교에서는 교사들이 연구 모임과 더불어 계획에 참여할 수 있는 기회를 마련해 주었다. 대부분 이러한 접근들은 교과부장, 학년부장 혹은 팀 리더라는 명칭을 부여한 교사들에게 공식적인 역할을 담당하도록 한다. 그들이 담당한 역할은 교육 현장에 관한 대화에 동료 교사들을 반드시 참여시키고, 그 결과로 교사에게 중요한 학습이 일어날 수 있게 하려는 것이다.

　이러한 대화 초기에는 행정가의 주도하에 시작될 수 있으며, 그러한 경우라도 또한 강력한 교사의 학습이 일어날 수 있다. 행정가들은 대개 감독적 책무가 있기 때문에 그들의 책무성 일환으로 내려야 할 판단을 위해 대화 내용은 은밀한 자료로 활용될 수 있다. 학교 조직에 존재하는 불공평한 파워의 분배에 대해 교직원들이 반드시 인식하고 있어야 하는데, 이 부분과 관련하여 2장에서 '학교에서의 권력과 리더십'이라는 주제로 다룰 것이다. 게다가 행정가라는 공식 직함은 그 직위 자체로부터 전통적인 권위가 부여되어, 수업 계획과 학생의 학습을 강조하는 데 필요한 중요 개념들에 관해 토의를 시작하게 하고 지속하게 할 수 있다. 이러한 내용은 '전문적 대화로 이끌어 주는 빅 아이디어'라는 제목으로 3장에서 다룰 계획이다. 학교 비전 속에서 학생의 학습이 명시되고 인식되는 과정을 거치게 하는 수단으로 '수업에 대한 이야기'가 활용될 수 있다.

대화를 통해 전문적 학습 촉진시키기

교사의 학습을 촉진시키기 위해 학교 교육자들이 활용할 수 있는 접근 방법 중 가장 강력한 것은 바로 '전문성을 띤 대화'이다. 교육 현장에 관한 반성적 대화는 교사들로 하여금 교실에서 벌어지는 사태들을 이해하고 분석하게 만든다. 이러한 대화에서 교사들은 자신들이 내린 교수적 결정을 고려하고, 이러한 결정을 내릴 때 학생의 학습을 확인해야 한다.

이러한 대화가 교사의 사고에 기여한다는 것은 의심할 여지가 없다. 실제로 영어 표현 중에 이러한 연관성을 보여 주는 구절이 몇 개 있다. "내 생각을 말로 표현한다."(그 의미는 '나는 뭔가를 말하고 있지만 그게 뭔지 정확히 잘 모르겠다.') 혹은 "내 생각을 말로 표현하지 않으면 어떻게 그 사람이 알아듣겠어?" 이처럼 단어를 사용하여 이러한 아이디어를 생각하고 표현해 보도록 하는 것은 사람들이 자신의 생각을 명료화하는 데 도움이 된다.

'전문성을 띤 대화'의 가치는 그것이 발생하는 특정 상황을 넘어서서 그 영향력이 널리 확산된다는 점이다. 즉, 그 순간뿐 아니라 그 시간이 지나가도 그 가치를 계속 지니고 있다. 교육 현장에 관한 사려 깊은 대화에 참여함으로써, 교사들은 특정 대화를 하면서 받았던 도움 없이도 이제 자신만의 생각을 밀고 나갈 수 있는 가치 있는 사고 습관을 습득하게 된다. 다른 상황에 처해 있어도 교사들은 이전 상황으로부터 배울 수 있는 수업을 생각할 수 있고, 이러한 적용 가능성을 또 다른 새로운 상황에 시도할 수 있다. 이는 교사의 학습이 일어나게 하는 강력한 도구인 '전문성을 띤 대화'를 통해 가능해진 통찰력의 전환이라 할 수 있다.

　이러한 대화에서 다른 사람들(예: 동료 교사, 행정가, 수석교사)의 역할은 중요하다. 그들은 거울로, 주변을 둘러싼 배경으로, 동정 어린(그리고 실제로 가끔은 도전적인) 목소리 역할을 담당한다. 이들과 같은 전문적 동료의 역할은 교사들이 교육 현장에 관한 깊은 대화에 참여하게 만드는 것이다. 이 방법이야말로 유일하게 교사의 사고에서 이끌어 낸 학습과 교수 그리고 기술이 어우러질 경우에만 형성될 수 있다. 게다가 교사의 의도, 주제와 관련된 이전의 활동들, 학급을 위한 미래 계획 등의 탐구를 통해 관찰자는 교수 상황에서 유발되는 복잡한 결정 속에서 드러나는 교사의 경험, 전문성 그리고 깊은 공감에 대한 존중을 나타낸다.

　하지만 '전문성을 띤 대화'란 어느 교사가 도전적인 일에 참여하게끔 지원해 주는 기회 그 이상이다. 또한 전문성을 띤 대화는 강조하는 학습과 교수 원칙을 점검하도록 촉진하고, 여백을 밀어낼 수 있는 논의거리와 중요한 기회 상황을 제공해 준다. 즉, 관찰자가 짧은 시간이지만 교실에 들어와 학생들의 활동과 학생과의 상호작용 그리고 교사와의 상호작용을 지켜보는 상황이라면, 이제 교사와 관찰자라는 두 명의 교육자가 함께 토의할 수 있는 구체적인 무언가를 갖게 되었다는 긍정적인 의미이다. 이들의 대화는 탄탄한 이론에 근거해야 하겠지만, 이론적인 탁상공론적 용어만을 읊어대지는 않을 것이다. 수업 관찰을 통해 이들로 하여금, 예를 들어 학생 집단을 다른 방식으로 구성했더라면, 약간 수정된 활동으로 시도했더라면 혹은 결말을 다르게 접근했더라면, 학생의 참여나 이해를 더욱 촉진시킬 수 있지 않았을까 하는 고려를 해 보게 한다. 실제 학생들의 과제물 샘플을 살펴보게 되는 경우, 이러한 대화는 더욱 풍부해진다.

　따라서 이 책을 집필하게 된 기획 의도는 어느 전문 영역에서나 강조하고 있는 학습 그리고 동기 유발의 빅 아이디어에 관해 학교 교직원들끼리 서로 공유하고 있으면서, 동시에 학생의 학습이 이루어지게 하기 위한 강력한 대화를 서로 나눔으로써 학교 교육자들에게 도움을 주고자 함이다.

전문적 대화에서 강조하는 가정

가르치는 일은 전문적 기술(expertise)이 수반된다. 다른 전문직과 마찬가지로, 가르치는 행위에서 드러나는 전문성(professionalism)은 불확실한 조건에서 복합적인 의사결정을 내릴 필요가 있다. 전문성에는 그 전문직에 근무하는 모든 구성원 내에서 공유되는 일련의 현장 관련 지식이 내포되어 있다. 따라서 전문인은 현장 공동체의 일원이며, 이들이 하는 일은 지금까지 셀 수도 없을 정도의 수많은 연구자와 실천가가 이뤄 낸 지혜의 산물이 축적된 것으로, 오랜 시간에 걸쳐 이러한 발견이 구성되고 받아들여지면서 행동 이론으로 만들어졌다.

교육 현장에 대한 의미 있는 대화에 참여하기 위해서는 교육자들은 반드시 수업의 본질에 관해 공통된 이해를 갖고 있어야 한다. 이러한 대화는 수업에 관한 전문성의 본질, 지속적인 교사 학습의 중요성 그리고 이를 촉진시키는 기제 등과 관련된 수많은 중요한 가정에 토대를 두고 있어야 한다.

가르치는 행위에 요구되는 것: 신체적·감정적·인지적 노동

어느 교육자라도 입증할 수 있듯이, 가르치는 일은 많은 차원이 내포된 대단히 복합적인 작업이다. 특히 새로 전문직에 진입한 신입교사들을 보면 여러 도전 속에서 가르친다는 것이 그들을 주눅 들게 만들어, 교직 초기에 많은 교사가 자신들은 교사로서 제대로 준비되지 못했다고 생각하게 한다. 다른 전문직과 비교해 보면 가르치는 영역은 이직률이 매우 높은데, 그리 많지 않은 월급이 부분적으로나마 이 직종을 설명해 주고 이 직업의 요구를 드러낸다.

이러한 가르치는 일에 대한 도전에는 몇 가지 구분되는 차원이 있다.

첫째, 가르치는 일은 '신체적' 노동이 병행됨을 인지하는 것이 중요하다. 교사들은 서서 일하고 계속 교실을 돌아다녀야 한다. 많은 초등학교 교사는 앉았다 섰다를 반복하거나, 적어도 학생들과 눈높이를 맞추기 위해 허리를 구부려야 한다. 요즘의 고등학교 건물은 자기 교실로 갔다가 식당으로 갔다가 또 회의실에 갔다가 다시 교무실로 가야 하는 방대한 물리적 구조로 건축되어 있어서 교사들로 하여금 상당한 거리를 걷게 만든다. 그러므로 대부분의 교사가 하루를 마칠 즈음에는 신체적으로 지친 상태가 되어 버리는 것이 놀라운 사실이 아니다.

둘째, 가르치는 일은 '감정적' 노동을 병행하게 되는데, 어린아이를 돌보는 교사일수록 그런 감정적 노동이 더욱 수반된다. 어떤 학생들은 힘든 생활 배경을 갖고 있으며, 학교에서 이들 학생이 보이는 행동과 모습에서 이러한 어려움이 투영되기도 한다. 심지어 학생들의 개인 배경과 결부시키지 않으려 할 때조차 몇몇 교사는 그 영향력을 떨쳐 버리는 데 어려움을 느낀다. 더욱이 교사들은 학생의 심각한 박탈 혹은 실제 학대 증거를 목격하게 되면 도움을 제공해야 할 의무가 있다. 이런 모든 것이 교사에게 어려움을 가중시킬 뿐 아니라, 교사 스스로 자신들이 담당하는 직업의 감정적인 요구들로 인해 너무나 지쳐있음을 느낀다.

하지만 가장 중요한 점은 가르치는 일에는 '인지적' 노동이 병행되며, 교사들은 매일 예측하지 못한 수백 가지 상황 속에서 결정을 내려야 한다. Shulman(2004)은 이러한 가르치는 일의 인지적 요구를 다음과 같이 기술하였다.

가르치는 일의 현실은 의료계에서 하는 일보다 훨씬 더 복합적인 작업환경 속에서 일어난다. 의사들이 한 명의 환자를 대할 때 교사들은 25~35명의 어린아이가 가득 찬 교실에서 일하고 있다. 교사의 목표는 아주 다양하며, 학교 의무 사항 역시 일률적인 것과는 거리가 멀다. 심지어 어느 교실에서나 볼 수 있는 초등학교 읽기 집단 상황에서조차 교사는 학생들에게 글자 해독 기술을 가르쳐야 할 뿐 아니라 내용 이해도 동시에 다루어야 한다. 게다가 글자 읽기를 가르치면서 동시에 읽기에 대한 동기 유발과 사랑을 갖도록 해야 하며, 교사 눈앞에 있는 6~8명 학생의 개별 수행도를 모니터하면서, 동시에 한 교실에 있는

나머지 24명을 놓쳐서도 안 된다. 게다가 학생들의 개인차가 너무나 명백한 현실임에도 불구하고, 특별교육 폐지(메인스트림) 혹은 통합교육 같은 주요 정책들로 인해 상황이 더욱 어려워지고 있다. 이러한 교실의 복합적인 상황과 비교될 만한 것은 자연재해 때나 그 직후에 병원 응급실에서 의사가 경험하는 상황이라고 보면 된다(p. 258).

가르치는 일의 인지적 특징에는 교사들이 교직 현장에 대해 어떻게 얘기하느냐에 따라 무수한 시사점을 담고 있다. 어떤 교사가 가르치는 일의 인지적 본질을 언급한다면, 수업 관련 대화는 당연히 인지(cognition)와 관련된다. 교사가 하는 일을 충분히 묘사하거나, 토의하거나 심지어 비평하는 것으로는 충분하지 않다. 그러한 행동을 하게 한 이유를 탐색하는 것이 매우 중요하다. 이러한 사고를 탐색하는 방편으로 교육자들은 필연적으로 대안적인 행동뿐 아니라 그것을 선택함으로써 나타날 결과 또한 함께 고려해야 한다.

물론 가르치는 일의 인지적 본질을 안다는 것은 이러한 사고의 지속적인 개발을 지지한다는 것이다. 이 점에 대해 Carl D. Glickman, Stephan P. Gordon과 Jovita M. Ross-Gordon(2003)은 다음과 같이 설명하고 있다.

가르치는 일 자체에는 본질적으로 자동적이고 유연한 사고를 필요로 하지만, 높은 수준을 지닌 교사들이 당면한 문제는 대부분의 학교에서 교사들로 하여금 이러한 사고를 향상시킬 수 있는 방법을 지원해 주지 않는다는 점이다. 복합적인 환경 속에서 학생들의 다양한 요구에 부응해 주지 못하거나, 추상적으로 그리고 자동적으로 사고할 수 있는 능력을 갖추는 데 별 도움을 받지 못한 교사가 선택할 수 있는 유일한 대안은 수업환경을 단순화시키고 무력화시키는 것이다. 교사들은 학생 간의 차이를 고려하지 않고, 결과적으로 하루하루 매년 비슷하게 반복되는 일상과 수업을 시도하여 교육환경을 훨씬 덜 복잡하게 만들게 된다. 효과적인 교수란 어떤 일련의 교수 행동 결과(지난 수업의 목표를 복습하

고, 새 목표를 제시하고, 설명하고, 보여 주고, 연습시키고, 이해도를 확인하는
것 등)인 것으로 잘못 이해되거나 잘못 적용되도록 한다. 이러한 교사가 언급한
효과성의 설명이 실제로 사실이 아닌데도 말이다(p. 72).

가르치는 일의 본질

교사들은 동료 교사 앞에서나 교육 현장과 동떨어진 맥락에서는 자신의 전문
성을 드러내지 않는다. 3학년 수학을 예로 들어 보면, 같은 학년에게 같은 과목
을 가르치는 상황일지라도 모든 수업 상황은 맥락과 연관된다. 기본적으로 모
든 3학년 교실에서 가르쳐야 하는 핵심적 수학 개념은 동일하지만, 농촌 환경
의 아동들에게는 농장 울타리를 치는 일이나 동물 사료를 특정 비율로 섞는 일
과 연결시키면서 이 개념을 이해시킬 수 있다. 도시 학생들에게는 시내버스로
갈 수 있는 거리 혹은 살고 있는 지역의 운동장 크기처럼 그들에게 보다 의미
있는 방식을 통해 도입할 수 있다. 따라서 교사의 사용 기법이나 활용 예들은
교사들이 근무하는 학교 맥락과 밀접하게 관련된다.

가르치는 일과 관련된 Danielson의 '수업 관련 틀' 속에서는 가르치는 일의
본질을 네 가지 대영역(계획과 준비, 교실환경, 교수, 전문적 책임)으로 구분하고,
다시 그 안에서 스물두 가지 요소로 나누어 설명하고 있다. 각 요소(예: 존중과
라포가 형성된 환경 구축하기)는 그 요소의 주요 요인들을 보여 주는 차트 혹은 루
브릭을 통해 설명하고, 네 가지 수행 수준(불충분, 기본, 우수, 뛰어남)마다 교사들
이 어떻게 행하는지 간략한 설명을 함께 제시한다.

'수업 관련 틀' 자체는 포괄적인데, 그 이유는 1학년 국어 과목부터 고등학교
물리 과목까지 모두 포함할 수 있는 수업 상황을 담아내는 하나의 틀이기 때
문이다. 모든 교육적 만남을 특별하게 만드는 모든 요인들(학생의 나이와 문화,
가르치는 과목, 도심/교외/농촌 등의 환경)을 놓치지 않아야 한다. 하지만 근본적
인 구성 요인은 각 상황이 처한 독특한 특징을 지지해 주는 것인데, 모든 성공

적인 교실에서는 학생들이 교사뿐 아니라 다른 동료 학생들로부터도 존중받고
있다고 느낀다. 이러한 교실 문화를 만들기 위해 고교 교사들이 시도하는 구체
적인 행동은 초등학교 1학년 교사들이 사용하는 것과는 근본적으로 다를 것이
다. 그러나 그 결과는 동일하여 모든 학생을 귀하게 여기고, 존중하며, 가치 있
게 대해야 한다.

그러나 여전히 가르치는 일은 맥락과 너무나 관련되기 마련이며, 교육 현장
관련 대화는 어떤 특정 그룹의 학생들이 어떤 특정한 내용을 배울 때 나타나는
그때만의 수업 사례임을 고려해야 한다. 한 개인이 이러한 특정한 사태를 언급
하는 방식이 교수 기술의 일부분이며, 이는 대화를 통해 탐색될 수 있다. 교사
는 비슷한 내용을 다룰지라도 학생이 속한 집단에 따라 약간 다른 접근 방식을
사용한다. 어떤 접근 방식을 취할지 결정할 때 교사는 각 상황에 맞는 전문성
과 민감성을 동시에 발휘한다. 각 접근 방식을 결정할 때 나타나는 교사의 사
고를 탐색하는 것은 이러한 대화를 풍부하고 생산적으로 만드는 요소 중 하나
이다.

피드백의 역할

학습 측면에서 학생에게 제공하는 피드백의 위치는 이미 잘 정립되어 있다.
학생의 수행이 명백한 기준에 반할 때 적절한 시점에서 그 학생이 구체적으로
피드백을 받게 되면, 그 피드백이 두루뭉술하거나 나중에 제시될 때와 비교했
을 때보다 학생들이 도달해야 할 목표와 현재의 수행 사이에서 나타나는 차이
를 신속하게 메워 줄 수 있다. 즉, "애썼어." 혹은 "앞으로 더 잘하자."와 같은
피드백은 학생들로 하여금 어떻게 더 향상시킬 수 있을지에 대해 별 도움을 주
지 못한다. 학생들로 하여금 추가 노력과 성공적인 수행을 하도록 자극하려면,
교사들은 반드시 학생들의 노력이 어떻게 부족한지, 기준에 도달하려면 학생들
이 무엇을 해야 하는지 학생들에게 '구체적으로' 제시할 수 있어야 한다.

비슷한 관점에서 피드백은 '제때' 제공해야 한다. 시험을 치른 지 몇 주 후 그 결과를 학생들에게 통보하면, 학생 대부분은 자신들이 무엇을 배웠는지 구체적인 내용을 기억하기 힘들고, 이해력이나 절차 면에서 자신들의 노력을 수정하는 데 필요한 노력으로 이어지기 힘들다. 이렇게 되면, 그 사건이 벌어진 시기에 피드백을 제공하는 것에 비해, 무슨 내용이었는지 기억도 못하고 설사 사려 깊은 교사의 코멘트였더라도 별 소용이 없다.

학생이 정해진 수행 기준에 미치지 못하는 상황에서는 학생 스스로 자신의 수행을 평가하고 모니터하는 과정을 시도할 때 학생들이 가장 많이 배운다. 예를 들어, 루브릭을 고려하여 자신이나 친구의 글을 평가하는 상황에서 그 작문 결과가 어떤 점(예: 언어의 명료성)에 못 미친다는 판단을 내릴 때, 그 글을 썼던 사람은 이러한 어려움을 더 잘 받아들일 수 있고 동시에 이를 수정하기 위한 노력을 기울일 수 있다.

교사에게도 비슷한 추론을 적용할 수 있다. 만일 수업과 관련된 분명한 기준이 있는 경우, 교사가 이러한 기준에 못 미칠 때 제공되는 피드백은 교사들로 하여금 자신들의 수업을 향상시키는 데 도움을 줄 수 있다. 바로 이런 점에서 '수업 관련 틀'이 만들어졌고, 전 세계의 교육자들 사이에서 광범위하게 활용될 수 있었다. 교사들은 이를 통해 자신들의 수업에 관한 구체적인 정보를 얻을 수 있으며, 어떤 점이 개선되어야 하는지 알 수 있게 되었다. 특히 초임교사들은 행정가들이 자신들이 교실에서 제대로 하고 있다고 알려 주면 너무나 기뻐하고, 수석교사로부터 뛰어난 수업을 했다는 칭찬을 받게 되면 이를 매우 가치 있게 여긴다. 교직의 복합성으로 말미암아 많은 교사가 좌절할 때 초임교사들에게 제공되는 이러한 피드백은 자신이 제대로 하고 있다는 자신감을 불어 넣어 주고, 동시에 초년의 교사들에게 동기 부여 하도록 만든다.

하지만 교사들의 교직 경험이 쌓여 가고 현장을 바라보는 시각이 점차 성숙해지면서 행정가들의 칭찬에 덜 의지하게 된다. 특히 교사들이 전임교원 자격(예: 1종 교사자격증)을 취득하게 되면, 자신의 교수를 평가할 때나 개선 방향을 세울 때에도 이제 자신이 독자적으로 더 많이 판단할 수 있게 된다. 자신들의 수업에서 어떤 점을 보강해야 하는지 인식하고, 그것에 도달할 수 있는 일종의 행동을 취할 수 있다. 게다가 교사들이 전문적인 학습 공동체에 참여하게 되면, 교육적으로 어려운 일에 교사들이 함께 도전하며 문제를 해결하고자 한다. 따라서 경력교사들은 초임교사만큼 행정가들이 제공하는 긍정적인 반응에 거의 좌우되지 않는다. 대신 경력교사들은 학생들에게 보다 나은 긍정적인 교수적 접근 방법을 마련하기 위해 동료 교사와 함께 노력한다. 그러므로 경력교사들 입장에서 전문적 대화를 이어 갈 때 행정가의 역할은 주로 외부의 판단자라기보다는 동료에 더 가깝다.

전문적인 대화를 바라보는 이러한 방식은 행정가들이 교사들에게 '피드백'을 어떻게 제공해야 하는가에 대한 시사점을 제공한다. 수석교사들은 연수를 통해 수석교사의 중요한 역할은 교사의 수업을 관찰하고 피드백을 제공하는 것이라고 배웠다. 이전에도 언급하였듯이, 초임교사들은 행정가들의 그런 피드백에 대해 자신들의 노력을 알아주었다는 점에서 고맙게 여긴다. 하지만 경력교사들로서는 그러한 피드백을 실제로 자기를 가르치려 하거나 심지어 깔보는 용도로 여길 수도 있다. 자신들도 경험이 많은 전문가이기 때문이다. 경력교사들이 행정가들로부터 기대하는 것은 자신보다 경험이 좀 더 많은 동료가 주는 충고에 그칠 뿐이지, 교사로서 자신이 처한 세세한 교수 상황을 잘 알지도 못하는 어느 개인으로부터 칭찬을 받는 것을 원하지 않는다.

따라서 보다 전통적인 형태의 장학이나 전문성 개발 측면에서 활용되던 것과 비교하면, 전문적인 대화 상황에서의 '피드백'은 과거와는 달리 작은 역할을 차지한다. 학교 교육자들이 교사들의 이해를 촉진시키기 위한 용도로서 피드백의 역할을 인식하면, 자신들의 수업을 스스로 평가하고 그 수업에 대한 반성을 하는 사람은 바로 교사 자신이며, 그렇게 되면 외부의 피드백은 이러한 과정에 오히려 방해가 될 수도 있다.

요약

'전문성을 띤 대화'는 교사들 사이에서 전문적인 학습을 촉진하는 데 필수적인 기법이다. 이러한 대화는 교사들과 행정가들, 교사들과 공식적인 교사 리더들(예: 수석교사) 혹은 동료 교사 사이에서도 이루어질 수 있다. 모든 경우에 있어 전문성을 띤 대화란 교사들의 전문적인 판단을 존중하는 방식으로, 학생들의 학습을 강조할 수 있는 방식을 탐색하는 도구로 활용될 수 있다.

가르치는 일과 관련된 전문성을 띤 대화에서는 가르치는 일의 복합적인 본질을 감안하면서도 동시에 교수와 관련된 중요한 가정들(전문성의 본질, 전문적 학습에 대한 요구, 적절한 피드백 역할)이 고려된다. 게다가 이러한 대화는 구체적인 상황 속에서 학생 학습의 본질을 탐색할 수 있는 기회를 제공한다.

그리고 수업에 관한 대화는 학생 학습을 바라보는 중요한 빅 아이디어에 근거하고 있으며, 학교라는 조직 맥락 속에서 벌어진다. 특히 행정가들은 교사들보다 더 강력한 힘(power)을 갖고 있으며, 이러한 점은 모든 전문성을 띤 대화에서 색깔을 드러낸다. 이러한 내용은 다음 장에서 살펴보기로 하자.

부록*

NBPTS(미국 전문적 교수 기준 위원회, National Board for Professional Teaching Standards)의 '수업전문성' 기준(교육계의 히포크라테스 선서)

핵심 명제	세부 영역	구체적 설명
1. 학생과 학습(교사는 학생 및 이들의 학습에 헌신한다.)	내용의 재구성	전문가들은 모든 학생이 이해하기 쉬운 지식을 만들기 위해 헌신한다. 그들은 모든 학생이 학습할 수 있다고 믿는다.
	개인차를 고려한 수업 실행	전문가들은 학생들을 공정하게 대한다. 그들은 개별 학생들의 특성을 인지하고 수업 실행에서 이러한 차이점을 감안한다.
	학습자의 특성 이해	전문가들은 학생들이 어떻게 발달하고 학습하는지 이해한다.
		전문가들은 교실 안에서 인식되는 학생들의 문화적 혹은 가정적 차이를 존중한다.
	학습자의 성장에 대한 관심	전문가들은 학생들의 자아 개념, 동기 부여, 다른 친구들과의 학습의 효과성에 관심을 둔다.
		전문가들은 기질과 시민적 책임성의 발달에 관심을 둔다.
2. 내용과 방법(교사는 가르치는 교과 내용과 교수법을 잘 알고 있다.)	교과에 대한 전문성	전문가들은 가르치는 교과에 대해 숙달되었고, 교과에 대한 역사, 구조 그리고 적용에 대해 깊이 이해한다.
	교수기술 및 학습자 특성에 대한 전문성	전문가들은 가르치는 것에 대한 기술과 경험이 있고, 교과와 관련된 학생들의 선입견이나 수준 차이에 대해 익숙하다.
	교수 전략 활용에 대한 전문성	전문가들은 학생들의 이해를 돕기 위해 다양한 구조적 전략을 사용할 수 있다.

*역자 주: 부록은 독자의 이해를 돕기 위해 역자가 추가한 내용이다.

대명제	구성요소	설명
3. 학생 학습에 대한 책임감(교사는 학생 학습을 관리하고 관찰하기 위한 책임감을 가지고 있다.)	학습동기 부여 및 학생 참여 유도, 유연한 상황 대처	전문가들은 효과적인 수업을 실행한다. 그들은 가르치는 기술의 범위를 능수능란하게 변화시키며, 이를 통해 학생들을 동기화하고, 참여시키고 집중할 수 있도록 한다.
	수업 계획	전문가들은 수업 목표를 달성하기 위해 수업을 어떻게 조직하고 학생들을 주어진 학습환경에 어떻게 참여시키는지 안다.
	평가 및 피드백	전문가들은 학급 전체뿐만 아니라 개별 학생들의 과정을 어떻게 평가하는지 안다.
		전문가들은 학생들의 성장과 이해를 평가할 수 있는 다양한 방법을 알고 있으며 학생들의 수행결과를 학부모에게 효과적으로 설명할 수 있다.
4. 체계적 사고, 경험을 통해 학습(교사는 수업에 대해 체계적으로 고민하고 경험을 통해 학습한다.)	교사의 학습	전문가들은 학습하고 질문하고 창의적이며 새로운 것을 시도하려고 노력한다.
		전문가들은 학습 이론, 구조적 전략과 친근하며, 교육적 이슈가 되는 것들과 나란히 한다.
	반성적 수업 실천	전문가들은 깊은 지식을 바탕으로 자신의 수업을 비판적으로 평가하며 기술 레퍼토리를 확장시키며, 수업에서의 새로운 발견을 통합시킨다.
5. 학습공동체 일원(교사는 학습공동체의 일원이다.)	동료교사와의 협력	전문가들은 학생들의 학습을 개선하기 위해 다른 사람들과 협력한다.
	학습공동체의 적극적 참여	전문가들은 공동체를 찾고 그들과의 협력관계를 수립하는 데 적극적으로 앞장선다.
	전문가와의 협력	전문가들은 구조적 방침, 교육과정 개발 및 교사 개발과 관련하여 다른 전문가들과 협력한다.
	환경 구축을 위한 노력	전문가들은 국가 혹은 지역 수준의 교육 목표를 수행하기 위하여 자원의 배분 혹은 학교의 나아가는 방향에 대해 평가할 수 있다.
	학부모와의 협력	전문가들은 학부모와 어떻게 협력하는지 알고 있으며, 그들을 학교에 어떻게 생산적으로 참여시킬 수 있는지 알고 있다.

출처: https://www.nbpts.org/standards-five-core-propositions/

InTASC(미국 주들 간의 교사 평가 및 지원 컨소시엄, Interstate Teacher Assessment and Support Consortium)의 기준에 따른 '교사의 수행 및 성과'

InTASC 기준	교사의 수행 및 성과	구체적 사례
제1원칙	주요한 개념, 조사도구, 가르칠 교과의 구조를 이해한다. 학생들에게 유의미한 학습 경험을 창안한다.	• 수업 목표를 작성한다. • 학생의 배경에 기반을 두고 차이성을 반영해 수업한다.
제2원칙	학생들이 어떻게 학습하고 발달하는지를 이해하고, 그들의 발달을 지원하는 학습 기회를 제공한다.	• 수업 목표를 작성한다. • 학생의 주의를 이끌면서 학습시킨다. • 학생의 이해를 깊이 하는 발문을 한다. • 학생의 다양성에 기반을 두고 차이성을 반영해 수업한다.
제3원칙	학생들의 학습방식에 어떻게 차이가 있는지 이해하고, 다양한 학습자를 아우르는 교육적 기회를 창안한다.	• 학생의 주의를 이끌면서 학습시킨다. • 학생의 특성에 기반을 두고 차이성을 반영해 수업한다. • 현재 진행 중인 학급 과업의 관리 측면에서 바람직한 학습환경을 조성한다.
제4원칙	다양한 수업 전략을 이해하고 활용한다.	• 수업 목표를 작성한다. • 학생을 학습에 참여시키기 위한 전략을 활용한다. • 효과적인 발문 전략을 활용한다. • 학생들의 차이성에 바탕을 둔 수업을 위한 전략을 활용한다.
제5원칙	긍정적인 사회적 상호작용, 적극적인 학습참여, 자기 동기화를 장려하는 학습환경을 조성한다.	• 학생의 주의를 이끌기 위해 전략을 활용한다. • 효과적인 발문 전략을 활용한다. • 학생들의 차이성에 바탕을 둔 수업을 위한 전략을 실행한다. • 효과적인 교실관리 전략을 실행한다.

제6원칙	적극적 탐구, 협력, 교실 상호작용을 지지하는 분위기 조성을 위해 미디어 의사소통 공학에 대한 지식을 활용한다.	• 학생을 학습에 참여시키기 위한 전략을 실행한다. • 효과적인 발문 전략을 활용한다. • 문화적 차이성을 반영한 수업 전략을 실행한다.
제7원칙	교과목, 학생, 지역사회, 교육과정 목적에 대한 지식을 기초로 하여 수업을 계획한다.	• 수업 목표를 작성하고 활용한다. • 교과 내용과 관련 있는 발문을 한다. • 학생의 준비도, 흥미, 학습 프로파일에 기반을 두고 차이성에 바탕을 둔 수업을 한다.
제8원칙	형식적이거나 비형식적인 평가 전략을 이해하고 활용한다.	• 효과적인 수업 정리에 대한 전략을 실행한다. • 학생의 학습을 평가하기 위한 발문 전략을 실행한다. • 비형식적인 평가 전략을 통해 학생의 요구를 잘 이해한다. • 효과적인 평가 전략을 실행한다.
제9원칙	수업을 반성한다.	• 반성적 의사결정자로서의 교사임을 확인한다. • 학생이 적극적으로 학습할 수 있도록 어떻게 해야 할지 숙고한다. • 교실관리에 대한 과업과 결정을 향상시키기 위해 어떻게 해야 할지 숙고한다. • 수업 의사결정의 판단 형성을 위한 정보수집의 다양한 방법을 활용한다.
제10원칙	동료 교사, 학부모, 지역단체와 바람직한 관계를 조성한다.	• 특정한 상황에 대한 해결을 위해 동료 교사로부터 조언을 구하고 함께 해결한다. • 학부모와 바람직한 관계를 형성한다.

출처: 서명석, 곽유진, 김외솔, 박상현, 양정은, 장경숙, 한민철 공역(2012). 수업전문성: 그것의 지형과 맥락 (pp. 328-330). Cooper, J. 저. *Classroom teaching skills* (9th ed.). 서울: 아카데미프레스. (원저는 2011년에 출간)

2장 학교에서의 권력과 리더십

2장 학교에서의 권력과 리더십

- 개관
- 권력의 현실
  - 전문 조직에서의 리더십
  - 전문적인 능력을 보여 주기
  - 신뢰 구축하기
- 권력과 리더십을 조화시키기
  - 비전 세우기: 빅 아이디어를 설정하기
  - 목적 정하기
  - 학습 조직을 구성하고 유지하기
  - 직위에서 파생된 권위를 활용하여 좋은 수업을 촉진하기
  - 코치 역할하기
- 요약
- 부록

학교에서 일어나는 교사와 행정가, 동료 교사들 간의 전문성을 띤 대화는 학교 조직 구조 맥락 속에서 이루어진다. 그러한 구조에서는 대개 교장이 학교의 리더로 정해져 있고, 최소한 어느 정도는 교장의 감독하에 교사들의 업무를 관장한다. 하지만 행정가에 못지않게 교사들도 전문가들이다. 교사들은 전문적인 훈련과 준비 과정을 거쳤다. 교사들은 가르치는 과목뿐 아니라 그러한 과목을 학생들에게 가르치는 방법에 관해서도 상당한 전문성을 갖고 있다. 그러므로 교사들의 전문성 그리고 행정가들의 권위 사이에는 명백한 긴장이 있으며, 이러한 긴장을 해소하려는 것이 이 장의 역할이다. 학교 구조 속에서는 교장처럼 어떤 개인들이 교사보다 더 많은 힘을 갖고 있다는 단지 그 사실만으로, 교사끼리 그리고 행정가와의 전문적 대화가 협력적일 수 없음을 의미하지 않는다. 오히려 이들 간의 대화는 협력적이면서 전문성 측면에서 보상이 가능하며 또 그래야만 한다.

개관

다른 전문 조직과 마찬가지로, 학교도 권력과 리더십이라는 두 가지가 관련되어 갈등이 내재된 의견들이 동시에 나타날 수 있다. 하지만 일반 사(私)기업에서는 그러한 애매모호함은 거의 나타나지 않는데, 조직의 수장인 CEO는 역할과 책임이 분명하게 명시된 위계 체계의 맨 꼭대기에 위치하고 있는 우두머리이다. 누구 책임인지 그 책임 소재에 관한 그 어떠한 혼선도 없으며, 결정을 최상부에서 내리면 그 계통을 따라 아래로 전달된다. 만약 어떤 부하직원이 새로운 절차를 시도해 보고자 할 때 이를 누구에게 보고해야 할지, 그러한 시도를 승인해 주는 사람은 누구일지가 명확하다. 최근 비즈니스 리더십 분야에서 활약하는 저자들에 따르면, 기존의 고집 센 리더십 접근 방식에 비해 요즘에는 협력 작업의 역학관계를 고려하는 파워야말로 관계뿐 아니라 결과 측면에서 더 유리하다고 한다. 그럼에도 불구하고 그러한 권력이 어디서 나오는지 누구나 분명히 알고 있다.

실제로 비즈니스 조직에서 일하던 CEO들이 비(非)영리 조직사회를 경험하게 되면 상당한 문화 충격을 느낀다. 비즈니스 세계에서는 이것을 하라고 그저 말만 해도 그 정책이 실행되는 데 반해, 비영리 조직에서는 그것이 가능하지 않음을 알게 된다. 실제로 사기업(최근까지 WPP 그룹의 사장직을 역임)뿐 아니라 정부와 비영리 조직(미국과 호주의 대학 총장을 역임)에서도 경력을 쌓았던 Philip Lader의 흥미로운 관점을 소개하고자 한다. 다음은 1997년에서 2001년까지 그가 런던 소재 세인트 제임스 지역의 홍보 대사를 역임하면서 경험한 것을 묘사한 글이다.

당신이 커다란 선박의 항해를 책임진 조타수라고 해 보자. 그 배의 선원들은 우왕좌왕 정신없이 무언가 일을 열심히 하고 있다. 당신이 이 역할을 맡은 지 겨우 넉 달 정도 지난 즈음, 당신이 조정하고 있는 조타 핸들과 실제 선박을 움직이는 방향키가 서로 연결되어 있지 않음을 알게 되었다. 모든 사람은 당신을 향해 경례하며 눈앞에서는 "네, 그렇게 하겠습니다."라고 충성의 표현을 하면서, 실제 배 아래에서는 자기 마음대로 배를 움직이고 있었다(Silverman & Taliento, 2005, p. 4에서 Lader 인용).

하지만 비즈니스 분야에 속한 Warren Bennis(2003)도 다음과 같이 언급한다.

서부극 시리즈에서 주인공으로 등장하는 '외로운 총잡이'는 더 이상 없다. 멋진 그룹을 이끌기 위해서 리더가 그 집단 구성원 개개인이 갖고 있는 재주를 모두 갖출 필요는 없다. 하지만 리더라면 반드시 갖추어야 할 것은 바로 비전, 다른 사람을 집결시킬 수 있는 능력 그리고 진실성이다. 그런 리더들은 뛰어난 관리자 역할을 하면서 또한 코칭 기술이 필요한데, 그것은 사람의 능력을 볼 줄 알고, 올바른 선택을 내릴 수 있는 능력, 할 수 있다는 낙관주의를 공유시킬 수 있는 능력, 무리 중에서 최고를 뽑아낼 수 있는 능력, 소통을 촉진하고 갈등을 조정할 수 있는 능력, 공정함 그리고 늘 그렇듯 신뢰를 쌓게 하는 진심과 진실성을 말한다(p. xix).

다른 조직에서와 마찬가지로 학교에서도 권력(power)과 리더십은 서로 뒤엉켜 있어서, 어느 정도 갈등의 소지를 갖고 있다. 실제로 충돌하는 경우도 왕왕 있다. 따라서 행정가와 장학사들이 리더십을 발휘하기 위해서는 조직에서 권위를 발휘해야 하는 개인 역할뿐 아니라 전문 조직에서 리더십을 발휘해야 하는 복잡한 상황이 서로 맞물려 있음을 인식해야 한다.

다른 비영리 조직에서처럼 학교에서 발휘되는 리더십은 명령이 아닌 '합의'를 중시한다. Reynold Levy(AT&T 통신회사의 고위직뿐 아니라 공연예술 분야 링컨 센터의 대표 및 전 세계 구조대 위원회 회장을 역임)는 조지워싱턴 대학교의 총장인 Steve Trachtenberg의 경험을 다음과 같이 소개한다.

조지워싱턴 대학교에서 어떠한 중요한 결정을 내리려면 최종 일곱 번의 승인이 필요하다. 여섯 번 통과하고 마지막 결정을 내리려 할 때 두 번째 내렸던 결정에서 위험을 경고한다. 그러면 거기로 다시 돌아가서 그 일을 해결한다. 그러므로 승인이 모두 통과되려면 오랜 작업이 필요하며, 그래야만 전체 그림을 볼 수 있고 또 앞으로 전진할 수 있다(Siverman & Taliento, 2005, p. 5에서 인용).

이렇게 동의를 구해야 하는 필요성이 전문적인 비영리 조직의 특징이며, 이는 사기업과 다른 점이다. 영리 집단에서 비영리 집단으로 직장을 옮겼던 사람이 좌절을 드러내며 다음과 같이 언급하였다. "우체국 직원이 무게를 재어 보는 방식이 아니라 완전 끝장을 봐야 하는 방식이다."(Siverman & Taliento, 2005, pp. 5-6에서 Levy 인용)

기업체와 비교할 때 학교는 비영리 조직에 속한다. 교사들은 전문적인 훈련과 경험으로 상당히 무장되어 있기도 하다. 게다가 대부분의 교사는 교장보다 학교에 더 오래 남아 근무하기 때문에 교사들은 마치 그 기관의 기억과 문화를 관장하는 관리인 같다. 교사들은 학교에서 의례를 유지시키고, 어떻게 일이 진행되는지 잘 알고 있다. 교육 현장에서 어떤 것을 변화시키는 상황일지라도 그 과정은 매우 느리게 진행될 것이며, 역시 항상 교장이 이끄는 방향으로 진행되지 않는 경우가 대부분이다. 따라서 교육적 미사여구와는 달리, 교장들은 경영 이론에서 언급되는 교육적 리더로서의 기능을 항상 잘 수행하고 있지 못하다. 하지만 교장의 일에는 막대한 책임이 뒤따른다. 즉, 교장은 여러 일을 관리하는 와중에 학교가 매끄럽게 돌아가도록 운영해야 하고, 학생들의 안전과 지도를 보장해야 하며, 정확하고 제때에 예산과 보고서가 제출되도록 해야 하고, 학부모 의견도 청취해야 한다. 다음에서 논의하겠지만, 교장이 명목상 그 학교의 리더임에도 불구하고 교장은 그 학교에서 가장 유능한 존재가 아닐 수 있는데, 이러한 현실은 어떻게 권력이 행사되는지에 영향을 미친다.

권력의 현실

앞에서 언급하였듯이, 전문성을 띤 대화는 학교의 위계 구조 맥락 내에서 발생하며, 그러한 구조에서는 서로 다른 개인이 갖고 있는 권력의 힘도 다를 수 있다. 학교 교육자들이 전문적 탐구 문화를 형성하고 유지하기 위해서는 이러한 냉혹한 현실을 인식해야만 한다. 교장이나 행정가들은 학교에서 공식적인 권력을 가지고 있다. 교장실은 재정을 움직이는 곳이다. 공공기관 구성원이나 중앙부처 소속 공무원이 학교와 의사소통을 해야 할 때에는 결정 권한이 있는 교장에게 연락한다. 하지만 학교에는 다른 권력 중심이 존재하기도 하는데, 동료들에게 방향성과 전문성을 발휘할 수 있는 교사, 학교 운영에 영향을 미칠 만한 의견을 제기할 수 있는 직원, 여러 결정에 영향을 미칠 수 있는 학부모회 임원 등이 그 예이다. 그럼에도 불구하고 교장 혹은 교장 지명자들은 온전한, 그 자체로서의 권력을 갖고 있다.

　권력의 현실은 학교의 모든 부분 그리고 그것이 학교에서 어떻게 행사되느냐에 엄청난 영향을 미친다. 교원 평가, 특히 기간제 교사에게는 교장(혹은 교장 지명자)의 권력은 진정 어마어마하다. 기간제 교사와 (사실 모든 권한에 있어서) 재계약을 맺느냐 마느냐는 그 이유를 언급하지 않아도 상관없는 행정가들의 추천에 따라 주로 결정된다. 교장 입장에서는 재계약을 하지 않겠다고 결정해도 상관없다.*

　반면에 정년 보장을 받은 현직 교사들에게는 행정가가 그 자체의 권력을 함부로(어떤 사람은 제멋대로라고 표현하기도 한다) 사용하지 못하도록 대부분의 계약서에 중요한 제한 사항이 언급되어 있다. 예를 들어, 심지어 교사가 무능력으로 해고되는 경우일지라도 반드시 거쳐야 하는 절차들이 구체적으로 계약

---

*역자 주: 미국의 교사 자격증 갱신을 살펴보면, 먼저 우리나라는 임용고시에 합격한 후 발령을 받게 되면 교원의 지위가 합법적으로 보장되지만, 미국의 경우 교사로 임용된 후 해당 주 혹은 교육청의 정책, 자격증의 종류에 따라 교직의 첫 2~5년 동안 '수습교사(probation)' 자격증이 적용된다(예: 뉴저지주는 3년, 캘리포니아주는 5년에서 2년으로 변경됨). 그 기간 동안 해당 교사의 학생 성취, 교수 성과 등을 평가하여 우수한 교사로 평가된 경우에만 '정교사' 자격증으로 갱신된다. 따라서 그 기간 동안 평가 절차(교실 관찰, 학생의 성장, 자기반성 등)를 통해 본인이 우수한 교사임을 입증해야 하며, 그 교사의 자격증을 갱신할지의 여부는 해당 학교의 교장이 최종 결정한다. 수습교사 자격증 상태에서 교사의 성과가 2회 연속 좋지 않을 경우(예: 무능력하고, 비효율적이며, 바람직하지 못한 모습을 보이거나, 미국 「노동법」에 의거한 정당한 해임 사유가 있는 경우) 교장은 언제든 그 교사를 해임할 수 있다. 하지만 정교사 자격증으로 갱신이 되면, 미국 「노동법」 및 교원노조 협약에 따라 정당한 사유(just cause) 없이 함부로 교사를 해임할 수 없다. 교사교육 분야에서는 1920년대 이래 교직에 진출한 많은 여성을 함부로 해고하던 관행을 막고 교사를 보호해 주기 위해 시행되어 온 이러한 미국의 교사 자격증 갱신 제도가 여전히 필요하다는 입장과 이제는 더 이상 이런 제도를 유지할 이유 및 근거가 없다는 입장이 현재 서로 격론을 벌이고 있다. 미국의 '교사 자격증' 취득에 대한 상세한 내용은 2장의 마지막 부분인 부록에서 소개하였다.

서에 명시되어 있어야 하고, 교사들이 정치 활동과 같은 일로 처벌받지 않도록 보호해 줄 수 있어야 한다. 하지만 계약서상에 그러한 보호 장치가 있음에도, 정년을 보장받은 교사들은 행정가가 자신의 교실에 들어올 때 불안함을 느낄 수 있다. 이러한 행정가의 방문 자체가 많은 교사를 불안하게 만들며, 교실에서의 행동도 달라지게 만든다. 이는 운전 중에 경찰차가 도로가에 숨어 있음을 목격하게 되면 규정 속도로 운전하고 있음에도 가속페달에서 발을 떼곤 하는 운전자의 심경과 비슷하다. 이것이 권력의 현실이며, 이 점은 전문적인 리더십과 교사들의 지속적인 학습을 위해 매우 필요한 전문적 탐구 문화를 구성해 주는 특성과는 양립되지 못한다.

그렇기 때문에 전체 교직원, 특히 행정가들에게 이러한 도전은 진정한 리더십의 본질과 권력과의 관계를 이해하게 해 준다. 다른 전문 조직과 마찬가지로 학교 상황은 특정한 역설적 상황을 보여 주는데, 명목적으로 교사들을 장학해야 하는 행정가들에 비해 교사들이 자신이 가르치는 과목이나 자기 학생들의 발달적 측면에 있어 그들보다 오히려 훨씬 더 나은 전문성을 갖고 있다. 부적절한 방식으로 권력을 사용하여 교원의 전문성에 상처를 내거나 교원의 의욕을 저해하는 행정가 유형을 나열하는 것은 어렵지 않다. 그런 행동을 하는 행정가들은 권력 그 자체만을 즐기고 있다고 보면 된다. 그들로서는 "내가 그렇게 하라고 했잖아!"라는 언급만으로도 어떤 결정을 내리게 할 만한 충분한 설명이 된다. 하지만 그렇게 권력을 사용하는 것은 리더십을 발휘한다고 말할 수 없으며, 교사들로서는 자신들이 독재 분위기 속에서 근무하고 있다고 느끼면서 다른 학교로 옮길 기회를 우선적으로 노리게 된다.*

---

*역자 주: 미국의 교사 임용을 살펴보면, 미국에서 교원양성기관을 거쳐 주에 따라 명시해 놓은 교사 관련 시험(예: 기초능력 시험, 내용교수적 지식 및 교육학 지식 시험, 읽기 교수능력 평가, 교수 수행능력 평가 등)을 통과하여 교사 자격증을 취득한 사람들은 크게 두 가지 방법으로 학교에 교사로 임용될 수 있다. 먼저, 교사 지망자가 관심 있는 지역의 교육청에 신청을 하면 지역 교육청에서 교사 채용을 희망하는 학교와 연결시켜 주는 '중앙 연결' 방식과 교사 지망자가 관심이 있는 단위학교로 직접 찾아가 지원하고, 해당 학교에서 전적

전문 조직에서의 리더십

성공적인 학교 리더가 되려면 전문 조직 속의 리더십이 갖는 두 가지 본질을 이해해야 한다. 먼저, 학교는 관료주의에 입각한 여러 위계질서적 특성을 갖고 있는데, 그 특성 중 하나는 속담에서 언급되듯이 종착점이 있다는 뜻이다. 즉, 최종적으로 책임져야 할 사람이 있고, 적용되는 절차를 지켜보고 내려진 결정을 제때에 적용해야 할 사람이 있다는 뜻이다.

반면, 앞에서 언급하였듯이 교사들이 자신들을 볼 때 자신은 전문가이며 상당한 전문성을 가지고 있으며, 자신이 갖고 있는 수업 기술에 대해 동료들이 표현하는 깊은 존중을 만끽하고 있다. 모든 교사가 원래부터 뛰어난 것은 아니어서, 지지받지 못하는 교사들에게 조언을 더 많이 제공해 주어야 한다고는 하지만, 학교 리더들에게는 조언이 필요한 교사들에게 조언을 더 많이 제공하는 것을 어려운 도전으로 여길 수 있다. 아마도 학교 리더들 입장에서 가장 힘겨운 도전은 바로 어떤 교사가 어떤 상황에 놓여 있는지 파악해서 지속적인 조언과 지도의 도움이 필요한 교사는 누구이고, 그저 지지만으로 그쳐도 되는 교사는 누구인지 판단을 내려야 할 때이다.

물론 또 다른 문제도 있다. 학습에 대한 대원칙 그리고 전문적 의사결정으로 이끌어 주는 비전에 대한 합의가 없다면, 교사가 가르치는 과목과 관련된 교수법, 학생 파악 측면에서 뛰어난 스타급 선생님들이 대다수 근무하는 학교라 할지라도 그러한 학교를 훌륭한 조직이라고 말할 수 없다. 학교는 개인 차원의 전문성으로 이루어지는 것만으로는 충분하지 않으며, 그러한 전문성은 교직원들 간에 '공유된 비전'

으로 임용을 결정하는 '현장 채용' 방식으로 구분된다. 교사 채용 시 관련 자격증 서류를 제출해야 하며, 단위학교의 행정가들이 교사 지망자를 면접하고 임용 여부를 최종 결정한다. 5년마다 학교를 순환하며 보직하는 우리나라 교원제도와는 달리 미국은 순환 보직 제도를 운영하지 않으며, 교사가 다른 학교로 전근을 희망하지 않는 한 그 학교에서 정년퇴임도 가능하다. 미국의 '교사 자격증' 취득에 대한 상세한 내용은 2장의 마지막 부분인 부록에서 소개하였다.

속에서 추구되어야 한다. 이것이 교육적 리더십에 대한 도전이다. 학교의 공식적인 리더들(주로 행정가들)은 학생 학습의 본질과 학습을 어떻게 촉진시킬 수 있을까? 그리고 전체 교원들의 의식과 기술을 동시에 증가시키면서 수업의 복합성을 인정하고 교사의 전문성을 존중하는 방식으로 리더십을 실행할 수 있는 방법은 무엇일까?

전문 음악가를 예로 들면 강력한 비유가 될 수 있다. 클리블랜드 교향악단을 예로 들자면, 어느 단원이라도 자신의 위치에서 연주 기술이 아주 뛰어나며, 바이올린, 오보에 혹은 타악기 주자들은 자신의 악기에 대한 기술적 완벽함뿐 아니라 교향곡 레퍼토리에도 익숙하다. 하지만 일단 오케스트라 단원이 되면 클라리넷 연주자는 어떤 곡을 연주할지 결정할 수 없고, 연주 프로그램 목록에 베토벤을 넣을지 프로코피에프를 넣을지 그 결정은 음악감독만이 하게 된다. 즉, 뛰어난 클라리넷 연주자라도 베토벤 교향악을 거슈인 스타일로 연주할 자유는 없다. (뛰어난 연주자들이 모두 자신의 악기로 연주함에도) 모든 교향악단 단원은 반드시 음악감독의 목표에 따라 일사분란하게 움직여야 하며, 음악감독이 그 작품에 대해 갖고 있는 견해가 반영되도록 그들의 연주 능력을 발휘해야 한다. 음악감독이 교향악 박자를 맞추는 수준을 넘어서 리허설 때에는 감독의 견해가 드러나는 오케스트라 음색이 나오도록 각자 연주 연습을 해 와야 한다.

그렇지만 같은 클라리넷 연주자가 동시에 재즈 앙상블의 단원일 수도 있다. 비록 클라리넷 기본 연주 방식이 교향악단에서 했던 것과 동일할지는 몰라도, 재즈 연주 시 시도하는 여러 구체적인 테크닉은 다를 수밖에 없다. 게다가 재즈 앙상블이 어떤 부분에서 음악가들이 자유롭게 즉흥연주를 시도해도 된다는 점은 재즈의 핵심이다. 이처럼 음악에서나 가르칠 때나 개인 능력과 집단 목적 간의 긴장은 불가피하다. 그래서 교향악단의 모든 단원이 자신들의 악기에 관해서는 진정으로 숙달되어 있을지라도, 전체 교향악단의 집단적인 노력을 향해 자신들의 실력을 발휘한다. 이와 비슷하게, 학교에서 교사들이 근무할 때 교장들이 주로 언급하곤 하는 학교의 미션과 비전을 실현하기 위해 교사들은 자신

들의 전문성을 발휘한다.

하지만 직함에서 나오는 권위를 갖고 있는 현장 행정가들도 재량권을 온전히 행사하지 않는다. 어떠한 교장도 명령을 통해 권력을 사용하지는 않으며, 교직원들에게 어떤 것을 적용하겠다고 그저 선언하지 않는다. (실제로 그런 선언을 하는 교장도 있을 수 있겠지만, 그 결과로 나타나는 것은 그러한 노력이 난관에 부딪히든가 아니면 교직원의 사기가 저해되든가 할 것이다.)

오히려 학교 리더는 대화와 같은 좀 더 부드러운 리더십 기술을 활용하여 비전에 대한 초점과 이유, 설득, 전문 윤리에 대한 호소 그리고 학교에서 다방면의 도전 속에서 교사들이 문제해결 방식을 찾도록 해야 한다. 어쩌면 필요할 때마다 어떤 위기에 닥쳤을 때 학교 행정가는 권위적 스타일로 되돌아갈 가능성도 있지만, 최상의 결과를 내기 위해서 행정가는 영감을 주면서도 능력 있는 리더, 즉 전문성 면에서나 배려 측면 모두에서 교직원뿐 아니라 더 넓은 공동체 구성원들로부터 존중받는 사람이어야 한다.

학교 리더가 갖추어야 할 요소들은 무엇인가? 어떻게 하면 현장의 행정가들은 학교를 모든 학생이 중요한 내용을 배울 수 있게 하는 효율적인 곳으로 만들 수 있을까? 최상의 결과를 내기 위하여 인간의 학습과 동기 유발에 관한 최신 연구에서 제시한 대로 학교 리더는 어떻게 하면 전체 학교 교직원을 그렇게 움직일 수 있을까?

전문적인 능력을 보여 주기

학교 리더는 학교에서 자신의 전문적 지식과 기술로 존경을 받아야 한다. 그런데 학교 리더는 교수·학습 관련 연구에서 제시한 내용과 같은 방향이어야 하며, 그러한 새로운 연구가 제시하는 시사점들을 교직원들이 교육 현장에서 실천할 수 있도록 해야 한다. 물론 교사들이란 자신이 가르치는 교과목의 세부적인 면을 현장에서 가장 근접한 거리에서 다루고 있는 사람으로서 그러한 지식을 최신 정보로 제공할 수 있도록 할 책임을 갖고 있는 사람이다. 하지만 정작 교사들에게 학교에서 교수(teaching) 영역에 있어 리더들이 충분한 지식을 갖고 있어서 그러한 대화를 이끌 수 있고, 새로운 연구 결과가 실제 교육 현장에 적용되도록 교사들을 도울 수 있는 사람이라는 신뢰를 주어야 한다.

물론 학교 행정가들은 관리자 역할도 해야 하는데, 의사결정에 대한 분명한 절차, 책임 소재의 순환, 학부모위원회 참여 등의 측면에서 학교의 하부 구조가 원활하게 돌아가도록 구성하고 유지되도록 하는 것이 필수적이다. 실제로 교장의 역할은 정의된 것보다 훨씬 더 많은 일을 하고 있으며, 학교 개선 노력에서 가장 중요한 위치를 차지하고 있다. 그런 점에서 이들이 모든 구체적인 교육과정에 대해 관여한다거나, 교사들이 그러한 교육과정을 학생들에게 구체적으로 어떻게 접근하는지 모든 사항에 관여하는 것은 불가능하다. 하지만 교장이라면 그 학교의 교수·학습 원칙을 아우르는 '빅 아이디어'에 대한 지휘 통솔을 해야 하며, 학생의 학습을 향한 초점이 흐려지지 않도록 해야 한다. 교사들은 행정가들이 현장을 충분히 잘 알고 있기에 가끔 파도가 일렁이는 바다에서 배를 운항할지라도 충분한 방안들을 갖고 있어서 최종적으로 옳은 판단을 내릴 것이라는 신뢰를 갖고 있어야 한다. 대조적으로, 교사들이 보기에 동료 교사를 무시하거나 자기만을 위해 수업하거나 다른 사람의 눈에만 잘 보이려 하는 개별 교사에 대해서는 신뢰하지 못한다.

어느 정도 역설적이지만, 전문성 능력의 한 부분은 겸손이다. 존경받는 리더들은 어떤 점에서 자신들이 벌인 실수를 인정하는 것을 피하지 않으며, 자신의 잘못을 인정할 수 있는 정직성이라는 기본 인성을 드러낸다. 반대 의견에 부딪혔을 때 일관적으로 자기 의견을 고수하는 것은 어쩌면 강인함으로 비춰질 수도 있겠지만, 부정적인 증거가 나타날 때 그런 식의 의견 표현은 그저 고집불통으로 여겨진다. 따라서 다른 사람들로부터 배울 수 있다는 융통성 그리고 하고자 하는 의욕은 모두 교수 리더십을 발휘하는 데 필요한 자질들이다. 때때로 전문성 능력은 모든 학교 교육자에게 중요한 교수·학습 원칙에 초점을 유지하도록 하며, 일시적 유행에 흔들려 그 원칙이 분산되는 것을 허용치 않아야 한다.

신뢰 구축하기

어떤 이는 이 부분이 가장 중요하다고 할 텐데, 학생의 학습을 증진시키기 위해서 학교에서 진척을 이끌어 내야 할 첫 번째 특성은 리더가 신뢰의 분위기를 구축해야 한다는 것이며, 그 신뢰는 교사 간의 신뢰이자 동시에 교사와 행정가 간의 신뢰를 의미한다. 이미 여러 연구자(Arneson, 2014; Bennis, 2003; Costa & Garmston, 2002; Tschannen-Moran, 2004; Whitaker, Whitaker, & Lumpa, 2000)가 신뢰의 본질에 대해 분석했는데, 기술적 차원에서 어느 정도 차이는 있을지 몰라도 신뢰의 구성요소에 관해서는 보편적으로 의견 일치를 보인다.

초임교사들에게 신뢰받는 리더는 일관성 있게 행동한다. 리더들은 독단적으로 행동하지 않으며, 최신 유행에 따라 일희일비하지 않는다. 다른 말로 하면, 리더들은 믿을 수 있는 존재이다. 이 얘기는 리더가 새로운 증거나 최신 연구 결과를 접할 때 이에 개방적이지 않다는 뜻이 아니다. 하지만 리더들은 변덕스럽게 행동하지 않으며, 학교의 미션을 추구할 때 교사들은 지속적으로 리더들에게 의지할 수 있다. 좋은 리더란 변덕이 심하지 않으며, 변함없고 믿을 만하다.

게다가 존경받은 행정가들은 비밀을 지켜 준다. 교사들은 리더들이 학생, 동료 혹은 교사의 개인 삶에 대한 염려했던 내용들을 누설하지 않을 것이라 믿는다. 다른 사람들과 공유해도 좋다는 분명한 의견 표시를 해 주지 않는 한, 어떤 리더를 신뢰한다는 것은 교사들과 비밀리에 얘기했던 정보들이 그들의 입을 통해 밖으로 새어 나가지 않을 것이라는 자신감이 포함된다.

최종적으로 그리고 아마도 가장 중요한 부분은 신뢰할 수 있는 리더들은 다른 사람이 처해 있는 약점을 보호해 준다는 점이다. 가장 기초적인 수준에서의 신뢰는 위험 상황에서 자신의 약점이 노출될 수 있는 위험을 감수해야 한다. 학교와 같은 위계 조직 내에서 행정가와 비밀스럽게 얘기했던 내용이 돌고 돌아 교사 자신에게 오히려 피해를 줄 수 있다는 두려움이 생기면, 교사는 그 행정가를 전적으로 신뢰할 수 없게 된다. 예를 들어, 자신의 교실에서 벌어진 일로 인해 '그 교사는 본인 학급을 잘 관리하지 못함'이라고 교원 평가에 언급될 수 있다고 교사가 두려움을 느끼게 되면, 교사는 더 이상 리더에게 학생 문제에 대한 조언을 구하려 하지 않으려 할 것이다. 다른 말로 하면, 배신의 가능성은 늘 잠복해 있고, 다른 사람을 신뢰한다는 것은 위험 부담을 지어야 한다.

학교와 같은 위계질서 조직에서 막강한 권력을 가진 개인이 행사해야 하는 책무는 바로 '신뢰 관계의 구축과 유지'에 있다. 리더라면 교사들로 하여금 위험을 감내해 볼 만한 편안한 환경을 마련해 주면서 교사들로부터 신뢰를 얻어야 한다. 교실 현장에서 교사들이 학생들에게 높은 수행 기준을 고려하면서도 동시에 여러 사고와 아이디어를 실험해 볼 수 있는 환경을 구축해 주어야 하듯이, 교장들은 높은 전문성 기준뿐 아니라 모든 사람의 견해를 존중해 주는 학교 문화를 만들어야 한다. 이는 교사와의 의미 있는 대화, 믿을 만하고 일관성 있으며 비밀을 절대 누설하지 않는 느린 과정을 거치면서 이루어진다. 리더가 신뢰할 수 있는 행동을 할 때마다 교사와 교장 간의 신뢰는 발전하게 된다.

그렇지만 신뢰와 관련된 불균형도 존재한다. 비록 신뢰는 느리게 발달하지만, 아주 빠른 속도로 파괴될 수도(혹은 최소한 심각하게 약화될 수도) 있다. 많은 사람은 한 가지 생각만 믿을 만하다고 보는 개인은 신뢰할 수 없다고 느낀다. 만일 이런 일이 벌어지면 교사들이 다시 위험을 감수할 준비가 될 때까지 오랜 시간이 걸리게 된다.

물론 신뢰를 구축하는 것은 일방통행이 아니다. 교사들 역시 행정가들로부터 신뢰를 얻어야만 한다. 교사들 역시 일관성 있게 행동하고 신뢰가 유지되도록 해야 한다. 하지만 불평등한 권력의 본질상 신뢰를 배신하는 결과로 학교 내 권력이 더 적은 사람들에게 더욱 치명적 피해가 돌아가는 것은 명백하다. 이것은 비공식적인 대화가 학교 내 문화에서 중요한 또 하나의 이유를 제공해 주며, 이러한 대화는 위계질서를 넘어 존중을 전하고 신뢰를 구축하게 한다.

권력과 리더십을 조화시키기

이 부분은 가끔씩 권력과 동료 간 리더십이 충돌했을 때 자기 방식으로 학교에 영향력을 발휘하려는 교육 리더들에게 매우 중요한 문제이다. 다른 말로 하면, 학교와 같은 전문 조직에서 근무하는 리더의 역할은 무엇인가? 책임 있고 전문적인 방식으로 권한을 행사하려면 리더는 실제로 무엇을 해야 하는가? 이러한 행동들은 전문적인 대화 상황을 어떻게 강화시키고 반영하게 하는가? 이러한 질문에 대한 중요한 해답을 다음에 제시한다.

비전 세우기: 빅 아이디어를 설정하기

모든 조직은 구성원들이 실제로 인식하든 그렇지 못하든 간에 통치 비전, 이데올로기, 무엇이 가능할지에 대한 감각에 의해 영향을 받고 있다. 20세기를 거치면서, 매일 그리고 매년 세월이 흘러가면서 수동적인 학생들에게 지식을 쏟아부을 수 있다고 보았던 공장형 조립식 라인 모델은 이제 흔들리고 있다. 그 관점에서는 어떤 학생들은 많은 지식을 담아낼 수 있는 능력을 가졌고, 어떤 학생들은 아주 적은 지식만 소화할 수 있다고 믿었다. 이러한 개념은 쉽게 사라지지 않는데, 전문적인 동료들에게 새로운 접근 방식을 확산시켜 보려는 교육 리더들이 주목할 수밖에 없는 연구 증거와 함께 설득의 힘을 빌어 (관리적 비전의 문제 등) 학교에 영향을 미칠 수 있는 거대한 담론으로 이끌어 가야 한다.

학교 리더로서 학교가 행사해야 하는 학교의 주요 사회적 기능은 학생들이 교육을 받는 시민으로서 직업 준비 그리고 시민교육이라는 두 가지 요구를 잘 준비시켜야 한다는 점이다. 이러한 요구는 3장 '전문적 대화로 이끌어 주는 빅 아이디어'에서 보다 충분하게 논의할 것이다. 학교에 대한 비전은 현대 사회의 고차원적인 요구 그 이상의 것을 포함하는데, 그러한 고차원적 수행을 하려면 학교에 재학하는 사실상 거의 모든 학생에 대해 파악하고 있어야 가능하다는 아이디어에 토대를 두고 있다. 비전을 가진 리더는 교사들에게 어린이들은 원래 태어날 때부터 호기심이 많아서 능력과 독립심을 통해 동기 유발시켜야 함을 되뇐다. 지적으로 게으른 네 살짜리 아이는 없지만, 지적으로 게으른 수많은 열네 살짜리는 있다는 점은 교육 체제의 역설 중 하나이다. 네 살과 열네 살 사이의 아동 삶 속에서 수많은 일이 벌어졌다는 점은 당연하게 받아들이면서도, 그 시기에 중요하게 일어난 일 중 하나가 바로 이들이 학교에 다니고 있다는 점임에 주목해야 한다. 교육자라면 이러한 현상을 주의 깊게 살펴보아야 하며, 학교 자체가 아동의 지적 호기심을 꺾는 데 기여하지는 않았는지 그 잔혹한 가능성에 대면할 준비가 되어 있어야 한다. 최근 연구자들이 관심을 두고 있는 학습 관련 문제는 3장에서 기술하기로 하고, 리더십의 중요한 특성으로 말미암아 학교는 무엇을 얻을 수 있는지, 왜 그렇게 하는 것이 중요한지 주목하려면 학교의 비전을 살펴보아야 한다. 이것은 새로운 아이디어가 아니다. 조직 개발 분야의 선구자 중 한 명인 Chester Barnard(1958)는 "공동 목표가 실제로 존재한다고 믿음을 심어 주는 것이 실제 운영할 때에도 중요하게 작동한다."라고 언급하였다 (Sergiovanni, 1992, p. 72).

목적 정하기

비전을 정하는 것과 관련해서, 교사들이 그 비전 속에서 자신의 위치를 인식하도록 교육 리더들이 도와줄 수 있다. 비전을 가진 교육자가 평범한 사람들이 엄청난 업적을 내도록 동기 유발시킬 수 있는 강력한 기술 중 하나는 바로 원대한 목적을 전달하는 능력으로, 그것은 높은 수준의 소명을 가진 사람들이라

면 주목할 수밖에 없는 목적을 고려하면서 (가끔은 너무나 일상적인) 자신들의 업
무 양상을 돌아보게 하는 능력을 의미한다. Michael Feiner(2004)는 다음과 같
이 언급하였다.

> 높은 수행 실적을 내는 리더들의 특징은 자신들이 세상을 바꿀 것이라 믿고
> 자신들의 부하 직원들에게도 이러한 신념을 주입하는 사람들이다. 리더가 인
> 류의 미래에 미칠 중요성을 강조하면서 그런 열정으로 의미와 목적을 제시하면
> 리더는 사람들로 하여금 "나는 지금 성당을 건축하고 있는 것이지, 돌을 자르고 있
> 는 게 아니다."라고 굳게 믿게 만든다(p. 43).

비슷한 맥락에서 FedEx 회사의 리더들은 지속적으로 직원들에게 당신은 지
금 세계 역사상 가장 중요한 물건을 배달하고 있다며 다음과 같이 얘기한다.
"당신은 모래와 자갈을 배달하는 게 아닙니다. 당신은 지금 심장박동기, 암환자
를 살릴 화학 요법 치료제, 최신 전투기 F−18에 쓰일 부품, 아니면 재판 결과를
바꿔 놓을 수 있는 중요한 소송 문서를 배달하고 있는 것입니다."(Feiner, 2004,
p. 107에서 Fred Smith 인용)

물론 많은 사람이 수업 전문성에 관심을 갖게 되면 그것은 바로 학교의 비전
과 목표, 즉 교사들이야말로 아동의 삶 그리고 미래 사회에 중요한 기여를 하
는 사람이라는 점에 공감하는 것이다. 이것은 사기업에서 일하고 있는 많은 이
로 하여금, 성공적인 직업으로 교직에 입문하도록 유인하려는 보다 광의의 목
적도 갖고 있다. "사람들은 스노 타이어 회사에서 일하느니 여기서 근무하고
싶어 한다."라고 현 미국은퇴자협회(AARP) 회장인 Bill Novelli가 기술하였다.
리바이스 청바지 회사의 직원 말을 옮겨 보면, "무덤 비석에 나는 수만 벌의 청
바지를 선적했노라고 새기고 싶지 않다."(Siverman & Taliento, 2005, p. 13)이다.

그렇다면 학교에서 리더 역할은 행동에 영향을 미치는 아이디어 체계를 분명하게
표현해 주어야 할 뿐 아니라, 교직원들로 하여금 그러한 아이디어를 수행하고 연관시

커 보도록 격려해 주는 일이다. 3장에서 언급될 '빅 아이디어'라는 아이디어 체계는 학교에서 나타나는 구체적인 행동들의 기저를 이루는 일종의 건축 구조로 볼 수 있는데, "개인이 따를 수 있는 가치와 구조 체계이며 …… 일단 자리를 잡으면 그 아이디어 구조는 전문적이고 도덕적인 권위에 바탕을 둔 리더십 실천을 토대로 하여 만들어진다."(Sergiovanni, 1992, p. 71)

이후 Sergiovanni(1992)는 전문 조직으로서 학교의 전통적인 위계질서는 뒤바뀐다고 지적하면서, 맨 꼭대기에 앉아 있어야 할 사람은 교장도, 학생도, 교사도 아니라고 언급하였다. 오히려 그 위치에 자리 잡고 있어야 하는 것은 아이디어, 가치, 헌신 등이며, 이것들이야말로 전문적 관계의 기본을 이루기 때문이다. 조직의 원칙상 이러한 아이디어와 헌신이 필요하다는 관점에서 보면, 리더 역할은 이러한 아이디어와 헌신이 분명하게 구체화될 수 있도록, 그것이 현실에서 가장 최적의 방법으로 나타날 수 있도록 문제 해결을 촉진시켜 주는 역할로 변모하게 된다. 이렇게 빅 아이디어가 가장 상위의 권위를 차지할 때, 교장과 행정가들이 문제 해결사 역할을 제대로 할 수 있다. 교사들은 상급자로부터 그렇게 행동하라고 지시받을 때에는 행동에 옮기려 하지 않지만, 학교의 비전을 실천하기 위해 그리고 그렇게 하는 것이 중요한 학생 학습의 결과로 나타난다고 여기게 되면 행동으로 옮길 가능성이 크다.

학습 조직을 구성하고 유지하기

교사들이 자신의 교실에서 학습 문화를 형성해야 하는 책임이 있듯이, 학교 리더들도 교직원을 위한 '전문적 탐구 문화'를 만들어야 한다. 즉, 교사가 가르치는 일에서 전문가라는 점만으로는 충분치 않다. 전문적 집단의 구성원으로서 교사들은 반드시 자신의 수업 기술을 증진시키기 위해 끊임없이 노력해야 한다. 다른 분야처럼 전문성을 띤 학습의 시작은 그저 자신이 근무하는 내내 교사로서 준비와 교육을 지속해야 한다고 인식하는 것이다. 교사들이 지속적으로 학습해야 한다는 당위는 그들이 가르치는 어떤 부분이 부족해서가 아니라, 오히려 가르치는 일은 너무 어려워서 결코 완벽할 수 없기 때문에 항상 개선되도록 노력해야 한다는 뜻이다.

현재 많은 학교의 학습 조직은 이와는 반대임을 솔직하게 지적할 수밖에 없다. 교사들은 물리적으로 다른 교사와 교실이 떨어져 있고, 대부분의 학교 일과는 교사들로 하여금 지속적인 전문적 협력에 참여할 수 있는 시간을 허용하지 않는다. 전문성을 담은 탐구 문화로 볼 수 있는 함께 계획하기와 공동학습 부분은 현재 많은 학교에서 시행하고 있지 않다. 오히려 교사들은 자신들이 독립적인 계약자로서 그와 같이 대우받고 있다고 믿고 있다. 가르칠 때 매우 높은 수업 기술을 발휘하는 교사들이 일부 있겠지만, 본질적으로 교사들은 고립된 상태에서 일에 임하고 있다. 따라서 교실에 방문하겠다는 행정가나 동료 교사의 요구는 드러내 놓고 말은 하지 않아도 부적절한 것으로 여긴다.

전문적 탐구 문화를 구성하는 요소는 변화를 위해 개방적인 마음을 갖는 것이다. 성공적인 학교들은 이제까지 해 왔던 실천에 머물러 있지 않으며, 그곳의 학교 교육자들은 자신들의 목표를 성취하기 위해서는 융통성이 필요하다고 인식하고 있다. 과거나 현재 시도한 새로운 접근 방법의 평가는 전문적 탐구의 결과를 통해 자연스럽게 판단할 수 있는데, 다른 말로 하자면 증거를 살펴보아야 한다는 뜻이다. 그리고 과거에 해 봤던 것에서 출발하여, 보다 나은 방법으로 어떤 것을 시도해 보고자 하는 문화적 개방성이 있다.

교사들을 중요한 전문적 탐구에 참여시키려면, 학교에서 반드시 이러한 협력이 가능해야 한다. 이 문제는 학교 스케줄상의 논의를 넘어서는 일종의 가치의 문제이다. 지속적인 학습이 되려면 현재 수행하고 있는 가르치는 업무에 그저 부가하는 형태가 아님을 교사와 행정가 모두 받아들여야 한다. 오히려 가르치는 작업에 통합시켜야 한다. 가르치는 일은 너무나 배워야 할 것이 많은 고도로 복합적인 작업이다. 탐구의 문화 속에서 교사들이 지속적인 전문적 학습을 하게 되면, 학생들이 높은 수준의 수행을 하도록 하는 데 아주 중요한 영향을 미친다. 이러한 탐구 문화의 형성 및 유지는 행정적 리더십과 교사 리더십 양쪽에게 있어 핵심적인 부분이다.

학습 조직에서는 조직의 모든 구성원이 학습에 참여한다. 비록 논의의 핵심이 학교에서 교사의 학습에 초점을 두고 있지만, 행정가들과 사무실 직원, 보조교사들 역시 자신들의 지식과 기술을 증진시키고자 하는 노력을 기울여야 한다. 이것이 당위적인 내용임에도 불구하고 자주 간과되곤 한다. 그리고 학습 조직을 촉진시킬 수 있는 방법은 주로 학습자의 능동적인 참여를 통해 가능하다. 비슷한 맥락에서 학교 리더가 학습 조직을 만들고 교사의 학습을 촉진하고자 한다면, 교사들이 반드시 그 과정에 능동적으로 참여해야 한다. 학습 조직은 상부 지시나 행정가들의 권위로 강요될 수 있는 것이 아니며, 오히려 3장에서 기술하게 될 빅 아이디어로부터 도출된 통찰력을 활용하여 학교 비전에 확고한 초점을 둠으로써 촉진될 수 있다.

직위에서 파생된 권위를 활용하여 좋은 수업을 촉진하기

좋은 수업을 하도록 격려하고, 그 목적을 달성하기 위해 교장들은 교사들의 수업을 관찰하고, 자료(예: 학부모 편지와 계획용 문서들)를 검토하고, 교사들과 협의회를 개최하도록 법으로 규정하고 있다. 이러한 활동들은 때로 교사 학습을 봉쇄하는 상부하달식, 처벌적 방식으로 시행되기도 한다. 이와는 반대로, 교사 입장에서 생각/사고를 극대화시킬 수 있는 방식으로 시행될 수도 있다. 다른 말로 하면, 교사의 학습을 강화시키는 절차들은 심지어 여러 전통적인 교사 평가 체제와 통합되어 시행될 수 있다.

행정가가 교실에 들어오면 학급 분위기가 바뀌는 것은 현실이다. 교사와 행정가 모두 교장이 교사 평가에 힘을 갖고 있음을 잘 알고 있다. 이런 식의 평가는 현실과 목적에 대한 이해가 서로 공유될 때 실시해야 한다. 뿐만 아니라 만일 교사에게 자기 평가, 실천에 대한 반성, 전문적인 대화 등의 충분하고 순수한 기회가 주어진다면, 이러한 평가들이 계기가 되어 교사들이 심도 깊은 전문적 학습에 참여할 수 있다.

대부분의 수업 평가는 대개 형식적으로 시행되는데 교실 관찰을 계획하고, 교사들은 이를 위해 준비하고, 학생들은 그 수업에서 행동을 잘하도록 안내된다. 하지만 이러한 공식적인 상황에서조차 계획된 관찰 후에 교사와 협의회를 진행하여, 수업에 대한 교사의 생각, 관찰의 다른 면에서 본 성공적인 측면, 보다 효과적인 수업이 되려면 어떤 것이 달랐어야 했는지 등을 이끌어 내는 방식으로 진행되기도 한다.

하지만 시간은 짧지만 사전에 계획되지 않은 교실 방문 후에 교사와 나누는 대화에서는 가치 있는 전문적 대화를 불러일으킬 수 있는 가능성을 담고 있다. Tom Peters와 Nancy Austin(1985)은 『탁월함을 위한 열정: 리더십의 차이(A Passion for Excellence: The Leadership Difference)』라는 책에서 예전에도 쓰였던 '현장 경영(management by wondering around)'이라는 용어를 사용하였다. 이 용어는 경영학 서적에서는 리더가 현장으로 나가 그 현장을 살펴보고, 사무실이나 매장에서 눈에 띄어야 한다는 뜻으로 사용된다. 현장을 살펴봄으로써 잘 돌아가고 있는지 아랫사람에게 물어보고 아이디어를 끌어냄으로써, 매니저는 조직의 실상을 정확히 파악하고 시기적절한 방식으로 작은 변화를 이뤄 낼 수 있다.

학교 현장에서 활용되는 '현장 경영'은 교실에 오게 되면 학생과 교사와 자주 대화하고, 교무실에서 문제에 대해 토의하는 것을 의미한다. 이러한 비공식적인 대화는 이들로 하여금 현장의 문제 해결에 참여함으로써 빅 아이디어를 이끌어 내도록 함께 탐색하게 한다. 이러한 짧은 교실 방문은 학교 평가 과정의 일부로 이미 잘 안착되어 있을 수도 있겠으나, 수업 자체로 볼 때 그것이 계획되지 않은 행동이라는 점에서 실제 그 교사의 수업을 더 잘 보여 줄 수 있는 방편이 된다. 따라서 교사와 행정가 모두 관찰된 교수 상황 에피소드가 교사의 진짜 수업 현실을 반영한다는 점을 잘 알고 있고, 이러한 관찰이 신뢰와 존중의 분위기에서 진행된다면 전문적 학습을 향한 중요한 기회를 제공하게 된다.

코치 역할하기

　전문적 탐구 문화가 정착되면 교사들은 자연스럽게 교장을 실제 수업을 향상시키는 데 도움을 줄 수 있는 자원으로 여길 것이다. 코칭은 안정적인 지위를 갖고 있는 행정가와 경력교사 사이에서 더 많이 나타난다. 교사들은 동료 교사나 수석교사, 학년 및 교과 부장과 같은 코치에게 다가갈 수 있다. 하지만 교사와 행정가 간에 이루어지는 코칭은 교수를 증진시킬 수 있는 중요한 기회가 된다.

　교사와 행정가 간의 코칭 관계에서는 구체적인 교수 문제를 가지고 교사가 먼저 행정가에게 연락을 해야 한다. 그러면 다른 시각에서 그 문제를 바라보기 위해 행정가가 교사의 교실을 방문하고, 아마도 학급 토론 시 교사가 무심코 소외시키는 학생들이 있는지 등의 자료를 수집한다.

　교사들과 행정가 간의 코칭 대화는 비(非)평가적인데, 교사가 먼저 연락을 했기 때문에 행정가의 역할은 순수하게 지원만 해 주는 것이다. 하지만 교장의 위치가 파워를 갖고 있기 때문에, 교사들이 그러한 연락을 먼저 하기에 앞서 교사들이 자신의 위치가 안전할 것이라고 느껴야 한다. 또한 교사들은 자신들이 전문적인 환경에서 근무하고 있으며, 그러한 환경에서는 도전을 시도해도 괜찮다는 믿음이 있어야 한다. 이러한 조건들이 맞아떨어지고, 교장이 전문적 탐구 문화를 구축해 주면 그때서야 힘과 권위의 선을 뛰어넘는 생산적인 코칭 대화가 가능한 장이 열리게 되는 것이다.

요약

　다른 영역의 전문 조직에서와 마찬가지로 학교에서 지위로부터 파생된 권위를 갖고 있다는 것과 리더십의 요구 사이에 조화를 이룰 필요가 있다. 어쨌든 교사들은 전문가로서 전문적인 일을 수행하는 사람들이며, 이들은 상당한 전문적 지식을 갖고 있다. 반면에, 학교 조직에는 책임을 져야 하는 누군가가 있고, 어느 선에서 모든 책임을 져야 하는 사람도 있다. 따라서 학교에서의 리더십은 복잡한 문제로, 단순히 교장에게 부여된 권위로만 생기지 않는다. 또한 교장에게는 전문성과 비전, 협력과 촉진 그리고 전문적 대화를 가능하게 하는 보다 미묘한 기술들이 필요하다.

학교란 교사 개개인이 얼마나 유능한가와는 별개로 교사들이 모여 이루어진 조직 그 이상이다. 학생들을 위해 학교에서 더 많은 것을 제공할 수 있는 방법을 찾고, 또 매일의 학습 경험이 가능하도록 최선을 다한다는 점에서 그러한 분위기를 만들고 비전을 세우고, 교사 스스로 그 비전에 부합하지 않은 실천을 하고 있지는 않은지 검토하는 데 도움이 되도록 하기 위해 학교 리더들은 그들의 직위로부터 파생되는 권위를 잘 활용해야 한다. 전문적 대화의 기술이 활용된 그러한 분위기와 비전의 내용은 다음 장에서 다룰 것이다.

부록*

미국의 '교사 자격증' 취득

미국에서 교사 자격증(teacher certification) 취득은 다양한 방식이 가능하며, 각 주마다 다른 방식을 인정하기도 한다. 학부에서 교사교육 관련 전공을 하여 졸업과 함께 교사 자격증을 취득할 수도 있고, 우리나라처럼 '학부 교직과목을 통한 교사자격증 취득 방법(blended program)'도 가능하며, 교육학이 아닌 전공으로 대학 졸업 후 대학원 석사과정(1~2년)으로 교원양성 프로그램에 입학하여 교육실습을 하는 방법도 가능하다.

이때 '읽기' '쓰기' '수학' 영역과 관련된 교사로서 갖고 있어야 하는 기초능력을 습득하고 있는지 확인하기 위하여, 해당 주에서 실시하는 '기초능력 시험(Basic Skills Examination)'을 통과해야 한다. 이러한 기초능력 시험은 주에 따라 명칭과 종류가 다양할 수 있다. 한 개 이상의 '기초능력 시험'(예: Praxis I, CBEST), '내용교수적 지식 및 교육학 지식 시험'(Praxis II, CSET) 등에 합격하면 교사자격증을 취득할 수 있다. 주에 따라 규정이 다를 수 있는데 캘리포니아주의 경우, 예비 교사의 '읽기 교수능력 평가'(예: RICA), '교수 수행능력 평가'(예: PACT)를 위해 실제 수업을 관찰하거나 녹화한 자료, 포트폴리오 등을 제출하기도 한다.

이와 동시에 예비 교사들이 미국 「헌법」에 대한 적절한 지식을 갖고 있는지 확인하는데, 이 「헌법」 부분은 대학에서 관련 강의를 수강하여 학점을 취득하거나 따로 시험을 치루는 방법 중 택일할 수 있다. 교사 지망생은 최종적으로 교사 자격증 취득에 필요한 요건을 이수했음을 증명하는 관련 서류 및 지원서를 주 정부에 제출해야 하며, 동시에 범죄기록증명서도 제출해야 한다.

---

*역자 주: 부록은 독자의 이해를 돕기 위해 역자가 추가한 내용이다.

이외에도 학부에서 다른 전공의 대학 졸업장을 소지한 사람들은 다음과 같은 '대안적인 방법'을 통해 교사 자격증을 취득할 수 있다(예: 캘리포니아주).

① 인턴십 프로그램: 인턴십은 대학이나 공립학교를 통해 지원할 수 있는데, 이 때 지원자들은 학부 졸업장을 소지하고, 읽기, 쓰기, 수학 영역의 '기초능력 시험'을 합격하고, 지문 등록 및 신원 조회를 통과하면 교사 자격증 취득이 가능하다.

② 사립학교 교직 경험: 미국의 사립학교는 교사 자격증이 없는 지원자도 교사로 채용할 수 있다. 사립학교에서 최소 3년 교직 경력이 있다면, 교육실습 없이 도 주 정부에서 부여하는 교사 자격증 취득이 가능하다. 6년 이상 사립학교 교직 경력이 있다면, 주 정부의 교사 자격증을 취득에 요구되는 모든 조건이 면제되고 곧바로 교사 자격증을 취득할 수 있다.

③ 평화봉사단(Peace Corps): 미국 평화봉사단에서 최소 18개월 이상 근무한 사 람이라면 주 정부에 교사 자격증을 신청할 수 있다. 단, 평화사절단 근무 기 간 중 50% 이상을 교실에서 근무했어야 하며, 교사 자격증 취득에 필요한 기타 다른 요건들을 이수하면 가능하다.

④ 타 주 교사 자격증 소지자: 타 주의 교사 자격증을 소유한 사람은 상호 호혜 (reciprocity) 원칙에 따라 몇 가지 사항만 준수하면 캘리포니아주의 교사 자 격증을 취득할 수 있다. 먼저 학부 졸업장이 있어야 하며, 캘리포니아주의 '기초능력 시험'에 합격해야 하고, 캘리포니아주에서 요구하는 수준에서 발 급된 교사 자격증을 갖고 있으면 된다.

과거와 비교할 때, 미국에서 예비 교사들에게 여러 시험을 요구하고 강조하 는 것은 Bush 대통령 시절 표방하였던 「낙오아동 방지법(No Child Left Behind: NCLB)」과 연계되어, 이러한 시험에 통과하는 사람들은 교사로서 자격이 있다고 (qualified) 여기던 분위기가 반영된 것이다.

캘리포니아주에서 교사 자격증 취득을 위한 시험들을 자세하게 소개하면 다음과 같다. 예비 교사들은 다음의 시험들을 학교급별 혹은 영역에 따라 선택하여 볼 수 있으며, 각 교원양성 프로그램에서 인정 혹은 추천하는 시험을 선택할 수도 있다.

1. 기초능력 시험(California Basic Educational Skills Test: CBEST)

캘리포니아주 및 오레곤주의 교사 자격증 취득 및 공립학교 교사로 재직하려는 사람들이 보는 표준화 시험으로, 읽기, 쓰기, 수학 영역의 기초능력을 갖추었는지에 대한 정보를 제공하려는 시험이다. 하지만, 개인의 교수(teaching) 능력이나 교수 기술을 평가하는 시험은 아니다. 이 시험은 교사 자격증 위원회(Commission of Teacher Credentialing: CTC)에서 1983년부터 주관하였고, 다음과 같은 세 영역으로 구성되어 있다.

- 읽기 영역: 50개 다지선다형 문제(비판적 분석, 평가, 이해, 연구 기술 등을 평가)
- 수학 영역: 50개 다지선다형 문제(추정, 측정, 계산, 문제해결 등을 평가)
- 쓰기 영역: 2개 에세이 문제(초·중·고등학교에서 근무하는 데 중요한 쓰기 기술을 평가)

CBEST의 점수는 영역별로 각각 제시되지만, 각 영역마다 기준 점수가 있어서 세 영역에서 모두 기준 점수 이상을 넘어야 최종 통과하게 된다. 시험 시간은 총 4시간이며, 이때 세 영역 모두 보거나 이 중 일부만 봐도 괜찮다. 특히 종이 시험(응시료는 2018년 기준 회당 약 5만 원)과 컴퓨터 시험(응시료는 2018년 기준 회당 약 11만 원) 중 택할 수 있다. 응시 제한 횟수가 없어서 응시료만 낸다면 얼마든지 볼 수 있다.

2. 기초능력 시험+내용교수적 지식 및 교육학 지식 시험: Praxis

이 시험은 미국의 교사 자격증 취득에 요구되는 시험들 중 하나로, 대부분의 주에서 교사 자격증 취득에 이 Praxis 시험을 요구하기도 하지만, 어떤 주의 대안적인 프로그램에서는 Praxis 시험을 치루지 않아도 교사 자격증을 취득할 수도 있다. ETS(Educational Testing Service)에서 문제를 출제하고 운영하고 있으며, Praxis 시험은 교원양성 프로그램 입학 전, 재학 중, 졸업 후 언제든지 응시할 수 있다. Praxis는 다음과 같이 크게 Praxis I 그리고 Praxis II로 구성되어 있다.

1) Praxis I, 기초능력 시험(Pre-Professional Skills Test: PPST; 읽기, 쓰기, 수학)

이 시험은 읽기, 쓰기, 수학 영역을 평가하기 위한 것으로, 2014년 ETS는 Praxis I을 읽기, 쓰기, 수학의 세 영역으로 구성된 '교육자들의 핵심 학문능력(Core Academic Skills for Educators: CASE)' 시험으로 전환하였다. 이 영역들은 시험을 한꺼번에 봐도 되고, 각각 따로 봐도 된다. 미국의 대부분의 학부 혹은 대학원 교원양성 프로그램에서 입학 조건으로 이 Praxis I 시험성적을 제출하도록 요구하며, 각 영역별로 합격점수를 얻은 지원자들에게 입학이 허가되기도 한다.

2) Praxis II, 내용교수적 지식 및 교육학 지식 시험

이 시험은 여러 가지 다양한 교과 내용을 평가하기 위한 것으로, Praxis II 시험에서는 교과 지식(content knowledge)과 교육학(pedagogy) 지식에 관한 내용을 묻고 있으며, 많은 주에서는 교육실습을 나가기 전에 이 Praxis II 시험을 통과하도록 요구하기도 한다. 주에 따라 해당 교사 자격증 취득에 필요한 Praxis II 과목을 다르게 요구하기도 한다. Praxis II를 통해 볼 수 있는 교과 영역은 약 110개 과목이 망라되며 다음과 같이 응시과목이 아주 다양하다.

유아교육, 학령전 교육, 아동교육, 초등교육, 중등교육, 융합교육, 읽기교육, 수학, 중등 수학, 사회, 중등 사회, 역사(미국, 세계), 사회학, 지리, 정부/정치,

언론, 상업, 마케팅, 가족과 소비, 경제, 일반 과학, 중등 과학, 물리, 생물, 화학, 지구과학, 생명과학, 환경교육, 음악, 예술, 건강과 체육, 체육교육, 건강교육, 안전/운전교육, 영어, 중등 영어, 외국어(북경어, 스페인어, 독일어, 라틴어), 외국어교수법, 교수·학습(초등, 중등, 고등), 교수방법(과목별, 학교급별), 협동학습, 심리학, 의사소통, 카운슬러, 학교 상담, 학교 심리학자, 학교 사회사업, 영재교육, 특수교육, 수화, 특수교육(나이별, 학교급별, 증상별), 스피치 커뮤니케이션, 언어 병리학, 테크놀로지 교육, 직업교육 등이 있다.

3. 교과내용 시험[California Subject Examinations for Teachers, Single or Multiple Subject(s): CSET]

유·초·중·고(K-12) 교사 지망생들이 교과 내용에 숙달했는지 평가하려는 시험으로, 캘리포니아주를 비롯한 여러 주에서 교과내용 시험으로 실시되고 있다. CSET 시험은 대개 대학의 교사교육 프로그램을 끝마친 후 보는 것이 일반적이지만, 어떤 프로그램에서는 그 시험을 합격해야만 입학이 허용되기도 한다. CSET 시험에서는 다지선다 문제 및 직접 답을 쓰기 등의 형식이 모두 활용되고 있다. 이 시험은 캘리포니아주 교사자격증 위원회(California Commission on Teacher Credentialing: CTC) 및 국가평가체제 협회(National Evaluation Systems, a division of Pearson Education)에서 관장한다. 이 시험은 복수 과목 혹은 단수 과목 시험으로 구분된다.

CSET 복수 과목(multiple subjects) 시험은 초등교사 및 특수교사 지망자들이 치루며, 시험은 다음과 같은 세 개의 하위 시험으로 구분되어 있다. 하위 시험을 보려면 각 영역마다 응시료를 내야 하며, 한꺼번에 세 개를 다 봐도 되고, 하나씩 따로 봐도 된다.

• CSET Multiple Subjects(초등 및 특수 예비 교사용)

- Subtest I: 읽기, 언어, 문학, 역사
- Subtest II: 수학, 과학
- Subtest III: 시각예술, 행위예술, 체육, 인간발달

CBEST 단수 과목(single subject) 시험은 중등학교 교사 지망생들이 치루며, 이들이 가르치고자 하는 과목(예: 영어, 수학, 사회, 외국어 등)의 교과내용에 숙달해 있는지 평가한다. 과목에 따라 하위 시험은 2~4개로 이루어져 있다. 이 시험을 통과해야만 해당 교과의 교사 자격증을 취득할 수 있는 교과 능력 및 질이 보장된다고 여긴다.

4. 읽기 교수능력 평가(Reading Instruction Competence Assessment, Written Examination: RICA)

교사로서 갖추어야 할 읽기 교수 능력을 평가하기 위하여 예비 교사들에게 작문 시험을 치르도록 하는 RICA는 캘리포니아주에서 초등교사 및 특수교사를 지망하는 예비 교사들이라면 교사 자격증 취득을 위해 반드시 치러야 하는 시험으로, 국가평가체제 협회에서 관할한다. 시험은 70개의 다중선다 문제, 4개의 직접 답을 쓰는 문제, 1개의 확장형 사례 문제로 구성되어 있다. RICA는 다음과 같은 5개의 영역에 초점을 두고 있다.

- 영역 1(10%): 지속적인 평가에 바탕을 둔 '읽기' 수업을 계획하기, 조직하기, 운영하기
- 영역 2(33%): 단어 분석
- 영역 3(13%): 유창성
- 영역 4(20%): 어휘, 학문 용어, 배경 지식
- 영역 5(23%): 이해

5. 교수 수행능력 평가(Performance Assessment for California Teachers: PACT)

PACT은 2001년 처음 논의가 시작된 이래로 현재 30여개 대학의 교원 양성 프로그램, 지역교육청 인턴십 프로그램 및 대안학교(charter school) 연합 등과 컨소시엄을 이루어 교사의 수행능력을 평가하고 있다. 캘리포니아주에서 초등 및 특수 예비 교사들이 취득해야 하는 복수 과목(multiple subjects) 자격증, 혹은 중고등 예비 교사들이 취득해야 하는 단수 과목(single subject) 자격증을 위해서 는 이 시험을 통과해야 한다.

이러한 PACT의 교수능력 평가는 응시자가 제출하는 포트폴리오를 평가하는 데, 예비 교사들이 자신이 가르치는 아동들의 요구를 반영하여 특정 교과목을 어떻게 계획하고 가르치는가를 살펴보기 위하여 '교수 장면(teaching event)' 및 '그 속에 내재되어 있는 징후들의 평가(Embedded Signature Assessments: ESAs)'로 구분하여 평가한다. '교수 장면'은 교육실습의 한 부분을 문서화시킨 확장 버전 으로, 가르치는 일, 계획하는 일, 평가하는 일, 반성하는 일, 학문 용어 등을 포 괄하여 작성함으로써 PACT에 내용교수적 지식뿐만 아니라 고차원의 사고기술 을 드러낼 수 있어야 함을 강조한다.

복수 과목 자격증을 취득하려는 예비 초등교사들에게는 세 가지 '교수 장 면' 과제가 주어지며, 초등학교에서 가르치는 각 핵심 교과(문해능력, 수학, 역 사 및 사회과학, 과학) 영역에 기반을 두고 평가된다. '교수 장면'은 캘리포니아주 의 교육실습생들을 위한 교수 기준이라 할 수 있는 교수능력 기대치(Teaching Performance Expectations: TPEs)에 근거하여 평가된다. ESAs는 TPEs 중에서 선 택하여 평가하는데, 각 교원양성 프로그램마다 다르게 조정이 가능하여 각 프 로그램의 특성이 반영될 수 있도록 되어 있다.

3장 전문적 대화로 이끌어 주는 '빅 아이디어'

3장 전문적 대화로 이끌어 주는 '빅 아이디어'

- 중요한 학습은 무엇으로 구성되는가
  - 필요한 기술과 지식
  - 내용 설명
- 학습이 일어나게 하는 것은 무엇인가
- 학생들은 어떻게 동기 유발되는가
- 지능은 무엇이며, 학생들의 견해는 어떻게 그들의 행동에 영향을 미치는가
- 이러한 아이디어 합치기
- 요약

2장에서는 '학교에서의 권력과 리더십'에 대해 다루었고, 학교 직위에서 파생되는 권위를 가장 중요하게 활용할 수 있는 방법 중 하나가 매일 경험하는 교육 현장을 반영하는 '빅 아이디어'에 대해 (전문적인) 교직원끼리 의견 일치를 이뤄 내는 것이라고 하였다. 이 장뿐만 아니라 이전 내용에서도 알 수 있듯이, 이러한 빅 아이디어에 관한 합의를 따르려는 노력이 전문적 대화를 지원해 주는 역할을 한다. 하지만 이러한 빅 아이디어는 무엇이고, 어떤 연구 결과에 기반을 두었으며, 왜 중요한가?

아이디어는 강력한 힘을 갖고 있다. 아이디어는 우리에게 세상에 대한 감각을 갖도록 도와주며, 우리로 하여금 주어진 상황에서 최선의 접근 방법이 무엇인지 판단할 수 있게 해 준다. 게다가 아이디어는 무엇이 '제대로 된 것이며', 받아들여질 수 있는 상황인지에 대한 우리의 생각을 구성하도록 한다. 예를 들어, 인종 배경이 다른 학생들이 매우 다른 속도로 심화반 수업을 신청했을 때, 교육자들이 이 상황을 바라보는 인식에는 학생 지능, 학생 준비도, 도전적인 과업에 임하는 학생들의 능력 차이 등을 가늠하는 수많은 신념이 반영되어 있다. 만약 어떤 교육자가 모든 학년의 학생들은 매일 개념을 암기하고 절차에 따라야 한다고 주장한다면, 이런 교수적 접근 방법 속에는 학습 내용과 그러한 학습을 촉진시킬 수 있는 최적의 전략을 설명해 줄 수 있는 수많은 신념이 녹아 있는 것이다. 이 장에서 소개될 빅 아이디어를 다음에 제시하였다.

- 중요한 학습은 무엇으로 구성되는가?
- 학습이 일어나게 하는 것은 무엇인가?
- 학생들은 어떻게 동기 유발되는가?
- 지능은 무엇이며, 학생들의 견해는 어떻게 그들의 행동에 영향을 미치는가?

모든 학교 교육자는 교실에서 수업을 할 때 일련의 신념, 과정, 가치가 복합적인 덩어리를 이루어 영향을 미치고 있음에도 그중 대부분이 부분적으로만 인지되고 있다. 이러한 신념은 매일 벌어지는 교육 현장에 영향을 미치며, 그 교육 현장에서 교사가 내리는 다양한 결정에 큰 영향을 미친다. 또한 신념은 교사 개인이 어린 시절부터 거쳐 온 학창 시절 전체, 교사 준비 과정, 교사로서의 경험, 동료들과의 상호작용 등을 거치며 경험했던 것이 반영되어 있다. 따라서 현장에서 벌어지는 결정들 이면에 존재하는 복합적인 일련의 신념은 정교한 망 형태의 기준과 기대로 나타나지만, 이것들 대부분 역시 고려된 적이 없었다.

James Stigler와 James Hiebert(1999)가 지적하였듯이, 다른 일과 비교할 때 가르친다는 것은 문화적인 활동이다. 즉, '학교에 다닌다(doing school)'는 것에는 그곳에서 벌어지는 일 그리고 교사와 학생 간 상호작용의 형태에 관한 기준과 기대가 영향을 끼친다. 학교에 다녔다는 경험은 교사들로 하여금 이러한 문화적 기준을 흡수하게 되었다는 것으로, 이 기준을 변화시켜 보려는 것은 학교의 전문적 공동체로서는 중대한 도전이다. 그러나 이들이 목표로 삼은 결과가 학교에서 제대로 이루어지지 못한다고 여기는 사람들이 증가하고 있다는 것이 지배적인 견해이다.

따라서 행정가든 교사든 리더라면 자신이 근무하는 학교에서 채택된 빅 아이디어들이 연구 결과를 기반으로 하고 있으며, 학생들에게 가장 긍정적인 결과를 이끌어 낼 수 있음을 확신시켜야 할 깊은 책임감을 갖고 있다. 비록 이것이 소위 교육계나 지역사회에서 당연하게 여기던 지혜와는 사뭇 차이가 있을지라도, 리더들이 직면한 도전은 이러한 아이디어가 촉진되도록 만들어야 한다는 점이다. 이러한 아이디어를 항상 분명하게 표현하는 것이 중요하지만, 특히 아이디어가 제대로 이해되지 못했을 경우에는 더욱 분명하게 표현해야 한다. 게다가 이러한 중요한 논란거리에 대해 전제 교직원이 모두 동일한 견해를 가진 사람들로 이루어진다는 것은 현실에서는 있을 수 없는 매우 드문 상황일 수 있다. 그래서 리더십에서의 도전은 학습에 관한 최상의 정보와 이론을 탐구해야 할 뿐 아니라 동시에 학교 교직원으로부터 합의를 이끌어 내는 것이다.

  실제 연구 결과에 토대를 두고 최상의 현장 사례에 기반을 둔 학교가 되기 위해서는 이러한 빅 아이디어에 대한 철저한 이해가 필수적이다. 일부 빅 아이디어는 현재의 교육 현장에 적용할 때 불협화음이 생길 수 있기 때문에 전문적 리더십은 아주 필수적이다. 이러한 리더십은 교장과 그들이 지명한 사람들의 지위로부터 파생되는 권위에 기인할 수도 있지만, 또한 교사들에게 영향을 미칠 수 있는 위치(예: 부장교사, 수석교사, 수업 코치 등)에 놓인 교사 리더들이나 그 외의 사람들로부터도 나올 수도 있다. 이때 권력을 둘러싼 상호작용이 중요한데, 공식적인 지위가 주는 권위를 갖고 있는 교육자들(예: 교장)은 그 지위로 인해 주목을 받을 수는 있겠으나, 그들이 내세우는 아이디어들이 모든 교사들에게 납득되어야 한다. 2장에서 언급하였듯이, 아이디어야말로 전문성을 가진 조직에서 행동으로 나타나도록 에너지를 부여해 준다. 공식적인 지위를 가진 리더가 자신의 주장을 강요할 수는 있겠으나, 학교에서 깊은 변화를 이뤄 내려면 강력한 힘을 갖고 있는 빅 아이디어를 중심으로 조직된 전문적인 리더십이어야 한다는 점이 매우 중요하다.

  가르치는 일과 관련된 대화의 밑바탕에 깔려 있는 빅 아이디어에 대해서는 다음 부분에서 짧게 소개할 것이다. 이러한 개념들은 인지심리학, 조직 개발, 경영학 등 다른 분야의 문헌에 담긴 광범위한 연구 결과로부터 파생되었다. 설령 이 개념들을 학교 맥락에 도입한다 하더라도, 많은 부분에서 현재 대부분 이해하는 방식이나 그로 인해 교육 공동체에 미칠 결과와 일치하지 않을 수도 있다. 학습 경험을 계획하고 실행하는 데 영향을 미치는 것은 엄청난 일이다. 교사가 수업을 관찰하고 그 교육 현장에 관해 대화를 나누는 것은 필연적으로 이러한 개념에 기반을 두고 진행하여야 한다.

  다음에 기술한 것은 이러한 개념들을 초기에 살펴볼 수 있는 자료들이다. 하지만 이에 대한 보다 깊은 공감과 현장에 끼칠 영향을 살펴보기 위해서는 이 책의 마지막 부분의 참고문헌에서 소개하고 있는 읽기 자료들을 읽어 볼 것을 제안한다.

중요한 학습은 무엇으로 구성되는가

다음에 기술한 것처럼 중요한 학습에 대한 질문은 다양한 측면을 담고 있다.

- 시민이면서 동시에 21세기 후반까지 직업을 가질 우리 학생들에게 필요한 기술과 지식
- 학교에서 가르치는 내용은 어떻게 개념화되고 설명되는가(예: 수학과에서 암기해서 적용해 보는 절차로 구성되어 있는지, 이해해야 할 개념으로 구성되어 있는지, 아니면 이 둘을 조금씩 섞은 내용인지)

이러한 두 요소에 대한 비판적인 검토는 필요하며, 수업 관련 대화에 상당한 영향력을 미치게 될 것이다. 빅 아이디어와 마찬가지로 그것이 의미를 갖기 위해서는 수업에 대한 토론을 할 때 전문 공동체의 구성원들과 합의에 도달하는 것이 매우 중요하다.

필요한 기술과 지식

과거 수십 년 동안 정책 입안가 및 학교 교육자들이 지적하였듯이, 현재 초등학생들은 지금으로부터 약 40년간 그들의 공동체에서 적극적인 구성원 역할을 담당하게 될 것이다. 앞으로 40년에 걸쳐 나타날 극적인 변화를 생각해 보면, 학생들에게 필요한 정확한 지식과 기술이 무엇일지 어느 누구도 어느 정도

의 자신감을 가지고 예측한다는 것은 불가능하다. 물론 모든 영역에서 정보 기술에서 비롯된 혁신으로 말미암아 사람들의 일상생활과 직업생활에 이루 말할 수 없는 변화가 일어나고 있다.

게다가 두 세대 전만 해도 좋은 교육이라고 믿었던 내용이 경제 세계화로 인해 지금은 허무하게도 쓸모없는 것으로 여겨지는 피할 수 없는 증거들이 속속 제시되고 있다. 산업 공동체는 투자자(예: 자동차 생산자)에게 교육을 잘 받은 노동 인력을 제공해 줄 수 있다는 확신을 주어야 하고, 그런 점에서 우리 공동체에 그 회사의 투자 유치가 되도록 다른 공동체와 경쟁을 한다. 또한 기술을 필요로 하는 거의 모든 직업은 지금 다른 나라로 이전되고 있다. 그런데 미국 공동체들은 지금 주변 공동체뿐 아니라 인도나 중국의 다른 마을이나 도시와도 경쟁하고 있다. Thomas Friedman이 2006년 12월 13일 『뉴욕타임즈(New York Times)』 칼럼에서 간단명료하게 묘사하였듯이, "만일 개발도상국에서 미국 임금의 절반 비용만으로도 교육을 잘 받은 사람들을 고용할 수 있다면, 전 세계 어느 시장에서 누가 그런 숙련된 일을 하는 데 미국인을 고용하려 하겠는가?"

이러한 경제 논의는 흥미진진하다. 세계 경제는 서로 매우 관련이 있으며, 자동화나 디지털화가 불가능하여 완수하기 어려운 일은 이제 극소수에 불과하다. 게다가 인터넷을 활용하는 모든 국제 평가와 측정 부분에서 미국은 다른 산업화 국가들에 비해 뒤처져 있으며, 학업 성취도 평가에서 미국 학생이 보인 성취 수준은 인도나 중국 학생보다 평균은 높았지만, 이들 국가는 미국에 비해 숫자상 더 많은 졸업생을 배출하고 있다. 높은 수준의 경제적 활동과 성장을 유지하기 위해 미국 학교들은 학생들에게 세상에 나갈 준비를 시켜야 하는데, 확신에 찬 예측은 어렵지만, 앞으로 사람들은 어디든 적응을 하고 유동적이어야만 변화하는 상황에서 살아남을 수 있다. 학교는 19세기에 처음 등장하였고, 그때는 학교를 졸업한 이들이 반복적인 작업에 투입될 수 있도록 하는 것이 목적이었다. 하지만 이제 그러한 일은 창의성과 혁신을 중시하는 21세기와는 맞지 않는다. 이는 일련의 학생들이 무질서한 상황 속에서 제대로 배우지 못한 피해자로서 뒤처지는 문제를 넘어서는 것으로, 그것은 글로벌 경제 상황에서 미국이 전 세대에 걸쳐 뒤처질 수 있다는 우려 때문이다.

'공통 핵심 주 기준(Common Core State Standards: CCSS)'에 대한 논의 없이는 미국의 고교 졸업생이 갖추어야 하는 기술이나 지식이 무엇인지 이야기할 수 없다. 미국의 주 교육국 최고책임자위원회(Council of Chief State School Officers: CCSSO)와 미국 주지사협의회(National Governors Association: NGA)의 주도하에 2010년 발포된 CCSS에서는 학생들이 '대학 및 취업 준비'를 하려면 반드시 배워야 하는 국어과 및 수학과 내용에 주목하고 있다. 미국의 대부분 주에서는 이러한 새롭고 엄격한 기준을 평가와 함께 실시해야 한다는 것을 거의 즉각적으로 도입하였다.

2010년 이래 CCSS와 관련된 분위기를 살펴보면, 몇몇 주에서 기준에 대해 그들만의 변형본(revised version)을 만들어 내기도 한 반면, 어떤 경우는 아예 기준을 폐기함으로써 상황을 더욱 암담하게 만들고 있다. 이러한 정치 역학 뒤에 놓인 이유는 복합적이고 여러 측면이 개입되어 있기 때문에 미래에는 공통 핵심 기준이 어떻게 될지 확신할 수 없다는 것이다. 하지만 교육을 잘 받아야 할 대상은 현재의 우리 학생들이며, 미래의 경제 분야에서 그들이 충분히 참여할 수 있으려면 학생들은 과거에 요구되었던 기술보다 훨씬 높은 수준을 갖추어야 한다.

이러한 현실을 고려하면, 우리의 학교는 학생들로 하여금 다음과 같은 기술을 갖추어서 졸업시켜야 한다는 합의에 이르렀다.

- 글과 말을 통한 의사소통을 포함한 전통 교과목에서의 깊은 이해와 기술 (CCSS를 고려하면서, 과학 같은 다른 학문의 최근 연구 결과를 반영함)
- 국제적인 이해
- 혁신, 진취성 그리고 창의성
- 비판적 사고 및 문제 해결
- 협력과 리더십을 포함한 대인관계 기술

• 학습 및 질문 방법 알기

교육받은 시민으로 갖추어야 할 기술(skills)을 습득하기 위해서는 당연히 많은 노력을 기울여야 한다. 투표권을 지닌 시민은 선거 후보자들의 능력을 검증하기 위해 그들이 복잡한 문제들을 얼마나 폭넓게 파악하고 해결할 수 있는지를 고려한다. 이들의 판단에는 공공 정책과 역사적 흐름에 대한 이해가 필요하다. 시민이라면 갖추어야 할 기술이 무엇인지 고려해 볼 수 있는 방법 중 하나로 배심원 역할을 생각해 볼 수 있다. 2001년 재판관 Leland DeGrasse는 배심원 결정에 대해 다음과 같이 기술하였다.

> 유능하며 성과를 많이 내는 시민만이 배심원 역할에 호출되는 것이 아니다. 오히려 시민이라면 편견 없이 재판에 참여하여, 익숙하지 않은 사실과 개념을 배우고 새로운 방식으로 의사소통하면서 동료 배심원과 더불어 판결을 내려야 한다. 공립학교에 다니면서 배웠어야 했던 언어적, 추론적, 수학, 과학, 사회화 기술이 요구되는 복잡한 문제를 결정하기 위해 배심원들이 호출된 것이다. 오늘날의 배심원들은 DNA 증거와 관련 사실, 통계 분석, 난해한 금융 사기(그저 이 세 가지만 예로 들었을 뿐이다) 등의 질문을 파악할 수 있어야 한다.

내용 설명

공통 핵심 주 기준(CCSS)을 실제로 채택하든 채택하지 않든 간에, 사실상 미국의 모든 주에서는 학생 학습에 관해 엄격한 내용 기준을 도입하고 있다. 그 기준들을 얼마나 상세하게 기술하느냐의 수준 면에서 그리고 그 기준들이 진술하고 있는 지식의 종류 면에서 상당히 다양하다. 그 기준들이 어떻게 기술되었는지 그리고 학생 수행을 표현하는 데 어떠한 동사를 사용하였는지(예: 안다, 묘사한다)와 상관없이, 교사 자신이 가르치는 내용에 관해 생각해 오던 방식은 그들이 실제로 수업할 때 엄청난 영향을 미친다.

학교에서 일어나는 학습은 여러 형태로 나타나는데, 예를 들면 어떤 것은 실제적인 지식(어떤 것을 알기)으로, 어떤 것은 절차적인 지식(어떻게 하는지 알기)으로, 어떤 것은 개념적 이해로 나타난다. 게다가 기술도 포함되어 있는데, 그 예로는 의사소통 기술(예: 읽기와 쓰기), 사고 기술(예: 정보를 분석하기, 가설을 세우고 입증하기), 사회적 기술(예: 다른 사람과 협력하기, 다른 사람의 관점으로 바라보기) 등이 있다. 주에서 정한 내용 기준 중에서 어떤 것은 다른 것에 비해 평가 시 훨씬 수월하다는 이유로 전통적으로 조금 더 강조되어 온 것도 사실이나, 분명하게 말하지만 이러한 학습의 모든 유형이 중요하다. 특히 실제적인 지식과 절차적인 지식은 개념 이해와 사고 기술을 중시한다. 위험스러운 것은 고부가가치 성격의 주 평가에서 통과하기 위해 교사들이 학생들에게 시험 준비를 시키려는 열망인데, 그렇게 되면 교사들은 고차원의 (보다 흥미롭고 도전적인) 수행 측면을 무시하고, 저차원의 학습 영역에 너무나 열중하게 된다는 점이다.

특히 수학 과학 성취도 국제 비교 연구(International Math and Science Study: TIMSS), 국제 학업 성취도 평가(Programme for International Student Assessment: PISA), 미국 전국 교육 성취도 평가(National Assessment of Educational Practice: NAEP, '국가의 성적표'라고 불림) 등의 경향에서 보여 주듯, 이러한 국제 평가들은 이제 고차원적 학습을 평가하고 있다. 이렇게 된 이유는 이러한 평가에서는 전체 학생을 모두 평가하기보다는 일부 학생만을 선별하여, 대규모로 기계가 채점해야만 가능했던 방식에서 벗어나 보다 깊은 평가를 할 수 있기 때문이다. 이러한 국제 평가에서 미국 학생들이 다른 국가의 동년배 학생들에 비해 우수하지 못하다는 것은 어느 정도 알려진 사실이다. 혹자는 다른 국가는 고등학교가 선택적이어서 능력도 되고 준비된 학생들만 진학하는 데 반해, 미국은 모든 학생이 고등학교에 다니고 있고 평가 대상자가 될 학생들이 그러한 학교에서 표집된다는 사실을 지적하면서 이 현상을 설명해 보려고도 한다. 이 결과를 17세 사례에 국한하여 해석해 보려 해도, 모든 선진국에서 보편교육이 이루어지고 있다는 점을 고려할 때 9세 사이에서 나타난 차이를 설명해 주지 못한다.

특히 교육 성과적 측면에서 드러난 차이는 믿기 어렵다. "예를 들어, 수학 성취도 평가에서 미국에서 가장 높은 성적을 낸 교실이 일본 샘플에서 가장 낮은 성적을 낸 교실보다 잘하지 못했다."(Stigler & Hiebert, 1999, p. 5) 실제로 미국에서의 수업 체제는 저차원적 수학 기술에 주목하고 강화시키는 데 주력한다(p. 111). 미국의 수학 수업은 "도전적이지 않고, 절차적으로 불필요하게 세분화시켜 놓은 방향에 맞추어져 있다."(p. 125)는 특성을 보인다. 다른 결과들은 이만큼 확연하게 나타나지는 않지만, 흐름은 분명하다. 미국 학생들의 학문적 수행은 다른 국가 학생들에 비해 상당히 뒤처져 있다.

이러한 현상에 대해 설명할 수 있는 것은 구조적인 요인(학생들이 학교에서 보내는 시간의 양, 교사 월급과 사회적 지위)으로부터 실제적인 교수 요인에 이르기까지 다양하다. 수업 요인이야말로 미국 학생들의 수행을 높이는 데 가장 가능성이 있는 부분으로 보고 있다. 이 부분은 다른 국가들은 학습 내용을 어떻게 바라보고 있는지에 대한 이해로 시작하며, 고차원적 학습과 관련하여 미국 교육 현장에서 시도하는 개념화가 최상의 결과를 낼 수 있는지 지속적으로 검토하게 한다.

이러한 현상에 대한 가장 구체적인 연구는 바로 Stigler와 Hiebert(2005)가 실시한 것으로, 이들은 수학 수업에 초점을 맞추고 7개 국가(미국, 호주, 체코, 홍콩, 네덜란드, 스위스, 일본)의 접근 방식을 비교하였다. 이들은 7개 국가의 수백 개 수업을 녹화하고 교사들을 면담하여 분석하였다. 그리고 교사들이 가르치는 수업 내용과 그 수업의 근간을 이루는 가정들에 대해 교사들이 어떻게 생각하는지로 시작하여 실제 교실에서 수업할 때 나타나는 다양한 부분에서의 중요한 차이점을 발견하였다.

샘플로 선정된 6개 국가는 미국보다 높은 수학 성취도 결과를 보였을 뿐 아니라, 그들이 사용하는 교수 방법이 상당히 달랐다. 미국의 수학 수업은 "저차원적 수학 기술을 활용하는 사실들의 덩어리/합산체"(p. 112)라면, 다른 국가들은 도전적인 교육과정과 절차적인 학습 간의 균형을 맞추는 데 초점을 두고 있었다. 이러한 연구 결과 중 하나는 주어진 수업에서 실제 적용할 수 있는 문제의 비율이 얼마나 되는지 비교하는 것이었다. 미국의 경우 7개국 중 가장 낮은 적용 문제 비율(34%)을 보인 데 반해, 일본은 가장 높은 비율(74%)을 나타내었다. 미국의 수학 수업에서 항상 해 오던 것(routine)과 절차적 문제의 분량과 비교할 때, 일본의 수학 수업에서는 적용 문제가 2배 이상 더 시도되었다. 저자들이 처음 연구했을 때와 비슷한 결과가 이번 연구에서도 도출되었다. 미국에서는 개념이 전개되도록 하기보다는 그냥 말해 주는 것이 80%인 데 비해, 일본에서는 대략 그 반대의 비율이 나타났다. 게다가 미국 교실에서는 다른 국가의 학생들이 하는 것보다 2배 정도 정의 내리기 부분을 더 다루고 있었다. 정의 내리기 부분을 배우는 것이 중요하지 않다는 것이 아니라, 오히려 그것으로 무엇을 하느냐에 달려 있다고 봐야 한다. 미국에서는 정의 내리기를 수업의 처음부터 끝까지 다룸으로써 그 정의의 의미를 배우는 것이 수업의 주요 목적이다. 이와는 대조적으로, 일본의 수업에서는 학생들에게 '맞꼭지각은 항상 같은가?'와 같이 정의를 활용하여 증거를 찾아내는 데 활용하도록 학습하게 한다.

이러한 연구 결과는 중요한 점을 시사한다. 미국처럼 학생들에게 수학적 절차를 수행하도록 도와주는 것이 교사의 할 일이라고 생각하는 교사와, 오히려 교사 역할이 복잡한 개념 이해를 학생들이 개발하도록 도와주는 것이라 생각하는 교사의 교수 전략은 서로 다를 것이다. 미국은 교사들로 하여금 학생들이 이해를 하도록 도와주는 좀 더 문제중심 접근 방법을 시도하기보다는, 저차원의 예를 통해 교사들이 주로 설명해 주고 있음을 보여 준다. 많은 교사 스스로 불완전하게 수학 개념을 이해하고 있었던 교사들로부터 본인들이 수학을 배웠기 때문에 이러한 반복이 저절로 계속되고 있다.

그렇다면 첫 번째 '빅 아이디어'는 교사들로 하여금 그들이 가르치는 내용이 무엇인지 비판적으로 분석하게 하고, 그 학습 결과가 다음과 같은지 확인해 보도록 하는 것이다.

• 그 과목에서 중요한 고차원적 학습을 반영한다.
• 다른 유형의 내용(지식, 기술 등)의 균형을 맞춘다.
• 단순한 사실이나 절차보다는 개념적 이해를 개발시킨다.

    이러한 빅 아이디어에 대해 교직원들 간에 의견 일치를 이루고 나서야, 교수 관련 대화가 매일의 교실 현장에서 어떠한 시사점을 주는지 탐색해 볼 수 있다. 예를 들면, 학생들이 내용의 엄격성 측면에서 수업에 임하도록 하여, 보다 전통적인 지식뿐 아니라 중요한 개념적 이해를 어느 정도로 하게 되는지, 학생들로 하여금 여러 기술(예: 협력하기, 사유하기)을 개발하도록 도전하게 했는지와 관련해 교육 현장을 살펴보는 일은 흥미로울 것이다.

학습이 일어나게 하는 것은 무엇인가

    중요한 전문성을 띤 대화의 기초로 작용하게 하는 또 다른 빅 아이디어는 학습의 본질에 관한 것으로 '사람들은 어떻게 사물에 대해 배우는가?'이다. '깊은 개념적 이해는 어떻게 개발되는가?' '사람들은 어떻게 자신들의 생각을 활용하여 시(詩) 혹은 자료를 분석하고, 대립되는 주장을 내세우는 정치인들을 평가하는가?' 이러한 질문은 학교의 책무성와 직결되며, 이에 대한 관련 논의는 과거 수십 년에 걸쳐 진화되어 왔다.

    20세기의 지식은 행동과 동일시되어, 학습이 행동을 변화시킬 수 있는 것으로 인식되었다. 이것은 동물 심리학에서 도출된 내용(자극-반응, 조작적 조건형성, '교사 검인정' 및 완전 글로만 이루어진 교과서를 만들게 함)을 학생의 학습에 적용하였다. 물론, 학습에 대한 보다 복잡한 견해 역시 과거에도 등장하였다. 1900년 『학교와 사회(The School and Society)』를 쓴 John Dewey(1959)는 다음과 같이 언급하였다.

아동은 이미 강렬하게 활동적이며, 교육에 대한 질문은 아동의 활동을 가지고 이들에게 방향을 제시하는 문제와 같다. 방향을 제시해 주고 조직적인 활용을 통해, 아동들은 산만하거나 단지 충동적인 표현에 머무르지 않고 값진 결과를 향해 나아가곤 한다(Dewey, 1959에서 Dewey 인용).

비록 Dewey(1959)의 모든 견해가 폭넓게 받아들여지지는 않았지만, 이제 대부분의 교육가는 Dewey가 주장한 학습의 활동적인 속성이 본질적으로 옳았다는 점, 학생들이 개념적 지식을 습득하기 위해서는 학생들로 하여금 반드시 아이디어를 생각해 보게 하고 자신들의 이해를 직접 구성해 보도록 해야 한다는 점을 받아들인다. 학습에 대한 이러한 구성주의적 접근 방식은 어떤 것이며, 어떤 것은 해당되지 않는지 이해하는 것은 중요하다. 학교 교육자들이 학생들 스스로 이해하도록 해야 한다는 점을 얘기할 때, 이것은 교사들이 교실의 지배력을 학생들에게 양도한다는 뜻이 아니다. 오히려 그 반대로, 학생들이 배워야 할 것이 무엇인지(학습 결과)를 결정하는 사람은 바로 교사이다. 구성주의적 입장은 단지 교사가 의도한 것을 학생들이 어떻게 배우게 되는가를 기술한 것으로, 학습의 복합적인 속성을 인정하는 것이다.

수학과의 예는 구성주의적 방법론의 생생한 예를 제공해 준다. 초등학교 수학 교육과정에서는 흔히 기하학 모양의 면적과 둘레에 대한 공식을 다룬다. 일반적인 접근 방식을 따른다면, 아마도 그 용어가 무엇을 의미하는지 간단히 설명하면서 공식을 제시한 후, 학생들에게 그 공식을 대입해서 어떤 모양의 면적이나 둘레를 계산해 보라는 적용 연습으로 이어질 것이다. 반면, 구성주의적 교실이라면, 교사가 학생들에게 다음과 같은 문제를 제시할 것이다. "너한테는 64피트(약 2m) 둘레의 울타리가 있어. 애완견을 가장 넓게 뛰어놀게 하려면 그 길이를 얼마로 해야 할까?" 이 문제를 해결하려면, 학생들은 면적과 둘레에 대한 공식을 알아야 할 뿐 아니라 이 둘 간의 관계 역시 알아야 한다.

구성주의적 방식을 사용하는 교실에서는 학생들이 구체적인 질문을 가지고 고민하고, 이 문제를 해결하기 위해 당연히 다른 접근 방법을 발견하려 할 것이다. 물론 중요한 학습은 집단 토의 결과로 나올 수 있으며, 그 과정에서 다양한 접근 방법을 공유하고 정확성과 효율성 측면을 비교할 것이다. 토의 과정에서 (설명이 필요하다면) 교사가 학생들이 탐색하려는 문제를 해결하는 데 도움이 되는 면적과 둘레에 관한 공식을 설명할 수도 있다. 게다가 학생들은 가장 근접한 모양이 (만약 직선으로 구성된다면) 사각형으로 할지, 아니면 (만약 울타리를 구부려도 된다면) 원으로 할지 고려하면서, 주어진 둘레에서 가장 넓은 면적을 찾아낼 것이다. 이는 강력한 이해의 방식이 될 수 있으며, 학생들이 나중에 이해하게 될 기하학의 핵심 부분인 변수 개념을 소개하는 것이 된다.

이 점은 암기 학습이 설 자리가 전혀 없다는 뜻이 아니다. 실제로 프랑스어 어휘 단어처럼, 암기는 학습을 향한 유일한 방법이다. 하지만 이러한 단어의 어원을 이해하는 것은 암기 과정을 보다 쉽고 흥미롭게 만들 수 있다. 초등학교 수학 시간에 학생들이 숫자가 뭐가 먼저 오든 2×6의 답은 항상 12라는 점을 배울 때도 마찬가지이다. 일단 곱셈 개념을 이해하면, 곱셈 문제를 통해 쉽게 암기할 수 있다.

학습에 대한 위험 요소는 개념 이해보다 사실과 절차를 가르치는 것을 더 중요시할 때 나타난다. 즉, 학생들은 정답이나 역사의 사실 혹은 과학 용어의 정의를 알기 위해 단지 절차를 암기할 수 있다. 하지만 이러한 암기 내용의 기저에 '이해'가 없다면 곧 잊어버릴 것이며, 다른 상황에 적용하지도 못할 것이다. 그저 개념을 암기만 했다면 그것은 어떤 의미 있는 측면에서라도 '학습했다'라고 말할 수 없다. 반면에, 구성주의적 가르침에서는 학생들이 강력한 이해를 이끌어 주는 개념적, 유연한 '이해'를 목표로 하고 있다.

언제부터인지 학교 교육자들은 기초를 습득한 후라야 그 기초 지식을 보다 흥미롭게 적용할 수 있다는 그릇된 개념을 가지고 교직에 임하고 있다. 이제 우리들은 사고와 내용은 함께 개발되고, 그 사고는 내용의 학습으로 나타난다는 점을 알게 되었다. 이는 연구 결과가 잘 보여 주고 있다. 사실 Shelagh

Gallagher와 William Stepien(1996, p. 53)은 인지심리학 연구를 통해 "복잡한 환경에서 시도되는 학습의 유리한 점을 알려 주고 있다. 고차원적 사고를 촉진시키는 수업은 학습자들로 하여금 정보 조각끼리 의미 있게 연결해 주고, 새로운 상황에 정보를 전이시킬 수 있고 학습에 동기 유발시킨다."는 점을 잘 보여 주고 있다. 실제로 Lauren Resnick과 Leopold Klopfer(1989, p. 1)는 "사고와 관련된 최신 연구 결과가 알려 주는 가장 중요한 아이디어 중 하나는 바로 습관적으로 사고와 연결되는 정신 과정은 어떤 고급 혹은 '고차원적' 정신 발달 단계에만 국한되지 않는다는 것이다. 실제로 '사고하는 기술(thinking skills)'은 심지어 초등 수준의 읽기, 수학이나 다른 교과목의 성공적인 학습에도 직접적으로 관련된다."는 것을 발견했다.

가장 중요한 연구 결과는 믿기 어려울 정도로 단순한 내용인데, 학습은 '학습자에 의해' 이루어진다는 사실이다. 교사인 우리가 무엇을 하느냐에 따라 학생들이 그것을 배우게 된다고 교사들이 생각해 왔던 방식은 잘못되었다. 학생들은 교사인 '우리가' 무엇을 하느냐에 따라 배우는 것이 아니라, '학생들이' 무엇을 하느냐에 따라 배우는 것이다. 그렇다면 교사인 우리에게 주어진 도전은 학생들에게 흥미로운 학습 경험을 계획하고 우리가 의도한 학습을 하는 것이다. 어떤 교육자들은 자기 교실에서 신체적(조작적) 자료를 방대하게 사용하려 할 것이다. 실제로 신체적 표현은 특히 초등학교 수학 수업에서 학생들에게 개념을 습득하게 하는 데 도움을 줄 수 있다. 하지만 그것이 만병통치약은 아니다. 종이 위에다 작업하는 조작 활동을 할 때 학생들이 아무 생각 없이 그 과업에 임할 수도 있기 때문이다. 거시적 견지에서 보면, 학생들에게 학교는 손으로 무언가를 조작하는 장소 그 이상이 되어야 하며, 특히 고도의 집중력과 사고력을 발휘하게 하는 곳이어야 한다. 학생들에게 학교에서 하는 과업은 다른 사람의 경기를 그저 지켜보기만 해야 하는 그런 운동 경기가 되어서는 안 된다.

그렇다면 두 번째 '빅 아이디어'는 학생들이 어떻게 학습하느냐와 관련된다. 학생들은 중요한 개념과 기술을 습득하기 위해서 반드시 다음과 같이 학습해야 한다.

- 머릿속에서 정신적으로 연결 지어 보기, 가설 세우기
- 이미 알고 있는 것에 새로운 이해를 연계시키기
- 구조적으로 깊게 반영될 수 있도록 참여하기
- 협력에 동참하기

학습의 본질은 가르치는 일 그리고 매일 벌어지는 수업에서 학습 원칙이 어떻게 반영되느냐와 관련하여 풍부한 대화 기회를 제공해 준다. 교실 관찰을 통해 학생 참여의 속성은 어떠한지 그리고 어느 정도로 학생들이 지적인 활동에 기초한 이해가 개발될 수 있었는지에 대한 경고를 해 줄 수도 있다. 이러한 수업 관찰은 학교 교육자들 사이에서 중요한 대화를 위한 토대를 제공해 준다.

학생들은 어떻게 동기 유발되는가

하지만 강력한 전문적 대화를 가능하게 해 주는 또 다른 중요한 빅 아이디어는 학생들이 열심히 참여하려면 어떻게 동기 유발되어야 하는가에 관한 것이다. 결국 중요한 학습은 학생 입장에서의 헌신과 인내를 필요로 한다. 그런데 무엇이 학생들로 하여금 그러한 노력을 쏟게 만들까? 교수와 관련된 최신 연구 결과를 살펴보면, 그 연구 결과에서 제시하는 것은 바로 가르치는 교육 현장을 강화시키는 것이 매우 중요하다는 것이다. 교육 현장의 다른 부분과 마찬가지로, 전문성을 띤 대화를 통해 이러한 강화가 강조된다.

모든 교사마다 흥미를 보이면서 동시에 동기 유발된 학생 모습에 대한 어떤 정신적 이미지를 품고 있는데, 그것은 도전적인 일에 기꺼이 동참하고, 바르게 행동하며, 헌신과 힘을 쏟아부으면서 자신의 일을 완성해 가는 모습이다. 하지만 불행히도 현실에서는 많은 교사가 갖고 있는 그런 생각과는 괴리가 있다. 현실에서 만나는 학생들은 시무룩하고, 집중도 못하며, 규칙을 잘 따르지 못하

는 모습을 보이는 게 현실이다. 비록 학교에서 해 오던 방식을 잘 따랐던 아동들이라 할지라도, 많은 학생이 놀이터나 방과 후 집에서 혹은 주말에 분출하는 에너지를 학교 수업에서 발견하기 어렵다.

하지만 복잡한 과제를 수행하며 어려운 과업에 임하는 학생들에게 최선의 노력을 다하도록 요구하는 교사들이 있다. 그러한 교실에서는 에너지를 느낄 수 있는데, 관찰자가 그 학급에 들어가면 느낄 수 있다. 혹자는 그러한 교사들의 비밀은 무엇인지 질문할 수도 있다. 학급을 엄격하게 운영하는가("한 학기 끝날 때까지 너희는 웃을 생각도 하지 말라."), 아니면 허용적으로 운영하는가? 그들은 어떻게 그렇게 할 수 있었을까? 이러한 교실에서는 William Glasser(1986, p. 8)가 언급한 것을 실천하고 있는데, 그것은 "우리를 비롯한 모든 살아 있는 생물체는 자기에게 가장 만족감을 준다고 믿는 것을 행동으로 옮기게 된다. 우리가 바라는 것에 비해 학교가 훨씬 덜 효과적이게 된 주요 원인은 학생들이 관심을 끌어야 할 곳이 바로 학교이어야 함을 인식하지 못했기 때문이다."

우리 모두가 알고 있는 네 살짜리 아이 모습을 생각해 보면, 어느 누구도 그들에게 새로운 것을 배우라고 강요하지 않아도 이 꼬마들은 새로운 경험과 새로운 지식을 얻는 데 열정적이다. 아동들은 어떤 사물을 살펴보는 데 관심이 많은데, 사실 부모 입장에서 가장 도전적인 일 중 하나는 자녀 스스로는 이해하지 못하는 위험으로부터 아이들이 다치지 않도록 보호하는 일이다. 하지만 동일한 꼬마들이 초등학교에 진학해 졸업할 무렵이 되면, 많은 아이가 무기력하고 호기심을 상실한 것처럼 보인다. 그렇다면 이들이 학교에서 거쳐 간 시간 동안 무슨 일이 벌어진 것인가? 배움을 향한 아동들의 자연스러운 모습이 왜 학교에서는 사라져 버린 것인가? 그렇다면 수없이 넘어지면서도 스케이트보드를 타는 것처럼, 고학년 학생들이 어려워도 새로운 기술을 습득하고자 노력하는 것은 어떻게 설명할 수 있는가? 무엇이 그들을 끈기 있게 버티도록 했을까?

우리가 인간의 동기 유발을 고려할 때 하는 중요한 구분은 바로 내재적 동기와 외재적 동기 중 어디에 속하느냐이다. 내재적 동기 유발은 개인 차원에서 무언가를 해 보려는 것인 데 반해, 외재적 동기는 외부에서 그 원인을 찾는다. 외부적인 보상은 부모나 교사로부터 받는 인정과 같이 어떤 가치 있는 것일 수도 있다. 아이가 개울가에서 놀고 있는 것은 그 아이가 내적으로 동기 유발되었기 때문에 그렇게 하는 것이며, 프로젝트에서 좋은 성적을 얻기 위해서라면 그 아이는 외적으로 동기 유발된 것이다. 물론 각각의 역할이 있다. 미국 주의 수도와 같은 여러 중요한 내용들은 외적인 요인이 없이는 아이가 학습하기 어렵다.

하지만 상황은 단순하지 않다. 많은 연구에서 외적 동기 유발은 내적 요인에서 비롯됨을 지적하고 있다. Edward Deci(1995, pp. 25-26)는 대학원생을 대상으로 실험을 하면서 그들에게 퍼즐을 주고 해결해 보라고 했는데, 이 대학원생들은 문제를 흥미롭게 받아들였고 퍼즐 푸는 일에 내적으로 동기 유발되었다. 그때 두 그룹의 학생들에게 퍼즐을 제시하였는데, 한 그룹에게는 그것을 풀면 돈을 준다고 했고, 다른 그룹에게는 그런 얘기를 하지 않았다. 그리고 그 실험이 끝날 때 (실험의 의도상) 연구 책임자는 서류 작업을 하러 그 실험실에서 밖으로 나가는 상황에서 학생들에게 몇 분 기다리라고 얘기했다. 돈을 목적으로 실험에 참여한 학생들은 더 이상 그 퍼즐에 관심을 보이지 않았는 데 반해, 돈 얘기를 못들은 학생들은 계속 퍼즐에 관심을 보였다. 즉, 돈을 준다는 사실이 이미 형성된 내적 동기 유발을 파괴하는 것으로 나타났다. 여러 다른 연구도 비슷한 결론에 도달했다. Thomas Sergiovanni(1992, p. 24)는 어린 아동들과 융판용 펜을 가지고 했던 유명한 David Greene과 Mark Lepper(1974)의 연구를 언급하였다. 어린 아동들에게 보상이 한 번 제공되면, 그들은 펜을 가지고 놀던 일에 흥미를 훨씬 덜 보였다는 연구가 바로 그것이다. 학교와 관련되어서는 그럼 외재적 동기 유발을 배제해야 하느냐의 문제로 보아서는 안 되는데, 사실 그러한 배제 방법은 가능하지도 않고 바람직하지도 않다. 하지만 조직으로서 많은 학교는 너무나 외재적 동기 유발에 의존하고 있고, 내재적 동기 유발에 관한 연구 결과들을 주목하지 않고 있다. 내재적 동기 유발을 소홀히 하는 경우 비싼 대가를 치러야 하는 배제가 되는데, 즉 많은 학생에게 학교가 중요한 학습의 흥미로운 탐험을 해 볼 수 있는 장소라기보다는 해소되지 못한 지루함과 단조로운 일을 하는 장소가 되어 버리게 된다. 교사들이 내재적 동기 유발 원칙에 익숙하지 못하기 때문에 대부분의 교사는 매일의 학교 현장에서 이러한 연구 결과가 얼마나 밀접하게 관련 있고 강력한 시사점을 주는지 잘 인식하지 못한다.

그렇다면 내재적 동기 유발에 대해 알려진 것은 무엇인가? 학생들이 최상의 에너지를 분출하도록 하기 위해서는 매일 벌어지는 수업에 어떤 원칙들을 적용해야 하는가? 이와 관련하여 수십 년에 걸쳐 발전되어 온 주요 연구 결과들을 통해 상당한 합의에 도달하였다. 첫 번째는 행동에 영향을 미칠 수 있는 기본적인 신체적 필요를 우선적으로 고려해야 한다는 것으로, 만일 사람에게 최소한의 적절한 음식, 쉼터, 따스함이 주어지지 못한다면 그들의 모든 에너지는 이를 얻는 데 집중하게 될 것이다. 이는 가난한 집안 배경을 가진 아이들에게 아침과 점심을 제공하는 프로그램의 중요성을 설명하는 것으로, 만일 아이들이 배고픈 상태라면 학교에서 하는 일에 집중할 수가 없다.

하지만 기본적인 신체적인 것이 충족되면, 모든 인간은 강력한 심리적인 필요에 따라 동기 유발된다. 이는 Glasser(2001), Deci(1995), Robert White(1959)를 비롯한 여러 학자가 언급하고 설명해 왔다. 이들의 얘기를 요약하면 다음과 같다.

• 소속감 그리고 타인과의 관계 맺음

인간은 사회적인 동물이어서 반드시 타인과 관계를 맺으며 살아가야 한다. 학생들은 자기 친구들의 의견을 심각하게 받아들인다는 점에서 학급에 이것이 가능할 때 학생들은 최선을 다해 과제에 몰두하게 될 것이다. 게다가 학생들은 개인 노력보다는 친구와 함께 과제를 할 때 훨씬 더 참여가 높기 때문에 많은 교사는 학생들로 하여금 집단으로 참여하게 함으로써 이를 증명하고 있다.

• 능력 대 숙달

어떤 영역에 숙달(master)되는 것처럼 어려운 내용을 이해하는 것은 상당히 만족스러운 경험이다. 만족의 다른 부분은 그것을 가지고 고민하는 것인데, 만약 그 일이 너무 쉽다거나 도전을 주지 못하는 경우 그 결과는 만족스럽지 못하다. 어려운 내용을 숙달할 수 있다는 것은 따라서 힘을 보여 주는 것이다.

• 자율성 대 자유

학교에서 당연히 학생들은 무한한 선택을 할 수는 없다. 교사들은 어떤 것을 가르쳐야 하고 학생들은 무엇을 해야 하는지와 관련된 중요한 결정을 내려야 한다. 하지만 학생들은 교사가 권력을 비합리적으로 그리고 자의적으로 사용하고 있다고 받아들이면 그러한 교육 현장에 매우 민감하게 반응하지만, 학생들이 과업을 (가능한 옵션 중에서) 선택할 수 있게 하면 학생들은 그 일에 훨씬 더 헌신하게 된다.

• 지적인 도전

어떤 문제를 풀 때나 어떤 해결해야 할 사태에 직면한다거나 혹은 변칙성을 이해하는 학습 과업에서 학생들로 하여금 얼마나 집중하게 만드느냐를 좌우하는 학생 호기심은 강력한 동기 유발자이다. 그러한 불일치를 해결하는 데 선천적인 호기심이 영향을 미친다는 것을 탐구 기반 학습이 알려 주고 있다.

여기서 중요한 점은 교사 역시 학생처럼 동일한 동기 유발 요인에 의해 영향을 받는다는 점이다. 교사도 자신들의 일을 할 때 고립되기보다는 협력하는 것을 선호하며, 학교에서의 사회적 구조는 (금요일에 만끽하는 도넛 간식처럼) 교직원 간의 응집력에 영향을 미친다. 비슷하게, 교사들은 환경을 통제받는 것을 무척 싫어하고, 그들의 일에 대한 능력과 숙달의 감정을 갖고자 하는 욕구에 의해 상당히 동기 유발된다. 마지막으로, 교사들이 교육 현장에서 일어나는 문제를 해결한다는 것은 그 자체로 상당히 보상이 주어지는 것으로, 어떤 복잡한 문제를 해결하고자 할 때 어떤 사람이 미리 정해 놓은 것을 그저 따르기보다는 어떤 일련의 행동을 해야 할지 스스로 결정하는 편을 훨씬 더 선호한다.

학생 입장에서 교사들이 반드시 짚고 넘어가야 하는 그리고 교장에게 불려 가야만 하는 여러 훈육 문제가 생겼다면, 학교에서 학생들의 욕구가 제대로 충족되지 못했다는 직접적인 결과인 셈이다. 학급에서 쓸데없는 얘기를 자주 하는 학생은 자신의 행동으로 인해 어떤 훈육적 결과가 나타나는지 다른 학생들이 충분히 지켜봤을 것이며, 어떤 학생은 학급에서 자기가 보인 무시적인 태도로 인해 교장실로 호출되는 것을 오히려 더 선호할 수도 있다. 이는 흔히 벌어지는 훈육 문제를 분석하는 데 있어 동기 유발 이론 측면에서 흥미로운 사실을 알려 준다. 즉, 교사들은 학생들의 행동 문제가 동기 유발적 관점에서 보면 상당히 목적을 갖고 행하는 것임을 알게 된다.

따라서 세 번째 '빅 아이디어'는 학생 동기 유발에 관한 것이며, 학생들은 다음과 같은 기회가 주어졌을 때 자신의 일에 에너지를 쏟고 헌신하게 될 것임을 제시하고 있다.

- 다른 학생들과 목적을 갖고 상호 존중 및 상호작용할 수 있는 기회
- 중요한 내용에 대해 능력과 숙달을 발달시킬 수 있는 기회
- 학생들이 (대개 활동을 선택함으로써 얻을 수 있는) 자신의 시간을 어떻게 보낼지에 대한 자율성과 통제를 조정할 수 있는 기회
- 퍼즐 상황을 포함하는 흥미로운 문제와 도전을 해 볼 수 있는 기회

가르치는 일에 관한 대화를 통하여 학생들의 동기 유발을 탐색해 보도록 하는 것은 학교 교육자들로 하여금 교사들이 어떻게 하면 학생들이 어렵지만 지적인 도전에 임하는 데 필요한 회복탄력성(resilience)을 계발하도록 도울 수 있는지 살펴보는 기회를 제공해 준다. 이러한 대화는 실제 벌어지는 학급 사태를

기반으로 하고 있으며, 그러한 토의를 통해 모든 참여자의 이해가 깊어진다.

지능은 무엇이며, 학생들의 견해는 어떻게 그들의 행동에 영향을 미치는가

마지막 빅 아이디어는 학교 교육자들이 타인을 바라보는 방식에 영향을 미치는 것으로, 지능의 본질 그리고 학생과 교사 모두의 인식이 왜 중요한지에 관해 다루고 있다. 전문적 대화를 통해 종종 학교 교육자들이 지능을 바라보는 관점이 얼마나 차이가 큰지(예: 지능은 고정된 것인가, 계발될 수 있는 것인가)를 보여 주며, 그러한 차이는 실제 학급에 상당한 시사점을 제공해 준다.

이와 관련된 중요한 연구에서 학생과 교사 양측 모두 지능을 보는 관점이 다르다는 것에 주목하였는데, 최근 연구 결과에 따르면 이러한 지능 관련 신념은 학생들이 열심히 공부하려는 의지와 학업 성공에 강력한 영향을 미치고 있다. 이러한 연구 결과는 스탠퍼드 대학교의 사회심리학자 Carol Dweck(2000)을 비롯한 여러 학자에 의해 언급되고 있다. Dweck은 학생들(그리고 그들의 교사) 입장에서 지능을 바라보는 관점과 그것이 왜 중요한지에 대해 이들이 갖고 있는 서로 다른 태도와 관련된 중요한 연구를 연속적으로 수행하였다.

Dweck(2000) 연구의 근간은 지능을 바라보는 두 개의 근본적으로 다른 관점(고정된 것이다 vs. 변동 가능한 것이다)이 있음에 주목하였다. 지능은 고정적이라는 견해를 가진 사람들은 지능이란 사람이 태어날 때 정해지는 것이라고 본다. 이러한 견해를 갖고 있으면, 사람이 얼마나 명석할 수 있을지에 대해 다른 사람이 개입할 수 있는 여지는 크지 않다고 본다. 그에 반해 어떤 사람들은 근본적으로 지능에 대해 다른 견해를 갖고 있는데, 지능을 변동 가능하다고 보는 관점에서는 명석하다는 것은 어떤 사람이 태어날 때부터 타고나는 속성이 아니라 적용하고 열심히 노력하면 얻게 되는 것이라고 본다. 어떤 학생이 "저는 수학을 잘 못해요."라고 얘기한다면, 그 학생은 지능에 대해 고정된 견해를 갖고 있음을 보여 준다.

이러한 지능에 대한 관점 차이의 결과는 엄청나다. 먼저, 학생들이 열심히 하고자 하는 의지와 관련이 있다. 자기 지능을 고정된 것으로 보는 학생이라면, 학교 과제에 성공적으로 임했다는 것으로 자아개념의 타당성을 찾으려 할 것이다. 이들은 이러한 견해에 도전을 가하는 활동은 피하려 할 것이므로, 따라서 쉬운 과제와 어려운 과제 중 선택하라는 결정 앞에서 이 쉬운 과제를 선택할 것이다. 이와는 반대로, 자기 지능을 변동 가능한 것으로 보는 학생은 도전적인 과업을 선호하는 경향이 있으며, 그러한 과업을 더 흥미로운 것으로 여긴다. 게다가 역설적으로 지능을 고정적인 것으로 보는 학생들 사이에서도 과업에 열심히 참여하지 않으려는 학생과 열심히 하려는 학생으로 나뉜다. 이러한 추론은 다음과 같은 결과로 나타난다. "만약 내가 진짜 똑똑하다면, 나는 이걸 열심히 안 해도 잘 해낼 거야. 실제로 내가 열심히 해야 한다면 그건 내가 진짜 똑똑하지 못하다는 뜻이야."

둘째, 지능에 대한 관점 차이에서 비롯된 보다 중요한 결과는 학생들이 복잡한 것을 학습할 때 필수적으로 등장하게 되는 어쩔 수 없는 어려움에 직면했을 때 보이는 학생들의 반응이다. 고정된 지능관을 지닌 학생들은 무기력해지고 실제로 포기한다. 변동 가능한 지능관을 지닌 학생들은 그와는 반대로 훨씬 더 탄력적으로 반응하는데, 학생들이 어려움에 직면했을 때 그들은 그 어려움을 극복해야 하는 도전으로 받아들였다. Dweck(2000)은 이러한 학생들의 반응을 숙달하려는 어려움으로 지칭하였다.

Dweck(2000, p. 3)은 변동 가능한 지능관을 가진 사람들은 주어진 시간에 얼마나 알고 있는지 그리고 얼마나 빨리 새로운 내용을 숙달할 수 있는지 사람마다 차이가 있음을 부인하지 않는다고 지적한다. "그런 사람들에겐 노력하고 지도해 주면 누구나 지적 능력이 증가할 수 있다는 점에 초점을 맞춘다."

학생을 바라보는 이러한 관점 차이는 시사하는 바가 크다. 동료와 함께 수행했던 연구에서 Dweck(2000)은 학생들이 중학교로 진학하는 시점에서 그들에게 자신의 지능이 고정된 것인지 아니면 개발될 수 있는 것인지에 대해 어떻게 바라보는지에 관한 학생들의 사고방식(mindset)을 측정하였다. 그러고는 이들을 이후 2년 동안 추적 조사하였다. 대부분의 학생은 중학교에 진학하는 시점을 굳은(hard) 것으로 보았다(환경이 개인화에 맞추지 못하며 성적이 떨어진다 등). 하지만 이 샘플에서 고정 사고방식을 가진 학생만이 이러한 어려움을 겪었는데, 성장 사고방식을 가진 학생들은 실제로 성적이 올랐다. "고정 사고방식에서 보면 청소년기는 커다란 시험대이다. 나는 똑똑한가, 바보인가? 나는 예쁜가, 못생겼나? 나는 멋진가, 공부벌레인가? 나는 승리자인가, 패배자인가? …… 많은 청소년기 학생은 학습을 위해 자원을 동원하는 것이 아니라, 자신들의 자존심을 지키기 위해 이를 활용한다. 이들이 주로 행하는 방식 중 하나는 바로 시도조차 하지 않는 것이다."(p. 58)

이러한 시사점을 통해 성인들(학부모와 교사)도 학생들이 그들의 삶에서 지능이 변경 가능하다는 관점을 갖도록 도와주는 것이 중요하다. 역설적으로, 지능을 가지고 학생을 칭찬하는 것은 도움이 되지 않는 행위이다. Dweck(2006)은 자신의 연구 결과를 다음과 같이 간결하게 요약하였다.

수백 명의 아동을 대상으로 했던 일곱 번의 실험이 끝나고, 우리는 다음과 같은 너무나 분명한 연구 결과를 얻게 되었다. 아동에게 지능 관련 칭찬은 아이들의 동기 유발에 해가 될뿐더러 아이들의 수행에도 전혀 도움이 안 된다. 어떻게 이러한 결론에 도달하게 되었을까? 아동들은 칭찬받는 걸 좋아하지 않는가? 아니다. 아동들은 칭찬받기를 좋아한다. 특히 아이들은 자신의 지능과 재능에 대해 누구든 칭찬해 주는 걸 좋아한다. 칭찬은 아동들을 북돋아 주는 일이며, 특별한 여운을 준다. 하지만 그건 그 순간뿐이다. 그들에게 곤란한 일이 닥치는 순간, 그들의 자신감은 달아나고 동기 유발은 바닥을 친다. 성공이 자신들이 똑똑해서 얻은 것이라고 여긴다면, 이들에게 실패란 자신이 바보라는 의미가 된다. 따라서 이것은 고정 사고방식이다(p. 170).

그리고 다음과 같은 관찰 내용을 얘기하고 있다. "우리가 아이에게 '우와, 너는 정말 빨리 끝냈구나!' 혹은 '봐라, 너는 실수를 하나도 안 했네!'라고 했다면 우리가 아이들에게 보내는 메시지는 무엇일까? 우리는 아이들에게 우리가 칭찬하는 것은 수행 속도이고 완벽함이라고 얘기해 주는 것이다. 그런데 속도와 완벽함은 어려운 학습에서는 장애물이다."(Dweck, 2006, p. 173) Dweck에 따르면 교사라면 지능을 칭찬하기보다는 인내와 전략을 칭찬해 주어야 한다. "너는 이 문제를 풀려고 여러 다른 방법을 시도했고, 보니까 네가 해낸 것 같구나!" (p. 173)

아동을 대상으로 오랜 연구를 한 Haim Ginnott(1969, p. 57) 역시 비슷한 결론을 제시하였다. "칭찬은 거래가 필요한데, 아이의 개인적인 속성이 아닌, 아이가 보인 노력과 성취를 칭찬해 주어야 한다." 그리고 Alfie Kohn(1993)은 칭찬은 아동의 내재적 동기 유발에 해가 될 수 있다고 결론 내렸다. 그에 따르면, 아이가 칭찬을 받을 때 그 일 자체를 칭찬하기보다는, 칭찬으로 인해 더 노력하도록 동기 유발되게 해야 한다.

네 번째 '빅 아이디어'는 지능을 바라보는 다른 견해 때문에 나타나는 영향력에 관한 것으로, 어려운 일에 학생이 헌신하도록 영향을 미치는 여러 개념 그리고 학습에서 도전에 직면했을 때 그들이 보이는 회복탄력성(resilience)에 대한 것이다. 이러한 연구 결과는 학급 현장에 다음과 같은 시사점을 제시한다.

- 학생이 변동 가능한 지능관을 갖게 되면 과업에 훨씬 더 열중하게 된다.
- 교사들(그리고 학부모들)은 학습 상황에서 보인 학생들의 인내와 전략 사용을 칭찬해 주고, 이들이 학습을 해 나가는 데 자신의 힘을 바라보는 건강한 태도와 변동 가능한 지능관이 계발될 수 있도록 도와주어야 한다.

학생 및 교사의 지능관은 학급의 상호작용에도 지속적으로 영향을 끼친다. 학습에서 벌어지는 사건을 관찰하는 것은 이러한 중요한 교육 현장 영역에 관한 대화를 위한 풍부한 이야깃거리를 제공해 준다. 특히 전문적 대화에서 학교 교육자들은 교사들이 학생들의 노력과 학습 전략을 격려해 주는 방식뿐 아니라 어려움에 처해 있는 상황에 놓여 있을지라도 학생들이 인내할 수 있도록 도와줄 수 있는 방식을 고민해 보게 한다.

▌이러한 아이디어 합치기

　이러한 빅 아이디어는 학교 교육자들에게 중요한 비전을 제시하는데, 그것은 많은 학교에서 흔히 경험하는 사태와는 구별된다. 이러한 빅 아이디어는 교사와 행정가 간, 교사들 간의 대화에 토대를 마련해 준다. 또한 빅 아이디어는 교육 리더(교사뿐 아니라 행정가)가 함께 일하면서 행동으로 옮길 수 있는 이해의 장으로 나아갈 수 있게 한다.

　이 장에서 언급한 개념들은 서로 보충해 주고, 현장에 대해 중요한 시사점을 제공해 준다. 본질상 이러한 연구 결과에 주의를 기울여야 할 시점은 학생들이 개념 이해를 할 수 있도록 학생이 적극 참여할 수 있는 학습 경험을 학교 교육자가 계획할 때이다. 생각을 이러한 방향으로 바꾸게 되면 엄청난 결과가 나타난다. 비록 학교 교육자 및 연구자들이 가르치는 일(teaching)을 가르치는 과업(tasks for teaching)으로 기술할지라도[예: 『전문적인 현장 강화시키기: 수업 관련 틀(Enhancing Professional Pracrice: A Framearork for Teaching)』(Danielson, 2007)], 우리는 학생에게 경험을 제공하는 학교에 초점을 맞추어야 한다.

　학생의 학습과 동기 유발, 지능의 본질, 배울 가치가 있는 것은 무엇인지 등에 관한 이러한 빅 아이디어를 다 함께 합치게 되면, 학교 교육자들에게 중요한 대화에서 활용할 수 있는 많은 자료를 제공해 주는 것이다. 이와 같은 대화는 교육 현장에 이러한 내용을 통합하기 위해는 학교에서 무엇을 중요시하는지 알려 주지만, 이에 대해 교직원 간의 전문성 있는 합의가 이루어지지 않았다면 교사들은 동료와 동떨어져 홀로 교직에 임하고 있을 가능성이 높다.

빅 아이디어들은 다음과 같은 시사점을 내포하는데, 교사와 행정가 간, 교사들 간의 의미 있는 대화를 위한 주요한 토대를 제공해 줄 것이다.

- 어떤 학습 활동을 하게 하는 교사의 의도는 무엇인가? 그 의도 속에 중요한 학습을 반영하고 있으며, 학습 내용에는 개념적인 이해뿐 아니라 사실과 절차의 학습을 반영하고 있는가?
- 학생들은 실제 수업에서 어떤 일을 하고 있는가? 지적 엄격성 수준은 무엇으로 알 수 있는가? 학생들이 선택할 수 있는 것은 무엇인가? 학생들이 학습을 반성하고 학습을 종료할 수 있는 기회는 어떠한 것인가?
- 학급에서 학습 공동체를 구성하는 데 있어 교사는 어느 정도로 성공적인가? 학생들은 자신의 학습에 대해 어느 정도까지 책임을 지는가?

요약

2장에서 언급하였듯이, 학교에서 교사와 행정가 사이의 관계망 속에서 전문성을 띤 대화가 일어난다. 이러한 관계는 서로 다른 개인이 행사하는 권한 그리고 직위로부터 오는 권위의 다양한 정도에 영향을 받는다. 학생의 학습이 높은 수준에 이르게 하는 결과로 이끌어 주는 교육적 실천을 이루기 위해서는 학교 교직원들끼리 강력한 빅 아이디어를 중심으로 21세기에는 무엇을 배워야 하는지 관련 학습을 반영하는 전문적인 상호작용이 반드시 필요하다.

직위로부터 나오는 권위를 비판적으로 적용해 보려는 것은 이 장에서 언급한 빅 아이디어에 대해 학교의 모든 교직원 간에 합의를 이루어야 한다는 의도 때문이었다. 이러한 개념은 학생들을 위하여 교사들이 학습 경험을 어떻게 계획하고, 지속적인 대화를 위해 구체적인 주제를 어떻게 계획하는지와 관련한 근본적인 토대를 마련해 준다. 중요한 전문적 대화로 이끌어 주는 이러한 빅 아이디어와 제안들이 주는 구체적인 시사점은 다음 장에서 다루게 될 것이다.

4장 대화를 위한 주제

4장 대화를 위한 주제

- 권력, 리더십 그리고 빅 아이디어
  - 항목 1: 교수 목표의 명료성, 내용의 정확성
  - 항목 2: 편안하고, 존중받으며, 지지해 주고, 도전하게 하는 학습환경
  - 항목 3: 학급 경영

        학급 일상과 규범은 학생들이 직접 참여하여 정해야 한다

        매일의 학급 일상은 가르쳐야 한다
  - 항목 4: 학생의 지적 참여

        적합한 학습 과제

        학생 담화
  - 항목 5: 모든 학생의 성공적 학습
  - 항목 6: 전문성
- 요약
- 부록

교사 입장에서 보면, 전문적인 대화는 깊이 있는 반성과 함께 깊이 있는 학습을 자극한다는 점에서 다른 것에 비할 수 없다. 예전부터 심오한 통찰력을 불러일으키는 것이 바로 대화의 힘이라는 것을 잘 알고 있다. 하지만 대화란 어떤 것이어야 하는가? 하나의 가능성은 이론적인 문제에 관해 토의하는 것으로, 실제로 그러한 대화는 매우 흥미롭고 생산적일 수 있다. 또 다른 가능성은 관찰하고 있는 교실에서 벌어지는 사태에 관해 전문적인 대화를 시도하는 것으로, 이 부분이 바로 이 책을 통해 언급하려는 대화 유형에 해당된다. 교실에 아주 짧게(5~10분) 방문했다 할지라도 생산적인 대화를 할 수 있는 충분한 정보를 얻을 수 있으며, 그러한 대화는 대화에 참여한 관찰자와 참여자 모두에게 있어 관찰했던 교실에서 실제 벌어진 일에 관한 준비된 근거로 여길 수 있다.

전문적인 대화가 이루어지려면, 관찰자(교장, 행정가, 수석교사 등)가 적절한 입장을 잘 취하는 것이 중요하다. 관찰자는 내용을 어느 정도까지 다루고, 대화의 방향을 어떻게 정해야 할까? 관찰자가 대화를 주도해야 하는가, 아니면 그것은 교사가 결정해야 할 문제인가?

교사가 다른 교육자(동료 교사, 수석교사, 장학사, 행정가 등)를 자기 교실에 초대하여 또 다른 관점에서 자신이 고민하는 문제를 살펴보려는 순수한 코칭 관련 대화라면, 교사들로 하여금 관찰의 목적과 원하는 정보 유형을 교사 스스로 정하도록 하는 것이 적절하다. 예를 들면, 어떤 교사가 남학생에게만 더 도전적인 질문을 하는 것은 아닌지, 학급의 일부 아동만 토의에 참여하고 있는 것은 아닌지 의심해 볼 수 있다. 이러한 코칭 관련 대화에서는 그 교사가 요청하는 피드백이 관찰자로 하여금 그 교실에서 어떤 정보를 살펴보아야 하는지 결정해 준다.

하지만 이 책에서 다루고자 하는 또 다른 중요한 대화 종류는 바로 어느 교사의 학급을 비공식적으로 짧게 관찰한 후에 이어지는 대화를 의미한다. 관찰자는 주로 수석교사, 장학사 혹은 행정가이며, 이들은 해당 교실에 비공식으로 방문 기회가 허락된 것 자체로 그 책임을 가진 사람이다. 대부분의 교사는 자기 학급을 가르쳐야 하기 때문에 시간적 여유가 생기지 않아 다른 교실을 방문할 기회가 사실상 거의 없다. 따라서 이 책에서 언급하는 비공식적이면서 전문적인 대화는 사실 대부분 현직 교사와 비공식적 리더십(반드시 장학사급일 필요는 없겠지만)의 감투를 쓴 사람들 간에 벌어지는 일을 다룬다.

권력, 리더십 그리고 빅 아이디어

이 장에서 언급하고 있는 대화 주제는 3장에서 강조했던 빅 아이디어에서 직접 유래된다. 3장에서는 중요한 개념, 강조하는 내용, 학생의 학습과 동기 유발 그리고 지능의 본질에 대해 다루었고 교실 현장에 어떠한 시사점을 제시하는지 언급하였다. 하지만 이러한 시사점은 그 자체로 중복되는데, 어느 수석교사나 장학사 혹은 행정가라도 교실을 방문했을 때 빅 아이디어를 적용해 볼 수 있는 여지를 그곳에서 발견할 수 있을 만한 분명한 감각을 갖는 것이 중요하다.

게다가 주로 행정가와 같은 공식적인 학교 리더들이 이 책의 조언(자세한 내용은 8장 참조)을 따르고 현장에서 강조하는 빅 아이디어에 대한 합의를 얻게 되면, 관찰자가 그 학급에서 관찰하려는 것은 투명해진다. 즉, 학생들은 어떤 것을 학습할 때 자신이 지적으로 참여(질문하기, 관련 맺기, 정보 분석하기 등)함으로써 배우게 된다는 점을 그 학교의 모든 구성원이 받아들이게 되면, 관찰자로서 그러한 활동에 참여하는 학생들을 관찰할 것임을 예상할 수 있다. 그러한 빅 아이디어에 관한 합의를 이룬 상황에서는 이러한 아이디어가 제시하는 것이 무엇을 의미하는지 토의 주제로 항상 다루어질 것이다. 예를 들어, 어떤 활동의 지적 엄격성에 관한 대화를 시작할 때에도 행정가가 그 교사를 '흠집을 잡아내려는' 것으로 받아들이지 않을 것이다. 오히려 모든 전문적인 대화의 중심에 학습이 놓여 있으며, 학생이 참여하도록 만드는 중요한 요인이 바로 지적 엄격성이라는 학습 관련 빅 아이디어에 대한 교직원의 합의를 반영하는 것이다. 이러한 아이디어는 복합적이어서, 그러한 대화에서는 교사가 했던 수업에 피드백을 제공한다거나 잘못된 점을 찾아낸다기보다는, 오히려 관찰했던 상황과 비교할 때 어떻게 하면 그 활동을 보다 지적으로 엄격하게 만들 수 있을지 혹은 어떻게 하면 학생들이 보다 고차원적 사고를 하게 할 수 있을지 다루게 된다. 심지어 어떤 사람이 다른 사람보다 더 큰 공식적인 권력을 갖고 있다 할지라도, 동료 교사들 사이에서는 이런 대화야말로 '전문성을 띤' 대화라고 할 수 있다.

그렇다면 아주 짧은 관찰 후, 빅 아이디어에서 유래된 의미 있는 대화의 기초 역할을 담당할 주제들이란(몇몇은 서로 뒤섞여 있다) 무엇일까? 다음과 같이 나열할 수 있다.

- 교수 목표의 명료성, 내용의 정확성
- 편안하고, 존중받으며, 지지해 주고, 도전하게 하는 학습환경
- 학급 경영
- 학생의 지적 참여
- 모든 학생의 성공적 학습
- 전문성

수업 관련 틀*(Framework for Teaching; Danielson, 2007)에 친숙한 교육자라면 여기에서 언급된 대화 주제와 수업 관련 틀 사이에 상당히 중복되는 부분이 많음을 알 것이다. 실제로 수업 관련 틀에서 제시된 요소(components)는 수업의 핵심적인 내용으로 구성되어 있고, 그와 관련된 대부분의 내용이 교실 상황에서 관찰될 수 있다. 그 내용은 관찰과 관련된 매우 정교하게 다듬어 놓은 일련의 역량을 제시하고 있다. Danielson(2007)의 저서『전문적인 현장 강화시키기:

*역자 주: '수업 관련 틀'의 네 가지 영역과 세부 요소는 4장의 마지막 부분인 부록에서 소개하였다.

수업 관련 틀(Enhancing Professional Practice: A Framework for Teaching)』에서 언급하였듯이, 수업(teaching) 영역 및 요소는 이곳에서 제시하고 있는 내용의 핵심을 이루는 학습 및 동기 유발과 관련된 기본 가정에 토대를 두고 있다.

하지만 교육 현장과 관련한 비공식적인 대화의 목적이나 코칭과 학습의 대화 상황에서는 수업 관련 틀에서 그대로 제시하는 것보다는 '조금 더' 거시적 용어를 사용하는 것을 선호한다. 수석교사나 장학사 입장에서는 짧고 비공식적인 관찰에 임할 때 수업과 관련된 여러 요소를 마음속에서 분리시켜서 하나씩 모두 고려하기는 어렵기 때문에 숫자는 적더라도 보다 큰 개념을 다루는 것이 더욱 효과적이다. 수업과 관련한 공식적인 관찰 상황에서도 관찰자로 하여금 현장의 거시적 맥락을 파악할 수 있다는 점에서 거시적인 항목이 도움이 된다.

6개 항목(Six Clusters)이란 학생의 수행을 고차원으로 촉진하기 위해 기량이 뛰어난 교사들이 보여 주는 기술(skills)을 묘사한 것으로, 그러한 기술은 기초 지식과 성향(dispositions)에 토대를 두면서, 인간의 학습 본질에 대한 깊은 이해에 기초를 두고 있다. 이러한 항목은 주(state) 단위 평가로 측정되는 학생 학습을 예측하기 위한 것으로, 경험 연구를 통해 타당성이 입증된 '수업 관련 틀(Framework for Teaching: FfT)'에서 발전되어 나온 것이다. 그러나 이러한 수업 관련 틀은 전문 교육자 구성원들 사이에서 폭넓게 받아들여지고 있지만, 이를 매일 활용하기에는 그 수준이 성가실 정도로 상세하다는 점을 부인하기 어렵다. 이러한 항목은 4개 영역과 22개 요소로 구성된 '수업 관련 틀'이 담고 있는 빅 아이디어 내용을 효율적인 도구의 형태로 만들어 보려는 시도를 담은 것으로, 이를 통해 현장에 대한 교사 자신의 반성과 동료와 멘토, 수석교사, 행정가들과의 대화를 통해서 평가에서뿐 아니라 교사의 전문성 신장에 그 초점을 두고 있다.

전체 틀을 살펴보면 알 수 있듯이, 항목 그 자체는 본질적으로 포괄적 성격을 띠는데, 다시 말하면 어느 과목이나 모든 나이와 수준을 포괄하는 어떤 수업 상황에서도 적용이 가능하다. 게다가 수업 측면은 '공통 핵심 주 기준(Common Core State Standards: CCSS)'*이나 높은 수준을 담은 다른 기준에서 언급하고 있는 학생 학습의 높은 기준을 반영하고 있다. CCSS의 학습을 위한 교수 원칙 중 몇 가지는 진정 포괄적인 성격을 드러낸다. 비슷한 맥락에서 '친구들에게 그 이유를 질문하기'와 '도전적인 내용에 인내심을 갖고 임하기'와 같은 학생 기술은 모든 상황에 적용 가능하다.

하지만 수업은 실제 교육 상황에서 진짜 학생들을 대상으로 구체적인 내용을 가지고 발생한다. 예를 들어, 논증(argumentation) 기술이라는 것 자체는 포괄적이지만, 수학 및 국어 수업에서는 그것이 다르게 적용된다. 따라서 항목 관련 문서는 포괄적 버전, 국어과 버전, 수학과 버전 등 여러 차원으로 제시된다. 게다가 문해 기술(literacy skill)도 언어 분석에 필요한 국어 수업뿐 아니라 사회과나 과학과 같은 다른 교과에서도 의미를 찾을 수 있는 읽기/독해 과정에 분명하게 필요하다. 이것들은 교사와 리더 모두를 위한 안내서 역할을 하고 있으며, 서술과 비판적 속성을 담은 포괄적 언어를 적절한 곳에서 내용을 구체화시킨 언어로 바꾸어 주는 역할을 한다.

게다가 전체 틀에서 조망하는 수업 측면처럼, 항목 역시 모든 교육 상황에 적용될 수 있다는 공통점을 담고 있지만, 실제 수업 상황에서는 문화나 언어, 발달 측면의 모든 다양성을 가진 학생을 상대로 벌어진다. 따라서 기량이 뛰어난 교사라면 이러한 학생들의 개인 특성과 요구 사항을 잘 파악하고 있어야 하며, 적절하게 수업 계획을 구성하고 수업에 임해야 한다. 따라서 틀에서 제시된 언어가 '학생 개개인에 주목해야 한다.'라고 기술되어 있다면, 이를 적용할 때 해당될 수 있는 모든 범위의 학습자를 고려해야 한다는 뜻이다. 이는 수업 관련 틀의 '공통 주제'로서 모든 요소(components) 및 요인(elements)에 녹아들어가 있으며, 학습의 통합 환경을 보장해 주려 함이다.

수업 관련 틀이 친숙해질 수 있도록, 〈표 4-1〉은 항목과 전체적인 수업 관련 틀 간의 관계 그리고 각 내용에 대한 교사 자신의 기술을 제시하는 방식을 요

---

*역자 주: 공통 핵심 주 기준에 대한 자세한 내용은 4장의 마지막 부분인 부록에서 소개하였다.

약하여 제시하고 있다.

〈표 4-1〉은 이 장에서 소개하는 주제와 '수업 관련 틀' 요소가 어떻게 연계되는지를 다음과 같은 교차적인 내용으로 제시하고 있다.

〈표 4-1〉 6개 대요소 항목과 수업 관련 전체 틀 간의 관계

수업 관련 틀 요소		
항목	요인	증거 출처
1. 교수 목표의 명료성, 내용의 정확성 교사는 중요한 내용 지식의 깊이를 어느 정도까지 제시해야 하는가? 그리고 교과 기준이 반영되고 지식과 기술이 학생 수준에 적합하도록 하면서도 분명하고 원대한 목적을 염두에 두려면 어느 정도까지 지도해야 하는가? 수업 요인(주제의 연속성, 교수 전략, 자료와 자원)은 어느 정도까지 계획되고, 실행되며, 그 수업 목적에 맞도록 해야 하는가? 그 교과의 고차원적 학습에 학생들이 참여하게 하려면 어느 정도까지 계획해야 하는가?	• 1a, 1b, 1c, 1d: 내용 지식, 명료성 그리고 학생에게 적절한 교수 결과; 교실에서 사용할 수 있는 자원 • 1e: 교수 목적에 맞게 계획된 활동 • 3a: 학습에 대한 기대, 내용의 정확성, 설명의 명료성, 학술용어의 활용 • 3b, 3c: 교수 목적에 맞는 질문, 활동, 과제	• 문서로 기록해 놓은 교수 목적, 교수 활동 계획 • 관찰 • 목적에 관해 학생에게 발언한 내용, 학생과의 대화 • 내용의 정확성 • 목적에 맞는 질문, 활동, 과제 • 반성: 수업 목표 달성의 성공
2. 편안하고, 존중받으며, 지지해 주고, 도전하게 하는 학습환경 진정한 보살핌과 함께 편안하며 존중받고 지지해 주면서도, 도전적인 학습환경을 구축하려면 교사와 학생 간 그리고 학생 간의 상호작용은 어느 정도이어야 하는가? 교사들은 어떻게 하면 학생 학습에 대한 높은 기대를 전하면서, 동시에 어려운 과제를 시도하고 인내를 발휘하도록 격려하는가? 위험 부담을 감내할 수 있을 정도로 환경이 편안한가? 학생들이 자신의 일을 자랑스러	• 2a: 모두 해당 • 2b: 학습과 성취에 대한 기대, 도전적인 과제에 임하는 학생의 인내, 그러한 과제에 임하는 긍지	• 관찰 　– 학생과 교사의 상호작용 　– 학생의 인내와 긍지 • 학생용 설문지?

위하며, 본인에게 도전적인 내용을 숙달하기 위하여 헌신하는가?		
3. 학급 경영		
학급은 잘 운영되고 조직되는가? 교실에서 늘상 벌어지는 일과 절차들이 분명하고, 교사와 학생들이 수업 시간을 낭비함이 없이 효율적으로 임하고 있는가? 학급이 무리 없이 운영되려면 학생 스스로 어느 정도로 적극적인 역할을 담당하는가? 활동에 대한 설명이 분명하게 제시되어서 혼란이 없는가? 학생들은 행동기준을 이해하고 따를 뿐 아니라 이러한 기준 유지를 위해 가능한 선을 정할 때 적극적인 역할을 담당하는가? 물리적인 환경은 학습활동을 어떻게 지원해 주는가?	• 2c: 모두 해당 • 2d: 모두 해당 • 2e: 모두 해당	• 관찰 　– 늘 학급에서 해 오던 일 　– 학생의 행위 　– 물리적인 환경 등
4. 학생의 지적 참여		
높은 지적 에너지가 넘치는 교실에서 학생들은 어느 정도까지 지적으로 참여해야 하는가? 학생들이 지금 하고 있는 과업의 본질은 무엇인가? 학생들은 수업활동뿐 아니라 제기하는 질문을 통해 사고하고 연계를 지어 보도록 도전받고 있는가? 교사가 설명하는 내용이 정확하게 학술용어로 제시되고 학생들로 하여금 지적 과업에 참여하게 하는가? 학생들이 증거를 제시하며 논리적 반박을 하면서 자신들의 생각을 설명해 보도록 그리고 다른 친구의 생각에 대해 질문하도록 요구하는가? 교사들이 사용하는 교수 전략이 그 교과에 적합한가? 그리고 도전적인 내용을 학습하는 데 교사들이 학생들을 어느 정도까지 고취시켜야 하는가?	• 1e: 수업 디자인 • 2b: 내용의 중요성 • 3a: 내용 설명, 엄격성과 생각을 하게 만듦. • 3b: 질문과 토론의 질, 학생 대화 • 3c: 지적 도전	• 계획용 문서 • 관찰 　– 학생이 하고 있는 일의 본질 　– 교사가 제시하는 내용의 질 　– 학생 대화와 수업 토의의 본질 • (가능하다면) 학생이 하고 있는 유인물이나 활동 • (가능하다면) 학생 과제의 샘플

5. 모든 학생의 성공적 학습	• 1b: 학생에 대한 지식	

어느 정도까지 교사는 모든 학생이 학습했다고 보는가? 교사는 구체적으로 계획한 질문이나 교수기법(예: 교실 외출 티켓)을 통해 학생의 이해를 확인하는가? 어느 정도까지 학생들이 자신의 학습을 모니터하고 친구들에게 존중을 담은 피드백을 주는가? 교사는 학생의 학습 정도를 고려하여, 필요하다면 제시 방법이나 학습활동을 변경하는가? 교사는 학생의 학습을 지원하기 위하여 기타 자원(학부모 포함)을 찾아보는가? 수업을 되돌아보면서 교사는 수업의 성공을 학생들에게 얼마나 다가갔는지로 판단하는가?	• 1d: 학생을 위한 자원
	• 1f: 학습결과에 적합한 총괄평가와 형성평가에 대한 디자인
	• 3d: 학생 학습에 대한 모니터링, 학생에게 피드백, 학생의 자기평가
	• 3e: 집요함, 수업 조정
	• 4a: 모두 해당
	• 4b: 모두 해당
	• 4c: 모두 해당
		• 형성평가와 총괄평가를 계획한 문서
		• 관찰
		  – 모니터링
		  – 피드백
		  – 조정
		• 반성: 학생 개개인의 학습에 대한 언급
		• 기록 용도뿐 아니라 가정과 의사소통용으로 작성한 문서 증거물

6. 전문성		
교사는 어느 정도까지 (학교 안이든 학교 밖이든) 전문공동체에 참여하여 지속적인 전문적 학습이 이루어지도록 헌신하는가? 교사는 동료 교사와 생산적으로 협력하고 학교에서의 삶에 기여하는가? 교사는 전문적인 학습에 참여하고, 학생의 안녕을 촉진하기 위하여 학교에서 리더십 역할을 담당하는가?	• 1d: 전문적 지식으로 확장시키는 자원 • 4d: 모두 해당 • 4e: 모두 해당 • 4f: 모두 해당	• 전문적인 문화, 전문적인 학습, 기타 전문적인 활동으로 여겨질 수 있는 것을 기록한 문서 증거물

　주로, 수업에서 벌어지는 사태는 교사와 관찰자 모두에게 분석 가능한 원자료를 제공해 주는데, 이들로 하여금 그 사태에 관해 토의하고, 패턴을 발견하고, 학생 반응을 해석하게 해 준다. 교수 기술은 항상 추상적으로 논의되지만, 실제로 학급에서 벌어지는 일이나 실제적인 학습 경험은 현장에서 벌어지는 전형을 보여 준다. 수업에서 벌어지는 사태는 교육 현장에서 빅 아이디어의 모습을 보여 주는데, 예를 들면 학생들이 탐구할 때 선택 기회가 주어지면 동기

유발된다거나, 학습 상황에서 지적으로 참여하게 되면 학생의 이해가 강화된다. 이러한 사태에 관해 논의함으로써 교사들은 이러한 아이디어에 대한 이해를 강화하고 확장시키며, 이를 점차적으로 교육 현장에 활용할 수 있다.

다음 부분은 짧은 학급 관찰을 실시하고, 그 이후에 벌어질 대화를 구성하는 데 활용할 수 있는 주제들을 다루고 있다.

항목 1: 교수 목표의 명료성, 내용의 정확성

교수(teaching)란 목적을 가진 활동으로, 목적 지향적이며 잘 정의된 어떤 목표를 성취하고자 계획된 것이다. (실제로 모든 교사에게 해당되듯이) 제시된 교육과정의 범위 내에서 수업을 하고 있다 하더라도 교사들은 어느 주어진 날, 어느 주어진 학급에서 이 목적을 실행하는 것이다. 모든 교과에서 그러한 하루 단위의 목적은 오랜 시간에 걸쳐 개발된 광의의 목표 속에서 반영되도록 한다. 즉, 복잡한 개념(예: 민주당과 공화당의 정부 형태 구분, 수학에서의 소수 특징)의 중요한 이해 그리고 추론 기술은 그 자체로 어느 하루의 수업을 통해 배울 수도 없을뿐더러 완성된 형태로 여겨질 수도 없다. 이러한 개념들은 오랜 기간 연속된 수업 속에 다뤄지면서 어느 특정한 날의 수업을 통해 그 목적이 천천히 개발된다. 실제로 마음의 습관(habits of mind)이라는 말에서 알 수 있듯이, 그러한 이해와 기술은 개발하는 데 시간이 걸리며, 내용 측면에서도 정교함을 증가시켜 가야 한다. 따라서 교사들이 교수 목적의 명료성을 제시할 수 있어야 함도 중요하지만, 그러한 목적은 '완성된' 것으로 여겨질 수 있는 유형이 아니다.

우리가 좋은 수업을 얘기할 때 교수 목적의 명료성은 매우 중요한 부분이다. 결국 교실에서 보내는 시간은 한계가 있기 때문에 주어진 시간을 현명하게 사용해야 한다. 교수 목적은 학생이 배워야 할 내용에 대한 교사의 진술(statements) 형태로 구현되는데, 이러한 진술은 학생에게 분명하고 적절한 도전이 될 수 있어야 한다. 수업을 통해 학생이 무엇을 할 것(will do)임을 교사가 언급하는 것으로는 충분하지 않으며, 교사는 반드시 학생들이 학습해야 할 것(will learn)을 분명하게 언급해야 한다. 당연히 학생들에게 학습 결과는 그들이 참여했던 과업과 탐구를 통해 나타나지만, 교사는 교수 목적으로 그러한 활동과 과업을 고안했어야 한다.

목적의 명료성은 주(state) 혹은 교육청의 교육과정 결과(CCSS 혹은 높은 수준을 반영한 다른 주의 기준)와 보조를 맞추고 있는데, 그 기준은 실제적·개념적·절차적 지식과 이해로 구성되어 있다. 내용은 반드시 도전적이고 철저해야 하며, 학급 상황에서 학생들에게 적절해야 한다. 특히 학습 결과란 이해를 언급하기에 앞서, 언어적 숙달이나 특수교육적 요구와 같은 다른 배경에 놓인 학생들에게 적합하도록 어느 정도의 개별화를 시도해야 할 수도 있음을 의미한다.

그러한 목적의 명료성에는 내용 지식, 교과 특수적 교수 방법에 관한 지식, 수업을 듣는 학생들에 관한 깊은 지식이 필요하다. (피상적인 친숙함과는 구분된) 내용의 깊은 지식 속에는 교과를 구성하는 빅 아이디어에 대한 교사의 이해뿐 아니라, 그러한 빅 아이디어를 다른 중요한 개념과 그 교과 내에서 그리고 다른 교과에서 어떻게 연결시킬 수 있을지를 포함한다. 또한 목적의 명료성에는 이해의 전제 조건이 되는 중요한 지식, 사고의 유연성, 이해에 도달하는 데 여러 방식이 있음을 내포한다. 어떤 수업을 계획할 때, 어떤 활동과 과업 순서가 학생의 이해에 이르게 할 것인지 교사는 그러한 다양한 방식에 대해 명확히 해야 한다. 활동이 재미있다는 것으로는 충분하지 않으며, 반드시 중요한 교수 목표를 반영해야 한다.

교사들은 다양한 방식으로 내용과 교수 방법에 대한 자신들의 깊은 지식을 드러낸다. 수업을 계획하는 단계뿐 아니라 실제 수업을 할 때도 내용 제시 방법과 학생 질문에 대한 교사 답변과 코멘트 방식이 학습에 매우 중요하다. 실제로 지식을 갖춘 교사라면 어떤 학생이 제기한 질문이 그 교과 내용에 중요하여 그 질문을 깊이 있게 다루어야 할지, 아니면 별로 중요하지 않는 것이어서 현명하게 대처해야 할지 판단할 수 있다.

수업을 계획할 때나 실제 수업을 할 때 드러나듯이, 수업 활동은 도달하려 하는 그 수업의 목적하에서 시도되어야 한다. 잘 계획된 수업이라면 이러한 과업과 활동은 순차적으로 제시되고, 학생들이 지적인 학습 과제에 참여할 수 있도록 계획할 것이다. 게다가 '명료성'이 활동 그 자체에도 반영된다. 학생들은 활동을 어떻게 완성해야 하는지, 어떤 단계를 거쳐야 하는지, 혼자 해야 하는지, 아니면 친구와 함께 해야 하는지에 대한 정보가 충분히 제시되어야 한다.

잘 운영되는 학급은 목적이 있고 그 역할에 충실하다. 수업이 즐거울 수 있으나 지금 하고 있는 것이 무엇이며, 어떤 기대되는 학습을 추구하고 있는지, 학생과 교사가 분명히 알고 있어야 한다. 이는 말과 행동을 통해 수업에서 지금 하고 있는 일은 중요하며, 배움은 즐겁고 권한을 부여하는 것임을 알려 준다. 뜻밖의 재미가 학습을 다른 영역으로 이끌어 줄 수도 있겠지만, 근본적인 것은 분명해야 하며, 내용뿐 아니라 그 내용에 학생을 어떻게 참여시킬지 교사의 깊은 지식에 토대를 두고 고려해야 한다.

교사와의 대화를 계획할 때 목적의 명료성을 이전에 언급한 적이 없다면, 교수와 관련하여 가장 먼저 제기되어야 할 부분은 바로 다음과 같다. 학생들이 배우고 있다는 것은 무엇을 의미하는가? 최소한 교사는 무엇을 의도했는가? 즉, 교사든 행정가든 실제로 수업을 관찰했을 때 교수 목적이 명확히 드러나야 한다. 비록 관찰자가 수업 앞부분을 놓쳐 그 부분을 보지 못한 상황이었을지라도, 학생들에게는 수업 처음에 이에 관해 안내했어야 한다. 하지만 교사가 오늘 수업 목적이 무엇인지 직접 학생에게 말하지 않거나 관찰자가 그 언급을 듣지 못했을 경우라 할지라도, 교사가 분명한 목적을 가지고 있으며 관찰자에게 수업 후라도 그에 대해 설명할 수 있어야 한다는 점은 매우 중요하다. 즉, 교사는 학생이 무엇을 할지(will do)를 분명히 하는 것으로는 충분하지 않으며, 오히려 학생들이 무엇을 배울지(will learn)를 분명히 해야 한다.

교사는 학생들에게 수업 목적을 직접 안내하지 않고, 수업을 하면서 수업 목적을 드러낼 수도 있다. '전문적 대화로 이끌어 주는 빅 아이디어'를 다룬 3장에서 보다 충분히 다루었듯이, 학생들은 자신의 탐구 과정을 통해 수학의 파이(π) 개념을 알아 가도록 계획한 활동에 참여할 수도 있다. 교사는 학생들로 하여 금 여러 개의 원 형태 물체의 지름과 둘레를 측정해서 유형을 찾아내도록 자료를 분석해 보라고 할 수도 있다. 그런 방식이 이 활동의 결론에 도달하는 유일한 방법이어서 분석 결과를 친구들과 공유할 때, 모든 원형 물체의 둘레와 지름 간에 발견할 수 있는(3보다는 약간 더 큰 숫자로 나타나는) 일정한 관계성을 파이라고 부른다는 것을 교사가 학생들에게 설명해 주며 결말을 지을 수도 있다.

이 점은 관찰자가 학생에게 지금 하는 것이 무엇이냐고 물을 때 탐구 수업의 첫 부분에서 학생들이 대답을 못할 수도 있음을 시사한다. 하지만 학생들은 지금 무엇을 하고 있는지, 전적으로 자신의 과업에 대해 분명히 알고 있어야 한다. 분명한 것은 학생들이 탐구를 거의 끝마칠 즈음에는 학습 활동의 목적이 파이 개념의 이해였음을 알아야 한다는 것이다.

전문성을 띤 대화는 교사들에게 풍부한 기회를 제공해 주고, 관찰자에게는 수업 목적을 이해하도록 해 준다. 이 장에서 언급했던 다른 대화 주제처럼 이를 탐구하려는 것은 그 과목에 대한 교사의 생각에 결함이 있어서가 아니고, 오히려 모든 수업은 목적의 명료성을 드러내야 한다는 뜻으로, 목적의 명료성은 학생 활동에도, 교사와 학생 간의 상호작용에도, 사용되는 자료에도, 수업의 속도에도 나타나야 한다. 게다가 교사는 오늘 하는 수업 목적이 어제 수업과 어떻게 연계되는지, 내일 수업을 위해 무엇을 계획하였는지 언급할 수 있어야 한다.

교실에서 관찰을 하면서 전문성을 띤 대화를 처음 시도하려고 할 때, 목적의 명료성과 관련된 질문을 해 보려는 사람은 다음을 참조할 수 있다.

- 이 수업을 통해 당신은 학생이 무엇을 배울 것이라고 의도하는가?
- 당신이 의도했던 것을 학생들이 실제로 배웠는지 (지금 알 수 없다면) 어떻

게 알 수 있는가?

- 오늘 수업은 어제 수업과 어떻게 연결되며, 나중에 할 수업에서 어디로 진행시킬 계획인가?
- 당신은 학생들이 자신의 이해를 강화할 수 있도록 어떻게 도움을 줄 것인가?
- 목적의 명료성과 관련하여 관찰했던 구체적인 사태에 대한 질문

항목 2: 편안하고, 존중받으며, 지지해 주고, 도전하게 하는 학습환경

학교라고 부르는 곳에서 학생들이 최선을 다하고 학업 활동에 전념하게 하려면, 학생들이 인간으로서(as people) 존경과 존중을 받고 있다고 느껴야 한다. 학생들은 자신을 가르치는 교사들이 자신의 능력을 믿어 주고 있다고 여겨야 한다. 실제로 많은 성인이 자신들이 이룬 성공 비결로 학창 시절이나 그 이후의 삶의 여정에서 자신을 특별한 사람이 '될 수 있다'고 믿어 준 사람이 교사였음을 언급한다. 어떤 학생들에게는 그러한 자신감을 최초로 혹은 유일하게 알려 준 성인이 교사일 수 있다.

교사들은 학생들의 생각에 귀 기울이고, 명료함과 정교함을 요구하면서, 학생 감정에 민감하게 반응하면서 무수히 많은 언어적 · 비언어적 신호를 통해 그러한 존중감을 학생에게 전달한다. 교사의 태도는 겉으로는 친구처럼 다정하게 혹은 엄격하게 보일 수 있겠지만, 심지어 교사의 엄격한 모습 이면에도 교사는 필수적인 **돌봄**(caring)이라는, 배경이나 부모 소득과 상관없이 모든 학생은 중요하며 잠재력을 갖고 있다는 그 감정을 학생에게 전한다. 그래서 학생들은 교사가 자신을 우습게 여길 것이라든가 다른 학생들 앞에서 망신을 줄 걱정을 하지 않아야 한다.

이러한 지지와 존중의 분위기는 학생을 인간으로서만 국한시키는 것이 아니라 학습자의 위치로도 확장시킨다. 수많은 성인이 저는 "과학을 못해요." 혹은 "시(詩) 낭독에는 젬병이에요."라며 고백한다. 그러한 정서의 원인을 알기 어렵

지만, 교사들이라면 학생들에게 그런 것을 전해서는 결코 안 된다. 따라서 교사가 이해하고자 애쓰고 있는 모든 학생을 진정으로 존중해 줄 때, 학생들은 교사의 깊은 지원에 힘입어 그러한 탐구에 적극 임할 수 있게 된다. 다른 말로 하면, 학생들에게 지적인 도전을 감내해 보도록 하는 교사의 설명이나 책 내용이나 다른 학생들의 설명에 의문을 제기해 볼 수 있는 편안한 환경을 의미한다. 학생들은 교사나 다른 학생들로부터의 조롱이나 삐딱한 빈정에 두려워할 필요가 없음을 알게 된다.

하지만 학생들이 최선을 다해 학습하게 하려면 교사와 다른 학생들로부터 편안하다고 느끼는 것만으로는 충분하지 않다. 동시에 학생들은 도전을 느껴야 하며 그러한 도전을 기꺼이 감내할 수 있어야 한다. 부분적으로 이것은 그 자체로 학생들이 수행해야 하는 과업의 본질로, 그 일은 철저해야 하고, 참여하도록 해야 하며, 의미가 있어야 한다. 하지만 동시에 학생들은 그 일에 기꺼이 헌신해야 한다. 다른 말로 하면, 고차원적인 과업에 학생들이 헌신하도록 하는 데 통용되는 기준이 있어야 하며, 그러한 과업에 참여하는 학생들이 친구들로부터 괴짜나 멍청이 혹은 학생들의 문화에서 '멋지지 않다'는 표현을 담은 어떤 용어로도 불려서는 안 된다. 게다가 지적인 과업을 존중하는 학교 문화라면, 학생들이 도전적인 내용에 굴하지 않고 집중하며 그것을 해결해 나갈 때까지 고민하여 고차원의 이해에 도달하도록 해야 한다고 강조해야 한다.

그러한 과업을 보는 학생들의 문화적 태도는 특정 나이대 학생들이냐 그리고 어느 학교이냐에 따라 상당한 차이를 보인다. 놀랍게도, 어린 아동들은 간절하게 배우려 하고 그 세계를 탐색하고 싶어 한다. 그들에게 교수 과업이 흥미롭다면, 어린 아동들은 기꺼이 참여하고 탁월해지고 싶어 한다. 하지만 나이 든 학생들의 경우에는 이러한 상황이 좀 더 복잡해진다. 숙제를 완성하고 시험 공부를 하는 것처럼 학교에서 성공하려면 보여야 할 대부분의 노력은 사실 개별 상황에서(in private) 나타난다. 하지만 학급 토의 참여나 집단 활동 참여와 같은 행동들은 친구들 앞에서 대외적으로(in public) 벌어진다. 따라서 학교에서 고차원적 과업에 전념해 보려는 학생들이라면 그러한 노력이 대외적으로 나타나야 한다. 여기에서 중요한 것은 그러한 노력 때문에 친구들로부터 소외되거나 '놀림을 받아서는' 안 된다는 점이다.

어떤 상황에서는 학생 규범(norms) 속에 이미 그러한 노력을 하도록 기대하기도 하는데, 성공적인 미래로 나아가기 위해서는 철저한 교육이 중요하다고 생각하는 가족들로 구성된 지역에 속한 학교라든가, 학습할 수 있는 학교 문화를 만들고자 상당한 노력을 기울이고 있는 학교들이 바로 그러한 예이다. 하지만 특히 부모가 제대로 교육받지 못한 학생들이 재학하는 학교 상황이라면 교육자들이 헤쳐 가야 할 도전은 훨씬 더 클 수밖에 없다. 학생의 부모들 스스로 제대로 된 교육을 통해 축적했다거나 고등교육 이상의 학업을 통해 얻을 수 있는 이점이 가져다 주는 진가를 알지 못할 수도 있다.

D. Bruce Jackson(2003)은 이에 대해 매우 웅변적으로 기술하고 있다.

궁극적으로, 학생들은 친구들 앞에서처럼 자신이 공개적으로 드러나는 상황에서 어떻게 시간을 보내는지, 어떻게 보이길 바라는지, 어떤 사람이 되고 싶은지에 대해 스스로 책임져야 한다. 학습 행동과 사회적 정체성 요구가 서로 직접적으로 갈등을 일으키는 상황에서 자기 스스로를 어떻게 정의할지 학생들의 의사결정은 중요한 문제가 된다. 가장 중요한 문제는 학생들이 지속적이며 사려 깊은 노력을 통해 어려운 학습 문제를 해결하게 되면 자신의 능력을 깊게 신뢰하게 된다는 것이다. 더 이상 어떤 학생들을 다른 학생들로부터 분리시키지 않기 때문에 그러한 행동들은 정체성을 구분 짓는 분수령으로 여겨지지 않는다. 모든 학생이 숙제를 마치고 있다 등으로 표현된다(p. 589).

따라서 학생이 학습하는 데 편안하고 도전적인 환경으로 이루어진 교실을 만든 교사라면 의도적으로 '도전과 지지' 두 가지를 함께 고려해야 한다. 학생이 과제를 안 하거나 그와는 반대로 고차원적 과업을 수행하는 데 필요한 개념을 잘 이해하지 못하는 경우, 교사는 학생이 왜 그런 행동을 하는지 잘 알고 있다. 학생이 학습에 대한 헌신을 보이면, 교사는 정답을 알려 주기보다는 필요할 때 필요한 도움을 제공할 준비가 되어 있다. 가르치는 일이란 깔끔하게 정리된 공식으로 나타낼 수 없는 것이며, 고차원적인 전문성 영역으로서 교사라면 언제 토닥거려 주어야 하고, 언제 다시 가르쳐야 하며, 언제 칭찬을 해 주고, 언제 다른 학생들의 참여를 요청해야 하는지 알고 있다. 따라서 이 모든 것은 도전과 지지가 가능한 환경 속에서 수준 높은 학습이 가능하다는 것을 의미한다. 이러한 환경에서 학생들은 깊은 이해와 숙달을 향해 탐구 과정 내내 꾸준히 노력한다.

높은 수준의 과업임을 보여 주고자 혹은 학생 모두 가까이서 그러한 과업에 참여하는 노력을 보이도록 많은 교사가 활용하는 구체적인 도구는 바로 학생들에게 '집단 작업에 필요한 기술'을 가르치는 것이다. 실제로 수많은 주요 학문적인 업적은 소규모 집단 속에서 토의, 문제 해결, 프로젝트 완수 등을 통해 최상의 결과를 도출해 왔고, 결실을 맺기 위해서는 그러한 집단 작업에서 다른 사람의 얘기를 들어주고, 예의를 갖추어 반대 의견을 제시하고, 과제 완수를 위해 과업을 맡고, 프로젝트 현황을 요약하는 일과 같은 중요한 기술들을 필요로 한다. 게다가 교사가 직접 감독하지 않는 상황에서도 학생들은 그러한 과업에 참여할 수 있어야 한다. 이는 구체적인 기술이며, 보다 일반적인 학급 문화에서 생산성을 보일 수 있는 방법을 반영하는 것이다. 학생들은 애초에 그러한 기술을 갖고 태어나지 않는다. 따라서 학생들은 분명하게 배워야 하고 연습이 필요하다. 그렇게 되면 학생들은 높은 수준의 과업에 생산적으로 참여하는 문화를 조성하는 데 구체적인 기여를 하게 되는 것이다.

어떤 교실을 관찰할 때 그리고 전문적 대화를 시작할 때, 편안하고 존중받으며 도전적인 환경과 관련된 논의를 하고자 하는 사람이라면 다음과 같은 질문을 할 수 있다.

• 학급 학생들에게 당신은 어떻게 존중을 보여 주는 환경을 조성해 왔는가?

그러한 접근이 효과적이었음을 보여 주는 증거는 무엇인가?

- 학급 학생들에게 도전적 상황 속에서도 어려운 과제에 헌신할 수 있는 환경을 어떻게 조성해 왔는가?

- 이 수업에서 다루려는 과제가 도전적이지만 학생들 스스로 해 보려 한다면 성공할 수 있음을 학생들에게 어떻게 전달하는가?

- '쉬운 방법'을 택하지 않고 도전적 과업을 시도해 보려는 학생들의 문화를 조성하기 위해서 어떤 기법을 사용하는가?

- 학급환경과 관련된 구체적이며 관찰했던 사태에 대한 질문

항목 3: 학급 경영

　여느 생산적인 학급에서 드러나는 기본적인 전제 조건은 바로 학급이 원활하게 운영된다는 점이다. 항상 교사들은 하고 있는 과제를 끝마치게 하고, 과제 집단으로 학급을 전환하도록 안내하고, 자료를 배분하고 수집하고, 수업 종료 시 학생을 해산시키는 데 필요한 효율적인 절차를 만들어 두어야 한다. 이러한 절차들은 몇 가지 중요한 목적을 수행할 때 수업 시간의 낭비를 최소한으로 막아 주고, 학생들에게는 늘 해 오던 일이라는 안도감을 주게 된다. 학급의 일상적인 일과(routines)를 효율적으로 진행하는 것은 학생들에게 교사는 독재자가 아닌 책임을 맡고 있는 사람으로 혼란에 대해 두려워할 필요가 없다는 메시지를 주게 된다.

　결국 학급은 학생들로 북적대는 장소이며, 상대적으로 좁은 공간에서 교사와 보통 25명이 넘는 아이가 함께 지내는 곳이다. 이러한 점 때문에 많은 신임 교사가 불안감을 느끼며, 자신이 돌봐야 하는 학생 수가 너무 많으며 특히 자기보다 신체적으로 덩치가 더 큰 학생들을 맡게 될 경우 당황할까 봐 두려워한다. 교사의 지시에 반항하는 학생들이 있다면, 그들의 철저한 반란을 방지할 수 있는 방법은 무엇일까? 학생 자신에게나 친구들에게 피해를 주면서도 자기

가 원하는 것만 하려는 학생들이 있다면, 혼란을 피할 수 있는 방법은 무엇일까? 학생들이 실제로 어떤 것을 '배운다'는 사실을 교사가 어떻게 보장할 수 있는가? 학생들이 제멋대로 행동하지 않고 실제로 규칙을 잘 지킬 것이라는 것을 어떻게 보장할 수 있는가? 말도 안 되는 질문이란 없으며, 신임교사의 불안도 이해할 만하다. 행동 규범을 포함한 학급 일상 및 절차를 만들어서 이를 따르게 하려면, 교사는 다음과 같은 원칙을 고려해야 한다.

학급 일상과 규범은 학생들이 직접 참여하여 정해야 한다

다른 사람들처럼, 학생 역시 자신의 삶을 자신이 통제한다는 느낌을 가질 필요가 있다. 교사의 학급 경영 방식이 "이건 이렇게 해, 왜냐하면 내가 그러라고 했으니까."와 같은 식의 접근을 하는 권위적 교사 밑에서는 학생들의 마음이 금세 멀어질 수밖에 없다. 사전에 학급 일상을 정해 놓으려는 목적은 정돈된 환경을 유지하려는 의도뿐 아니라 학급에서 실제로 혹은 일어날 수 있는 문제들을 해결하기 위해서이다. 따라서 학생들은 토의를 통해 얘기하는 것을 좋아하지만, 모든 학생의 얘기를 듣는 것은 쉽지 않은 일임을 그들도 금방 알게 될 것이다. 사실상 동일한 생각이 학급 일상을 정하는 문제에도 적용될 수 있다. "우리 모두 동시에 밖으로 나가려고 문 쪽으로 간다면 무슨 일이 벌어질까?"와 같은 질문은 아무리 어린 아동들이라도 의자가 넘어지고 몇몇 학생은 넘어지는 무질서한 결과로 나타난다는 인식을 이끌어 낼 수 있다. 그러고는 "그렇다면 교실을 나갈 때는 어떤 절차를 따르면 좋을까?"와 같은 질문을 해 본다.

학급의 일상과 절차를 정할 때 교사의 태도는 아주 중요하다. 교사는 학생과 함께 중요하고 흥미로운 과업을 시도해 볼 수 있는 환경을 만들어 보려는 마음을 학생에게 전하는 것이 중요하다. 그러므로 학급 일상과 규범을 정하는 일은 자료를 나눠 주고 모을 때, 학급을 청결한 상태로 유지하는 데, 큰 집단과 작은 집단으로 옮겨 갈 때 등의 여러 활동을 위해서도 필요하다. 따라서 학급 일상을 사전에 정하려는 목적은 학생의 학습을 극대화시키려는 것이지, 교사가 통제를 하려는

것이 아니다. 이러한 교사의 태도로 인해 진심에서 우러나오는 학생의 기여를
이끌어 낼 수 있다.

매일의 학급 일상은 가르쳐야 한다

하지만 학생과 교사가 학급 일상과 규범을 같이 정한 이후라 할지라도 학급
이 어떻게 운영되어야 하는지의 학급 일상은 계속 가르쳐야 하며 연습이 필요
하다. 즉, "소집단으로 돌아가세요."라는 교사의 지시 사항이 무엇을 의도하는
것인지 학생들이 자동적으로 알게 될 것이라고 단순하게 받아들이면 안 된다.
학생들은 실제로 그러한 일을 시도하는 학급 일상을 연습해 보지 않으면, 많은
인원으로 벅적대는 대부분의 교실 속성상 무질서해진다. 따라서 경력교사들은
학기 초에 자료를 나눠 주고 모으기, 수업을 마치고 의자를 밀어 두기 등 모든
유형의 학급 절차와 관련된 학급 일상을 실제로 가르치는 시간으로 할애한다.
학급 일상을 가르치는 일은 다른 기술을 가르치는 것과 같다. 학급 일상을 소
개하자면, 학생들은 그것을 연습해 볼 수 있는 구조화된 기회(예: 소집단으로 변
환하기)를 갖게 되고, 처음 성공적으로 시도해 보며 들었던 피드백을 고려하면
서 또다시 연습해 본다. 이와 동일한 방식으로 행동 규범도 적용해 본다. 학생
들은 홀로 해 보기도 하고 역할 놀이를 해 보면서 교사가 학생에게 행동 교정
을 요구하면 어떤 행동을 해야 하는지 알게 된다. 이러한 방식을 통해 학생들
이 잘못 행동한다거나 무방비하게 행동하지 않게 된다.

물론 관찰자가 학년 초에 첫 며칠을 교실에서 시간을 보내지 않았다면, 이전
에 학급 일상을 이미 정했는지 여부는 오로지 교사의 지시 사항과 학생 행동을
통해 관찰자가 추론할 수밖에 없다. 게다가 자신의 학급에서 봉사자나 관련 전
문가로부터 도움을 받을 수 있는 운이 좋은 교사일지라도 그들이 학급에서 결
실을 맺고 실질적인 기여가 되도록 책임져야 하는 또 다른 어려움에 직면한다.

어떤 교실을 관찰할 때나 전문적 대화를 시작할 때 학급 경영과 관련된 논의
를 하고자 하는 사람이라면 다음과 같은 질문을 해 볼 수 있다.

- 학급에서 학급 일상과 절차를 정할 때 학생들은 어느 정도까지 개입하였는 가? 학생들이 참여하도록 어떻게 요청하였는가?
- 학년 초에 당신은 학생들에게 실제로 어떤 절차를 가르치는 것이 중요하다고 여겼는가? 그것을 어떻게 이뤘는가?
- 학급 일상과 절차의 유지 면에서 학생 스스로 어느 정도까지 지켰다고 보는가? 이를 수행하면서 어떤 난관을 극복했어야 했나?
- 행동 규범을 정하고 그 규범을 강화시키는 데 학생을 참여시키면서 어떠한 어려움에 직면하였는가? 어떤 접근 방법이 가장 효과적이었나?
- 학급 경영과 관련된 구체적이며 관찰된 사태에 대한 질문

항목 4: 학생의 지적 참여

좋은 수업의 핵심은 학생을 참여시키는 것이다. 교육 전문가들에게 뛰어난 교사는 어떤 사람인지 말해 보라고 하면 대부분 이 부분을 가장 먼저 언급한다.

하지만 '참여(engagement)'라는 용어는 단 한 가지로나 단순하게 정의 내리지 못한다. 먼저, 지적 참여는 학생들이 분주하게 무언가를 하고 있다거나 과제에 몰두하고 있다는 뜻이 아니다. 예를 들어, 유인물 완성하기처럼, 새로운 학습으로 볼 수 없는 과제에 학생들이 몰두하는 것도 가능하다. 게다가 신체 활동을 수반한다는 것만으로는 지적 참여를 하고 있다고 보기에 충분하지 않은데, 어떤 활동은 학생들로 하여금 몸을 움직여 가며 과업에 임하게 할 수 있으며 그렇게 하는 것은 판에 박힌 정형화된 방식이라 할 수 있다. 하지만 학생 참여의 핵심은 신체적이 아닌 정신적 활동이어야 한다. 어떤 과제는 손 조작이 필요할 수 있지만, '지적 참여'의 수준에 도달하려면 그것이 반드시 고도의 집중력과 사고를 요구하는 것이어야 한다. 다른 말로 하면, 학생의 관점에서 학교가 관람객(학생)들이 바라만 봐야 하는 관중 스포츠로 전락해서는 안 된다. 따라서 새로운 아이디어를 탐색하고, 연계를 지어 보고, 가설을 세우고 검증하는 것과 같

은 지적 활동에 대한 학생들의 참여 정도를 극대화시키는 것이 중요하다.

경험에서 나온 유용한 규칙을 통해 살펴보면, 학생의 지적 참여 정도는 '누가 그 과업에 몰두하고 있는가?'라는 질문에 대한 대답을 통해 파악할 수 있다. 교사가 어떤 것을 제시하고, 절차를 보여 주고, 규칙을 적용하고 있는 것을 학생이 가만히 듣고 있는 상황이라면 학생의 역할은 전적으로 수동적이라고 볼 수 있다. 학생은 그저 교사가 하는 것을 지켜보고만 있는 것이다. 하지만 반드시 꼭 그런 경우만 있는 것은 아니어서, 교사가 새로운 자료를 제시하면서 학생에게 이전에 알고 있던 이해와 새로운 정보를 연계해 보라고 한다거나 그러한 시나리오의 결과를 예측해 보라고 할 수 있다. 학생들이 지적으로 능동적 역할을 담당하도록 교사가 수업을 구성하게 되면, 학생들은 다양한 개념의 의미가 나타내는 미묘한 차이를 탐색해야 하고, 새로운 이해를 해 보려 시도해야 한다. 이러한 과정에 사고가 개입된다. 따라서 '누가 그 과업을 하고 있는가?'라는 격언은 '누가 사고를 하고 있는가?'로 변형된다. 만약 학생들이 능동적으로 사고를 하는 경우(내용 발표, 교사가 이끄는 토의나 친구들과의 토의, 과제 완성하기 등의 일환으로)라면, 학생들이 지적으로 개입되어 있다고 말할 수 있다.

학생들이 사고하고 있다는 것과 더불어 학생들은 자신의 인지 과정도 의식할 수 있다. 즉, 교사들은 학생을 인지적인 과업뿐 아니라 메타인지적(metacognitive) 과업에도 참여시킬 수 있다. 학생들이 어떻게 결론에 도달하는가? 그렇다고 보는 증거는 무엇인가? 문제 해결에서 오류를 범했을 때, 이들 사고가 거쳐 간 궤적은 무엇인가? 어느 부분에서 궤도를 벗어났는가? 그 단계로 다시 돌아가서 오류를 찾아낼 수 있는가? 마지막 질문들은 사고 과정을 다룬 것으로, 다른 상황이나 다른 교과에도 상당히 적용 가능하다. 잘못된 결론을 내리는 것과 같이 학생들이 어려움에 봉착했을지라도, 이러한 질문들은 학생들로 하여금 그들이 거쳤던 단계를 다시 살펴보고 시정 조치를 할 수 있게 한다.

학생을 학습에 참여하게 하는 것은 항상 쉬운 일이 아님을 언급할 필요가 있다. 학생들이 새로운 개념을 가지고 씨름 중이거나 새로운 내용과 이전에 다뤘

던 자료를 연결시킬 때, 학생들이 잘못된 출발을 한다거나 수정을 시도해 보기
도 전에 이미 난관에 봉착할 수 있다. 몇몇 교사는 학생들을 이러한 생산적 고
난 속에 놓이게 하는 것 자체를 도전으로 여길 수도 있겠지만, 그 결과를 통해
얻게 되는 이해는 학생들에게 만족감을 주고, 학습자로서의 힘을 기를 수 있게
하며, 그들의 이해력을 군건하게 해 준다.

학생들이 주로 참여하는 수업은 확실한 구조를 갖고 있다. 즉, 교사에 의해
혹은 활동 자체로 제시되는 비계 설정 형태로 도입, 전개, 결말이 제시된다. 교
사는 학생들이 인지적 도전을 하게 하는 과업을 조직하고, 학생들이 이제까지
했던 것과 배워 왔던 것을 투영해 보도록 격려한다. 즉, 수업은 결말을 갖고 있
어서 교사는 학생에게 학습 과제나 토의 혹은 학생들이 읽었던 것을 통해 중요
한 학습으로 이끌 수 있도록 해야 한다.

교사들이 학생들을 지적으로 참여시킬 수 있는 수업을 하려면 다음의 두 가지 중요
한 부분을 고려해야 한다. 그것은 적합한 학습 과제의 계획(혹은 배정)과 관리 그리고
정교한 학생 담화의 활용이다.

적합한 학습 과제

교수 상황에서 가장 도전을 받는 부분 중 하나는 바로 학생들을 위해 적절한
학습 과제를 계획(혹은 선별)하는 것으로, 어떤 학생에게 도전적인 과제가 다른
학생에게는 평범할 수 있기 때문이다. 과제에서 요구되는 인지적 부분을 분석
하여, 어떤 학생에게 그 과제가 적당히 어렵다거나 적절한가의 여부는 학생의
지식 및 인지적 발달 수준에 근거하여 판단해야 한다. 따라서 과업 자체로는
어렵다거나 일상적이라 판단할 수 없고, 과제의 요구 사항과 그것을 해결해 보
려는 학생의 현재 능력 간의 괴리로 판단해야 한다. 만약 그 괴리가 적거나 아
예 없다면 그 과제는 평범하거나 따분한 것이며, 만약 그 괴리가 상당히 크다
면 그 과제는 학생에게 아주 당혹스러운 것이다. 따라서 그 괴리는 '아주 적당
해야' 한다. 이러한 어려움을 해결하는 한 가지 기법은 과제의 문턱을 낮추면서

동시에 높은 천장을 설정하는 것이다. 다시 말하면, 모든 학생이 시도할 수 있는 과제이지만 학생 스스로 이를 확장시키거나 교사가 후속 질문을 제시하여 과제를 좀 더 어렵게 하여 학급에서 높은 수준의 학생들도 도전해 볼 수 있도록 한다. 하지만 이러한 기법을 시도하는 것은 간단한 일이 아니며, 상당한 교수 경험을 한 이후라야만 그것을 개발할 수 있다.

풍성한 학습 과제의 또 다른 특성은 '집단에서 시도할 만한' 내용과 연계된 것으로, 이 유형의 과제는 학생들이 제시하는 다양한 관점을 필요로 하는데, 다시 말해 집단에서 여러 학생이 함께 과업에 몰두하면서 다른 시각을 제공해 줄 수 있다. 이때 교사는 직접 가르치는 역할보다는 중재 역할을 담당함으로써, 많은 학급 활동이 소규모 집단에서 시도될 수 있도록 한다. 집단 활동에 적합한 과제는 서로 다른 유형의 강점을 갖고 있는 학생들이 모여 종합적인 노력을 기울이도록 한다. 그러한 과제가 결실을 맺으려면, 학생들은 2장에서 기술했던 협력 기술을 습득해야 한다.

학생 담화

암기나 언어적 '퀴즈' 기능과는 달리, 질문하기와 토의는 학생들의 이해를 심화시키려는 목적으로 사용된다. 유능한 교사는 확산적(divergent) 질문과 수렴적(convergent) 질문 두 가지 모두 활용하는데, 이를 통하여 교사는 학생에게 가설을 설정하고, 연계를 지어 보고, 사전에 갖고 있던 생각에 도전해 보도록 한다. 특히 유능한 교사들은 학생 반응에 응답해 주고, 추가해 주고, 그러한 아이디어를 사용해 보도록 격려하는 데 능숙하다.

학급 토의에서 학생의 이해를 깊게 하고 확장시킬 수 있도록, 학생에게 중요한 문제에 개입하게 하고 정확한 언어를 사용하도록 촉진함으로써 수업에 활력을 불어넣는다. 이러한 토의는 학생 스스로 제기한 질문에 근거를 두어 시작할 수도 있다. 게다가 질문을 교사가 하든 다른 학생이 하든 간에 교사가 그 질문에 대한 학생들의 반응에 기반을 두고, 학생들은 자신의 생각을 설명하고, 다른 사람의 논리를 비평하고, 어떤 입장을 보완해 주는 구체적인 증거를 언급하면서 도전을 받게 된다. 이러한 논박의 초점을 맞춤으로써 모든 교과에서 중요한 기술로 여겨지는 논리적 추론의 토대를 형성한다.

어떤 교실을 관찰하거나 전문성을 띤 대화를 시작할 때, 학생 참여와 관련한 논의를 시작해 보려는 사람이라면 다음의 질문들을 해 볼 수 있다.

- 학생을 더욱 참여시키고자 채택한 교육과정 내에서 과제와 활동을 어느 정도까지 수정하였는가? 어떻게 하였는가?
- 학생들에게 고차원 질문을 하도록 어느 정도로 도전을 가르쳐 왔는가?
- 학생들이 서로 대화에 참여하도록 하기 위해 학생들을 어떻게 가르쳤는가? 학생들이 경청할 때나 반대 의견을 피력할 때 존중의 태도를 보이는가?
- 학생들이 자신의 사고를 인식하도록 가르치는 데 어느 정도로 성공하였는가? 어떻게 시도하였는가?
- 활동과 학습 과제에 참여시키고자 했을 때 당신이 시도하고자 했던 방식으로는 내용을 가르칠 수 없다고 느낀 적이 있다거나 '그냥 강의나 해야겠다.'고 판단했던 적이 있는가? 당신은 그러한 판단을 내려야 하는 시점을 어떻게 결정하였는가?
- 학생 참여와 관련된 구체적이며 관련된 사태에 대한 질문

항목 5: 모든 학생의 성공적 학습

교사 입장에서 교수(teaching)라고 부르는 활동에 학생을 참여시키는 것만으로는 충분하지 않다. 교사들은 학생들이 학습했다는 것을 확신할 수 있어야 한다. 즉, '교수'에 대해 정의를 내리는 방법 중 하나는 바로 '어떻게 하면 학생의 학습을 유발시킬 수 있는가?'를 고려하는 일이다. 이것은 분명한 문장으로 표현될 수 있지만, 교육자들로부터 종종 간과되는 것은 학생이 학습하였는지 확인

하면서 이러한 노력이 실제로 성공하였는지 고려하지 않은 채 그저 배타적으로 교사 행동에만 주목하면서 '좋은 교수(good teaching)'를 규정하곤 한다는 것이다.

모든 학습이 복합적이어서, 교사들은 개념적 지식-절차적 지식, 사실-절차, 성향-습관 간의 상호작용이 일어난다는 것을 인식하고 있다. 학생들은 모든 것을 같은 방식 혹은 같은 순서로 숙달하지 않으며, 자신만의 장점 그리고 발전될 여지를 지닌 채 수업에 임하게 된다. 하지만 모든 수업이나 단원에는 초점이 있어서, 그 초점 속에서 교사는 학생들이 학습해야 한다고 의도했던 것이 무엇인지 분명하게 표현해 주고, 구체적인 계획을 설명해 줄 수 있어야 한다.

교사가 의도했던 것을 학생들이 실제로 학습하였는지 확인하려면, 결과에 초점을 둔(그리하여 다음 단계로 가기 전에 교사가 수정 조치를 내릴 수 있게 하는) 총괄 평가 그리고 수업 진행 도중에 실시하여 단기 경고의 역할을 담당하는 형성평가를 계획(혹은 도입)하는 것이 필요하다. 이렇게 하려면 정교한 기록 관리 체제가 요구된다. 게다가 교사들이 자신들의 접근 방식을 수정함으로써 수업의 교수 목적에서 모든 학생이 진전을 보였다고 확신할 수 있으려면 교사들이 사용할 수 있는 (학교 혹은 보다 광범위하게 교육청이나 지역 공동체의) 자원만 고려해서는 안 된다. 모든 학생이 성공하도록 하기 위해서 교사는 필요한 모든 것을 시도해야만 한다.

자고로 교사들은 수업 내용을 모두 끝마칠 때까지 학생들이 수업 자료를 통해 얼마나 배웠는지 알지 못한다. 실제로 수업의 마지막에 이르러서야 (주로 시험 같은 유형의) 평가가 그에 대한 신호를 주고, 학생 과제에 점수를 매기고, 그 학급은 다음 단원으로 넘어가게 된다. 이러한 접근에서 교사들은 학생들이 배웠는지 혹은 어느 정도까지 배웠는지 알 수는 있겠으나, 실제로 학생들이 배웠는지는 확신할 수는 없다. 다행히 현재 많은 교사는 섬세한 접근을 시도하여 단원을 진행하면서 수업을 구체화시킨다. 교사들은 수업 중에 학급 반응을 자주 살피고, 필요하다면 수업을 변경하면서, 학생 반응과 활동을 지속적으로 모니터한다. 학생들이 (내용이 너무 도전적이어서) 이해가 잘 안 되거나 (너무 쉬워서) 지루해할 조짐이 보이면, 활동의 배치나 활동 자체에 약간의 변형을 줌으로써 수업에 변화를 가한다. 이러한 모니터링은 지속적으로 일어나지만, 사전에 명확하게 계획하지는 않는다.

하지만 교사들이 사용하는 다른 기법 중에는 실제로 사전에 고려했다고 여길 수 있는 기법도 있다. 이 기법은 특히 학생이 어려운 개념을 이해하는지 모니터할 때 유용하다. 이와 같은 경우에서는 교사는 아주 까다로운 문제를 제시하고, 학생들에게 칠판에 답을 적게 한 후 교사가 그 답을 살펴보면 학생들이 작성한 답을 통해 학생들이 얼마나 이해했는지 학생 개개인에 대한 중요한 진단 정보를 제공한다. 이러한 평가 결과는 온전히 수업에 반영되어, 교사는 수업 중에 어떤 일이 벌어지는지 주의 깊게 살필 수 있는데, 학생들이 토론에서 잘 따라오는지 또는 수업 활동을 통해 기대했던 이해를 습득하였는지를 관찰한다. 학생들은 이러한 표시를 종종 분명히 드러내기도 하는데, 예를 들어 교사에게 질문을 다시 설명해 달라고 요청하기도 한다. 반대로, 이러한 조짐은 매우 미묘하게 나타나거나 당혹스러운 표정으로 위장되기도 한다.

학생의 성공을 확인하기 위한 또 다른 중요한 기제로는 학생들이 보인 노력에 대해 구체적이고 시의적절한 피드백을 제공할 수 있도록 계획하는 것이다. 이러한 피드백은 당연히 교사에 의해 제공될 수 있다. 하지만 피드백은 (친구들의 견해에 예의를 갖추며 도전을 제기하는) 동료 학생으로부터 혹은 교수 활동 자체로부터도 받을 수 있다. 예를 들어, 수학 문제에 대한 대답이 이상하다고 해 보자. 피드백이 어떤 것이든 간에 학생들은 학습이란 지속적인 반복 과정이며, 학습이란 결코 완성될 수 없다는 것을 알게 된다.

학생의 성공을 위한 교사의 노력에 가족들도 동조할 수 있다. 사실 가족들은 교사보다 더 오랫동안 학생을 지켜봤기 때문에 학교를 벗어난 학생의 삶과 관심사에 대한 통찰력을 제공해 줄 수 있다. 그러한 정보는 교사들이 수업을 계획하고 학생에게 반응하는 방식에 매우 유용하게 참고할 만하다.

모든 학생이 학습해야 한다는 점에 관심을 둔다는 것은 어떤 중요한 가정에 토대를 두는 것인데, 그 가정에는 학생들이 고차원의 학습을 해낼 수 있으며, 교사는 학생들의 성공을 이루기 위하여 필요한 기술, 자원, 태도를 갖고 있음을 담고 있다. 이러한 믿음은 핵심적이라고 볼 수 있는데, 만약 교사가 굳건한 효능감을 갖고 있지 못하는 경우 학생들이 어려움을 겪을 때(실제로 거의 모든 학생이 겪고 있다) 교사는 쉽게 포기하려 할 것이다. 이러한 상황에 놓인 교사는 학생이 겪고 있는 어려움에 대한 '핑계'로 댈 수 있을 만한 다른 요인들, 예를 들어 학생 배경("아이 부모가 지금 이혼하려나 봐."), 형제의 약점 찾기("쟤 형도 분수를 전혀 이해 못했어."), 사용하는 자료의 부적절함("이 교과서는 너무 엉망이야.") 등에서 찾으려 한다. 따라서 모든 학생을 학습하게 하려는 교사의 노력은 교사로서 나는 잘 가르칠 수 있고, 내 학생들은 고차원적의 학습을 잘해 낼 수 있다는 자신감의 반영으로도 볼 수 있다.

교실 관찰을 할 때 그리고 전문성을 띤 대화를 시작하려 할 때, 모든 학생의 성공적인 학습과 관련하여 탐구를 해 보려는 사람이라면 다음의 질문을 고려해 볼 수 있다.

- 총괄평가에 교육과정의 중요한 학습결과가 모두 포함된다고 어떻게 확신하는가?
- 수업에서 모든 학생이 교사에 '주목하고' 있다는 확신을 가지려면, 기존의 관찰 방법 외에 어떤 기법을 사용하는가?
- 수업 전에 모든 학생이 이해하고 있음을 확인해 보고자 수업에서 중요한 지점에서 사용하려고 개발한 전략에 대해 기술해 보라.
- 보다 우수한 학생들에게 도전을 경험해 보도록 하기 위해 어떤 대책을 시도하는가?
- 모든 학생의 성공적 학습을 위해서는 학부모의 참여가 중요하다는 것을 어느 정도까지 받아들이는가?

• 모든 학생의 성공적 학습과 관련된 구체적이며 관찰된 사태에 대한 질문

항목 6: 전문성

먼저, 학교는 학생의 학습을 촉진시키려는 장소이다. 하지만 동시에 학교는 교사들의 지적 참여의 장소로, 학생의 학습을 보다 더 촉진시킬 수 있다. 다른 말로 하면, 학교는 교사를 위한 학습 조직으로, 교사 스스로 전문적 공동체의 구성원으로 여길 때만이 학교의 잠재성이 최대로 발휘될 수 있다. 이러한 공동체는 교사가 현장에서 지속적으로 개선할 수 있는 방법을 추구함으로써 자신의 교직생활과 보다 큰 틀의 전문성 공동체에 기여할 수 있으려면, 상호적인 지지와 존중을 보일 때 그리고 모든 교사가 책임감을 인식할 때 그 특징이 잘 드러난다. 교사의 의무는 불가피하게 교실 밖 영역까지 확대되며, 근무하는 학교나 교육청과 관련된 활동에서도 예외가 아니다. 이러한 교사의 활동에는 학교와 교육청의 교육과정위원회에서 서비스 제공하기, 학부모-교사 조직에 참여하기 등이 해당된다. 경력이 높아지면서, 교사들은 이러한 활동에서 리더십 역할을 담당하게 된다.

다른 전문직과 마찬가지로, 가르친다는 행위가 가진 복합성으로 말미암아 교사에게 현재 갖고 있는 지식과 기술을 유지하기 위해 지속적인 성장과 발전이 요구된다. 교사로 하여금 본인들의 기술을 증진시키고 정보를 얻으려고 계속 노력하는 것은 보다 나은 교사가 되기 위한 방편이며, 동료 교사 사이에서 리더십을 발휘할 수 있게 한다. 이를 통해 학생들을 학습에 참여시키는 방법에 대한 이해를 지속적으로 높여 준다. 따라서 좋은 교수를 언급할 때 내용 및 내용 명시적 교수 방법 측면에서 성장을 보인다는 것은 아주 중요하다. 그리고 최근에 정보 기술이 수학 학습에 보조 도구로 활용되는 점을 고려할 때, 교사는 해당 영역의 발전에 뒤처지지 않아야 함도 매우 중요하다.

동료 교사와 함께 수업을 계획하고, 스터디 그룹을 만들어 수업 연구를 함께 하며 네트워킹하는 것은 교사들로 하여금 서로에게 배울 수 있는 기회를 제공해 준다. 학생의 산출물을 동료와 함께 검토할 때나 특히 다른 방식으로는 적용되지 않았던 개념을 접하는 경우, 각 학생의 인지적 과정을 조망하는 데 매우 유용한 통찰력을 제공해 준다. 이러한 활동을 통해서 직업 특성이 반영된 전문성 개발이 가능하도록 해 준다. 게다가 전문성을 지닌 학교 교육자들은 (지역, 주, 심지어 국가 수준의) 전문 학회에 가입하고, 전문 학술지를 구독하고, 교육 협의회에 참여하고, 대학원 수업을 수강하면서 학급에서 자신의 효율성을 증가시킨다. 세월이 흘러 이들의 경험과 전문 지식이 더해져 가면, 학교 교육자들은 동료 교사뿐 아니라 몸담고 있는 교직 영역을 위해 기여할 수 있는 방법을 찾으려 한다.

뛰어난 교사들(expert teachers)은 또한 현장에서 학생뿐 아니라 그 직업 분야 자체에서도 전문성을 발휘한다. 오랫동안 당연시해 온 가정, 과거에 해 왔던 교육 방식, 그저 쉽고 편리하다는 이유로 활용해 온 관습적인 절차에 맞서면서, 이러한 모습에 어떻게 도전할 수 있을지를 포함하여 최상의 수행 수준에 걸맞은 가르침이 되려면, 교사는 학생을 가장 우선시하고 학생에 초점을 두어야 한다. 예를 들면, 적절한 숙제 활용 문제와 관련된 대화에서는 자신의 교육 철학을 담고 있어야 하며, 학생 학습에 대한 교사의 깊은 신념과 최상의 지원 방법을 모색하여야 한다.

우수한 교사들(accomplished teachers)은 강력한 도덕적 잣대를 갖고 있어서 그로 인하여 오랫동안 유지되어 온 학교 정책이나 절차에 의문을 가질지라도, 각 학생들의 최대 관심사가 무엇일지에 우선 주목한다. 이들은 자신의 전문성을 다양한 방식으로 드러낸다. 예를 들어, 이들은 정직과 성실성을 발휘하며 동료 교사와 상호작용한다. 게다가 이들은 자기가 가르치는 학생의 필요를 잘 알고 있으며, 교실 밖에도 활용 가능한 도움을 살펴보고 이를 제공함으로써 어렵지 않게 필요한 자원을 모색한다. 학교 규칙과 정책이 적용된 상황에서도 최대한 융통성을 발휘함으로써, 이들은 학생에게 전통적인 견해나 교육 체제에 도전이 될 수 있는 방식을 시도해 보도록 격려한다. 또한 학생의 필요에 끊임없이 주목하면서, 문제 해결과 의사결정에 접근하는 방식에서 이들의 전문성이 발휘된다. 마지막으로, 뛰어난 교사들은 지속적으로 학교와 교육청의 정책과 절차를 지켜 가면서도, 시대에 뒤떨어지거나 비효율적인 것에 대해서는 기꺼이 개선해 보고자 하는 노력을 기울인다.

전문성에 대하여 전문적인 대화를 하고자 한다면, 다음과 같은 질문들을 탐색해 볼 수 있다.

- 당신이 가르치는 교과 내용을 어떻게 파악하고 따라잡고 있는가?
- 동학년, 교과 혹은 전체 학교가 소속된 전문성 환경에 당신은 어떤 방식으로 기여하고 있는가?
- 학생 복지 문제에 대한 우려에 대한 동료의 생각이 당신의 생각과 달랐던 상황을 묘사할 수 있는가?
- 학생에게 도움을 주고자 학교나 교육청, 심지어 공동체에 요청해 본 자원은 어떤 것이었나?
- 동학년 혹은 교과 모임에서 동료 교사의 학습을 지원하기 위해 어떻게 리더십 역할을 발휘하고 있나?

요약

이 장에서 다루었던 대화의 주제는 3장에서 언급한 빅 아이디어에서 파생되었고, 이러한 아이디어가 실제적으로 드러나도록 하는 역할을 담당한다. 모든 학교의 지적 문화 속에서 이러한 아이디어와 그로부터 파생된 주제들이 언제나 대화 소재로 적합하다는 것을 교사가 알고 있다는 것은 중요하다. 물론 이러한 점은 다른 상황에 놓이게 되면 다르게 작동한다. (바로 이러한 점이 대화가

홍미로운 이유 중 하나이다.) 하지만 대화는 언제나 일어나며, 이것이 전문성을 띤 풍부한 대화의 기초를 마련해 준다.

　대화 주제의 탐색이라는 점에서 교사들이 이러한 아이디어가 자신의 학급에서 어떻게 나타나는지 인식하는 것은 중요한 일이다. 전문성을 띤 대화가 결실을 맺으려면, 행정가가 자기 학급을 방문할 때 자신의 가르치는 모습을 판단하려는 것이 아니라고 느끼는 것이 중요하다. 오히려 이러한 주제를 통해 수업에서 어떤 일이 벌어지고 있으며, 어떻게 강화될 수 있는지를 탐색하는 데 유용하다. 이는 교육 현장의 복합성을 고려할 때, 언제나 개선의 여지가 있는 가르치는 행위(teaching)가 지닌 도전을 보여 주는 것이다.

부록*

Danielson의 수업 관련 틀(Framework for Teaching: FfT)

영역	세부 요소
1. 계획과 준비 (planning and preparation)	1a. 내용 지식과 교육학 지식에 대한 명료화 1b. 학생 지식에 대한 명료화 1c. 교수 결과의 수립 1d. 자원에 대한 지식의 명료화 1e. 교수 목적에 따른 계획 수립 1f. 학생 평가 계획 수립
2. 교실환경 (classroom environment)	2a. 존중과 라포가 형성된 환경 조성 2b. 학습 문화 조성 2c. 교실에서의 절차 관리 2d. 학생의 행동 관리 2e. 물리적 환경 조성
3. 가르치는 일 (instruction)	3a. 학생과의 상호작용 3b. 발문과 토의 기술의 활용 3c. 학생의 학습 참여 유도 3d. 수업 평가의 활용 3e. 유연함과 책임의 명료화
4. 전문적인 책임 (professional responsibilities)	4a. 수업 반성 4b. 기록문서의 확보 4c. 학부모와의 의사소통 4d. 전문적 공동체의 참여 4e. 전문성의 성장과 발달 4f. 전문성 발휘

출처: https://www.danielsongroup.org/framework/

*역자 주: 부록은 독자의 이해를 돕기 위해 역자가 추가한 내용이다.

공통 핵심 주 기준(Common Core State Standards: CCSS)

2007년 미국의 주 단위 교육위원회 및 주지사 등 교육 분야 리더들이 모여 급격하게 변화하는 세상의 흐름에 따라 21세기 교실에 필요한 '학습 기술(비판적 사고, 의사소통, 협력, 창의성: 4Cs)'에 대해 논의하였다. 공교육을 통해 고교 졸업 시 모든 학생들이 대학 진학 및 직업적 성공을 준비시켜야 한다는 공동 비전을 갖고 2009년 영어과/문해력(English Language Arts: ELA/Literacy) 및 수학과(Mathematics)에 대한 '공통 핵심 주 기준(CCSS)'을 마련하였고, 2015년 기준 미국의 50개 중 42개 주가 참여하고 있다. CCSS의 특징은 다음과 같다.

- 고차원적 기술을 통하여 내용을 꼼꼼하게 배우면서도 지식을 적용할 수 있도록 한다.
- 동료와 협력하는 수행 중심의 활동 및 평가를 한다.
- 사회과 및 과학과를 포함한 교과목 전반에 걸쳐 문해력을 통합시킨다.
- 정보 텍스트, 연구 및 미디어 기술을 강조한다.

이런 움직임에 따라 영어과 및 수학과에서는 다음과 같은 여섯 가지의 변화를 맞게 되었다.

교과목	변화 방향	구체적 설명
영어과/ 문해력 (ELA/ Literacy)	1. 정보 및 문학 텍스트 간의 균형(Balancing Informational & Literary Text)	학생들은 정보 텍스트와 문학 텍스트 사이의 진정한 균형을 읽는다.
	2. 교과에서의 지식(Knowledge in the Disciplines)	학생들은 교사나 활동을 통해서가 아닌 텍스트 그 자체를 통해 세상에 관한 지식(영역/교과 내용)을 구축한다.

영어과/ 문해력 (ELA/ Literacy)	3. 복합성(Complexity)	학생들은 수업에서 초점을 두고 있는, 핵심적이며 학년에 적합한 텍스트를 읽는다. 학생들이 자세하게 읽을 수 있도록 교사들은 인내하며, 교육과정 상에서 더 많은 시간과 공간, 지원을 제공한다.
	4. 텍스트에 기반을 둔 답 (Text-based Answers)	학생들은 자료와 관련한 대화에 기반을 두면서 풍부하고 엄격한 증거를 찾는다.
	5. 출처에 근거를 둔 글쓰기(Writing from Sources)	글쓰기를 할 때는 정보 제공 혹은 논박을 위해 근거에 바탕을 둔 증거를 활용하도록 강조한다.
	6. 학문적 어휘(Academic Vocabulary)	학생들은 해당 학년 수준에 맞는 복합적 텍스트를 이해하는 데 필요한 전이 가능한 어휘를 지속적으로 구성한다.
수학과 (Mathematics)	1. 초점(Focus)	교사들은 수학 수업에서 시간과 에너지가 어떻게 사용되는지에 관하여 좁지만 깊은 범위로 다룬다. 이렇게 함으로써 기준에서 우선시하고 있는 개념들에 관해 깊게 초점을 맞출 수 있다.
	2. 일관성(Coherence)	교장과 교사들은 학년 내 그리고 학년에 걸쳐 학습을 주의 깊게 연결시킴으로서 학생들은 작년에 구성했던 기반 위에 새로운 이해를 구성할 수 있다.
	3. 유창성(Fluency)	학생들이 간단한 계산은 속도와 정확성 측면에서 잘 해내도록 기대되며, 교사들은 학생들이 핵심 기능을 반복을 통해 암기할 수 있도록 수업 시간을 마련한다거나 숙제를 내준다.
	4. 깊은 이해(Deep Understanding)	학생들은 다음 단계로 나아가기 전에 수학 개념에 대해 깊게 이해하고 어려움 없이 처리할 수 있다. 학생들은 정답만을 맞추려 하는 그 이상의 것을 학습한다. 학생들은 수학을 학습한다.
	5. 적용(Application)	학생들은 즉각 해결하지 못하는 상황에 처해 있을 때에도 수학을 사용하여 적용에 필요한 적절한 개념을 선택하도록 기대된다.
	6. 이중 강도(Dual Intensity)	학생들은 연습하면서 이해한다. 교실에서 연습과 이해는 균형의 문제가 아니다. 이 둘을 동시에 했을 때 강도가 강해진다.

미국 교육부에서는 이러한 CCSS를 반영한 학생들의 능력을 평가할 때 실시간으로 진단 가능한 테크놀로지 활용 표준화 평가를 적극 활용하는 방안을 추진하면서, 2014년 이래 미국 교육 분야의 '평가'와 관련된 중대한 변화 움직임을 낳게 된다. 미국의 초ㆍ중등학교를 보면 주에서 의무화한 표준화 평가에서 더 이상 종이에 답을 적는 방식이 아닌, 테크놀로지를 활용한 방식으로 표준화 평가를 실시하는 주들이 많아지고 있다.

이러한 움직임이 반영되어, 2014년을 기준으로 미국의 18개 주에서는 '더 스마트하고 균형 잡힌 평가(Smarter Balanced Assessment: SBA)'라는 이름으로 CCSS와 연계하여 디지털 도서관, 형성평가, 총괄평가 등을 활용하여 며칠에 걸쳐 학생의 수행을 온라인으로 평가하고 있다. SBA 온라인 평가는 두 부분으로 구성되는데, 첫 번째로 학생이 갖고 있는 지식과 기술을 평가하기 위한 '학업 성취도'를 평가하는 것으로, 온라인상에서 학생이 컴퓨터에 시험 문제의 답을 입력하면, 컴퓨터가 자동적으로 채점ㆍ판단하여 그 학생이 답에서 보여 준 수행능력에 따라 다음에 제시될 문제의 수준을 컴퓨터가 적절히 조정하여 다음 문제를 제시한다. 두 번째는 비판적 사고와 창의성을 활용하여 지식과 기술을 통합하는 능력을 평가하기 위한 '수행 과업'평가인데(예: 가족과 동물원 방문하기), 이 부분은 반 친구들과 함께 학급 활동에 참여한 것을 바탕으로 학생의 이해의 깊이를 평가하고, 연구 기술, 복합적인 분석, 실생활 문제를 반영하는 수행 과제 문제를 제시한다(예: 그날 예산 및 지출 계획, 가족별 나이를 고려한 입장료 계산, 간식비와 기프트샵 선물 값 한도 설정 및 계산 등).

5장 대화 기술

5장 대화 기술

- 대화를 위한 어조 정하기
- 언어적 기술
  - 라포 형성하기
  - 긍정적 추정을 활용하기
  - 생각을 촉발하고 유지시키기

    비(非)이분법적 질문

    복수 형태

    분석적 생각을 촉진하기

    메타인지를 격려하기

    가정 및 시사점을 검토하기
  - 탐색하기
  - 다른 말로 바꾸어 말하기

    인정하기 및 명료화하기

    요약하기 및 조직하기
- 요약

교사들이 전문성을 담은 학습(professional learning)을 하려면 수업 현장에 대한 대화가 중요한 도구 역할을 한다. 이러한 대화를 시도하는 것은 학교에서 리더십 지위를 가진 사람들(예: 학교 행정가, 교과부장, 부장, 수석교사)에게는 필요한 활동이다. 하지만 관찰했던 수업이 종료된 후, 그 교사의 교실로 찾아가서 그날 자신이 관찰했던 수업 관련 내용을 불쑥 질문하는 것이 비록 적절하다고 볼 수 있겠으나 그것만으로는 충분하지 않다. 전문성을 담은 대화가 되려면 기술이 필요하며, 학교 리더들은 그러한 기술을 배워야 하는 것이 그들의 중요한 책무이다.

대화를 위한 어조 정하기

당연히 학교 문화의 맥락 속에서 학습 현장과 관련한 대화가 일어난다. 따라서 건전하고 생산적인 전문성 문화를 형성하고 유지하는 것은 전문성을 담은 대화가 성공적이며 풍부하게 하는 데 아주 중요하다. 이러한 문화는 적절한 어조 선택의 중요성 같은 서로 얽혀 있는 여러 요인으로 구성되어 있다.

교사 간 그리고 교사와 행정가 간 신뢰 구축의 중요성은 이미 2장 '학교에서의 권력과 리더십'에서 다루었다. 그리고 학습 조직의 구성 및 유지의 중요성도 언급하였다. 학습 조직의 주요한 특성 중 하나는 모든 학교 교육자는 현재 진행되고 있는 전문적인 학습에 참여해야 할 의무가 있으며, 가르치는 일은 결코 완벽을 바랄 수 없는 도전적이며 복합적인 일이라는 점이다. 이는 수업이 아무리 성공적이었다 할지라도, 가르친다는 일은 언제나 개선이 필요하고, 전문성을 담은 대화는 그러한 전문적 학습에 중요한 도구 역할을 한다는 것을 말해 준다.

흥미롭게도 전문적 대화와 관련된 수많은 조언은 비즈니스 분야의 문헌을 통해 알려졌다. 이윤 추구 기업의 관리자(supervisors)가 사업 현장에서 깨닫는 것과 공유된 목표와 전문성을 존중하는 문화에 토대를 둔 비영리 단체(학교가 포함됨)에 소속된 행정가들이 느끼는 것이 상당히 일치하고 있다.

흔히 학교보다 훨씬 더 엄격하고 위계적인 조직으로 구성된 비즈니스 환경에서조차 생산적인 대화를 하기 위해서는 어조를 정하는 것이 중요하다는 점을 받아들이고 있다. 이러한 영리 조직의 관리자는 이렇게 하라고 결정 내릴 수 있는 권한을 갖고 있는 상사(boss)라는 점에서, 어떤 면에서는 학교 조직에 해당되지 않을 수도 있다. 그렇지만 상사가 부하 직원에게 겸손하게 다가가 그들이 근무하는 전문적인 상황에 대해 얘기할 수 있겠는지 허락을 구하는 경우라면, 상사는 아랫사람에게 자신의 존중을 전달하는 것이다. 비즈니스적 의사소통 분야의 리더로 일하고 있는 David Rock(2006, p. 115)은 적절한 어조를 정하는 것의 중요성을 다음과 같이 강조하고 있다. "직장에서 권력을 가진 위치에 있는 당신이 어쨌거나 아랫사람에게 허락을 구하게 되면, 직장인 관계에 있어 매우 긍정적인 영향을 가져다준다. 신뢰가 구축되고, 아랫사람들은 당신 앞에서 편안하다고 느끼기 때문에 자기 속마음을 훨씬 더 허심탄회하게 터놓을 가능성이 크다."

비즈니스 환경에서 그런 결과가 있다고 해서 학교 같은 전문 조직에서도 그럴 것이라는 점에는 의문이 들 수 있다. 확실한 것은 교장을 상사로 본다 해도 교사들이 교장과 현장에 대한 심도 깊은 대화에 참여할 거라고는 장담할 수 없다는 것이다. 교장은 그러한 대화를 하려고 교사에게 다가갈 수는 있겠지만, 그 학교의 문화가 기꺼이 위험을 감내하려는 곳이 아닌 경우, 교사는 편안한 방법을 택하고 가능한 한 복지부동하려는 경향을 보일 것이다. 따라서 교장이나 관리자는 교사에게 '대화에 참여하라.'고 말할 수 있는 공식적인 권위를 지녔음에도 불구하고 그 대화는 생산적일 수 없다. 교장이 조성한 편안한 환경과 기술만이 이를 가능하게 해 준다.

교장이나 관리자는 교사 관점을 존중해 주면서 동시에 3장에서 언급한 빅 아이디어에 초점을 맞추되, 권위적 접근을 취하지 않으면서 문제 해결을 논의할 수 있다. 생산적이며 전문성을 담은 대화라면 그 결과는 빅 아이디어에 토대를 두고 그 수업을 어떻게 증진시킬 수 있는지 탐구할 수 있어야 한다. 이는 가르치는 일에 대해서 교장이 특정 접근 방법을 주장하는 방식이라기보다는, 오히려 수업을 했더니 일어난 일이라든가 다음 차시에서 학생 참여와 학습을 개선시킬 수 있는 방법을 고려하면서 교장과 교사가 함께 고민하는 형태이다. 다른 말로 하면, 교장과 교사는 같은 위치에서 그 상황을 함께 분석하고, '수업에서 나타난 문제점'을 같이 고민한다. 이 두 사람은 서로의 적수와는 상당히 거리가 멀, 동료 교육자로의 관점을 공유하고 수업에서 드러나는 수많은 도전을 함께 파악하려고 한다.

언어적 기술

전문적 대화의 결과는 전적으로 그 대화를 이끌어 가는 개인의 기술에 달려 있다. 그 사람이 행정가, 관리자, 멘토, 코치든 뭐든, 대화 목표는 교사들로 하여금 주어진 논의거리를 개방적이며 전문성을 담은 방식으로 생각하도록 해주는 것이다. 교장의 지위에서 품어져 나오는 권력이 강력하게 드러나는 엄격하고 위계적인 방식으로 운영되는 학교라면, 그 목표 달성은 더욱 어려움에 직면하게 될 것이다. 신뢰와 상호 존중감을 드러낸 환경과 문화를 가진 학교에서 그러한 목표가 훨씬 잘 달성되는 경향이 있다. 행정가와 관리자가 갖추어야 할 가장 중요한 언어적 기술은 바로 적절한 질문을 적절한 방법으로 하는 것이다. 학교 문화에 따라 행정가가 제기하는 어떤 질문은 교사들에게는 명령처럼 들려서, 교사 입장에서는 반드시 따라야 하는 제안으로 받아들일 수 있다.

비즈니스 공동체에 관한 연구를 보면, 상사의 이러한 언어 기술의 비판적 속성에 대해 언급하고 있다. David Rock(2006)은 "이 책에서 가장 중심이 되는 기술은 바로 강력한 질문을 하는 방법을 배우는 것이다. 우리가 적절한 질문을 하면, 사람들은 그 질문을 곱씹어 보게 되고, 두뇌가 편안해지는 '알파 상태'에 도달하게 된다. 우리가 적절한 질문을 충분히 하게 되면, 사람들은 자신만의 자각을 통해 깨닫는 '아하!' 상태를 경험하게 된다."(p. 124)라고 기술하였다. 이러한 알파 상태는 자신을 돌아보는 반성과 관련이 있다. "우리 대부분은 어떤 사람이 어떤 주제에 대해 그러한 반성을 하고 있을 때 분명하게 알아차릴 수 있는데, 바로 그들의 얼굴 표정이 변하기 때문이다. 대부분은 위를 바라보거나 살짝 얼굴을 들어 밖을 바라보면서 멍한 표정을 짓곤 한다. 거의 모든 사람이 잠시 동안 말이 거의 없어진다."(p. 106) Tom Peters와 Nancy Austin(1985)은 아랫사람들에게 상사가 하는 질문이 명령처럼 받아들여지지 않도록 주의해야 한다고 지적하였는데, 그렇게 되려면 지시를 내리려는 것이 아닌 다른 방식으로 질문해야 하는 상당한 기술을 필요로 한다.

교사의 사고를 촉진하는 대화 그리고 기술을 요구하는 질문은 여러 부분에서 서로 연결되어 있다. 교육 현장에서는 이 둘이 대부분 서로 연관되어 있어도 이 둘을 어느 정도 분리하여 살펴보아야 할 필요가 있다. 도구의 혼합은 교사의 감정과 인지에 영향을 미친다(Lipton & Wellman, 2000). 이에 관하여 다음에서 살펴보도록 한다.

라포 형성하기

사람 사이의 신뢰와 라포(rapport)를 형성하려면, 단어로 표현되는 것만큼이나 보디 랭귀지와 목소리 어조(voice tone)가 중요하다. 학습 과정에서 보이는 자세는 상대방이 말하는 것에 대한 관심을 드러낸다. 교사들은 학생들에게 말할 때 교사의 목소리 어조가 주는 힘에 대해 잘 알고 있다.

"너는 그 시험에서 B를 받았니?"

"그 시험에서 B를 받은 사람이 너니?"

"그 시험에서 너가 B를 받았다고?"

이 문장에는 큰 차이가 있다. 첫 번째 질문("너는 그 시험에서 B를 받았니?")은 중립적 표현이지만, 두 번째 표현("그 시험에서 B를 받은 사람이 너니?")에서는 그 학생이 보인 성적에 대해 교사 기대보다 훨씬 잘해서(혹은 너무 못해서) 보이는 뜻밖의 놀라운 감정을 드러내며, 세 번째 표현("그 시험에서 너가 B를 받았다고?")에서는 학생 성적의 타당성에 의심을 보인다. 성인 간의 대화에도 이와 같은 원칙이 적용된다. 비난조로 "도대체 여기서 뭐하는 거예요?"라는 표현처럼 비꼬면서 의심하는 목소리 어조라면 라포나 전문성 측면의 존중을 쌓는 데 별 도움이 되지 못한다. 교사가 특정 단어를 사용하게 되면, 교사 입장에서 방어하려는 듯한 결과를 낳게 된다.

대부분의 경우, 교사와 행정가 사이의 라포는 이전에 언급했던 전문성과 자기주도적(self-directed) 탐구를 존중하는 일반적인 학교 문화 속에서 형성되곤 한다. 하지만 이러한 라포는 매번 나누는 대화를 통해 매일 강화되기도 하고 약화되기도 한다. 교사의 시각, 교사의 전문성, 교사의 좋은 의도에 관심을 드러낼 때 라포가 느껴진다. 교사가 교실에서 모든 학생은 중요하고 가치 있는 대상이라는 느낌을 학생들에게 전달했을 때 라포가 형성되는 것처럼, 행정가들은 자신이 근무하는 학교에서 교사들(다른 성인뿐 아니라 학생들)과 그러한 라포를 형성해 간다.

긍정적 추정을 활용하기

질문을 하는 방식에는 상당 부분 질문하는 사람이 마음속에 품고 있던 생각이 넌지시 드러난다. "당신은 부인을 향한 폭력을 언제 멈추게 되었습니까?"라는 질문은 부인과 싸움을 벌이는 사람에게 말하고 있음을 드러낸다. "학교 울타리를 벗어난 곳에서 학생들이 드러내는 관심사를 당신은 어떻게 알 수 있습니까?"라는 질문에는 교사가 그러한 정보를 얻고자 노력했음을 가정한다. 반대로, "학생 과제물에서 볼 수 있는 패턴은 무엇입니까?"라는 질문에는 실제로 관리자나 수석교사들에게 관찰되는 그러한 패턴을 교사로 하여금 방심하지 말라는 것을 읽을 수 있다. 탐구 질문이 개방적이라 할지라도, 관리자는 교사의 가능성에 대해 "그 주제를 바라보는 교사의 인식과 능력을 의심하는 표현을 통해" 질문하지 않도록 유의해야 한다(Lipton & Wellman, 2000).

교사들은 부정적인 추정을 쉽게 알아차린다. 예를 들면, "학생들이 항상 이렇게 제멋대로 행동합니까?"와 같은 질문은 학생들은 지금 제멋대로 행동하고 있으며, 관리자나 수석교사에게는 그 교사가 학생들에게 더 나은 행동 패턴을 가르칠 수 있는 적절한 단계를 취하지 않았음을 전달하는 것일 수 있다. 반어적으로, 그러한 질문은 실제로 의도를 매우 잘 드러낸 것일 수도 있는데, 관리자는 힘든 학급을 맡고 있는 교사의 어려움에 동조를 표하려고 의도한 것일 수도 있다. 하지만 단어의 선택은 중요하며, 관리자가 동조를 구체적으로 표현하지 않는 한(예: "세상에나, 이런 아이들을 가르치다니 선생님 고충이 너무 크겠어요!"처럼), 많은 교사는 무뚝뚝한 코멘트를 비판의 다른 표현으로 받아들인다.

생각을 촉발하고 유지시키기

전문성을 담은 대화가 이루어져야 하는 가장 중요한 목적은 바로 교사들이 자신의 교육 현장에 대한 생각을 확장시키기 위함이며, 이는 편안한 환경에서 대화가 일어날 때 비로소 가능하다. 동시에 관리자와 수석교사들은 교사들의 생각을 새로운 분야로 확장하도록 도움을 줄 수 있다. 이와 관련된 몇 가지 구체적인 기법을 소개하면 다음과 같다.

비(非)이분법적 질문

그저 단순한 예/아니요(예: 한 단어)로 답할 수 있는 질문을 피함으로써, 관리자와 수석교사들은 심도 있는 대화에 관심이 있다는 신호를 보내야 한다. 이분법적 질문은 사고를 멈추게 하는 경향이 있고, 한번 대답을 정하고 나면 그 사안에 대해 더 이상의 여지가 없다. 하지만 단순한 대답이라도 교사로부터 보다 고민을 담은 대답을 이끌어 낼 수도 있다. 예를 들면, 만약 교사가 단순하게 예/아니요 혹은 한 단어로 대답하는 경우, 관리자나 수석교사는 그 교사에게 조금 다른 시각에서 바라볼 수 있는지 혹은 "그 대답에 대해 좀 더 얘기해 보세요."라는 언급을 하면서 생각을 좀 더 이끌어 내도록 격려할 수 있다.

복수 형태

"그것에 대해서 다른 가능한 설명이 뭐가 있을까요?" 혹은 "수업 계획을 할 때 어떤 요소들을 고려하나요?"와 같은 질문을 함으로써 관리자나 수석교사는 그 질문에는 단 한 개의 정답만 있지 않으며, 교사는 그에 대해 좀 더 깊은 생각을 해 보라는 신호를 보내고 있는 것이다. 복수 형태를 사용하는 것은 여러 가능한 반응이 있으며, 그것 모두 고려해 볼 만하다는 점을 전달하는 것이다.

분석적 생각을 촉진하기

관리자와 수석교사들은 교사 자신의 관찰에 더 깊게 파고 들어가 그것으로부터 교사 스스로 더 많은 것을 배울 수 있도록 질문함으로써 교사의 생각을 확장시킬 수 있다. 예를 들어, "학생들이 숙제를 제때 제출하지 않아요."와 같은 교사의 언급에 대해 "어떤 유형을 관찰할 수 있나요?" "어떤 요일이 가장 힘든가요?" "어떤 다른 설명이 가능한가요?" 등의 후속 질문을 할 수 있다. 그러한 질문들은 교사가 하나의 상황과 다른 상황을 비교하고, 유형을 인식하거나, 사태를 해석하도록 한다. 이러한 연속되는 언어와 호의적 어조를 사용함으로써, 관리자나 수석교사는 그 질문에 대한 정답은 하나가 아니라는 점을 전달하는

것이다.

Arthur Costa와 Robert Garmston(2002, p. 111)은 관리자와 수석교사가 건네는 질문 형태가 어떠하냐에 따라 그로 인한 교사의 사고 유형이 달라질 수 있음을 지적한다. 또한 "질문을 '추측(would)/가정법(if)'의 단어를 사용하게 되면 생각하고, 상상하게 하고, 시각화하고, 평가하고, 추측하도록 해 준다. 그러한 단어를 사용하는 작은 차이가 대단한 힘을 만들어 내게 된다. 그러한 단어들은 머릿속에서 가설에 근거하여 생각해 보도록 하고, 상황을 변화시켜 보게 하고, 다른 결과를 예측하게 해 준다."

메타인지를 격려하기

메타인지란 사람의 생각에 대해 생각해 보는 것으로, 지금 고려하고 있는 사태 자체가 아닌 그 사태를 바라보는 교사 자신의 생각을 의미한다. 교사들이 그러한 메타 상태(go meta)를 경험할 수 있게 도와줌으로써, 관리자와 수석교사들은 교사들로 하여금 자신의 경험을 통해 일반적인 원칙을 이끌어 내고, 그것에 대한 교사 자신의 생각이 어떻게 진화해 가고 있는지 인식하게 해 준다. 따라서 "학생들의 자릿값(place value)에 대한 이해에 관해서 당신은 어느 정도로 언급할 수 있습니까?"와 같은 질문은 "지난해, 자릿값에 대한 학생들의 이해에 관한 당신의 평가가 어떻게 변화했습니까?"와 같은 메타인지적 질문으로 바꿔 볼 수 있다.

가정 및 시사점을 검토하기

교사가 내린 모든 결정은 학습과 교수와 관련된 어떤 가정에 토대를 두고 있다. 하지만 많은 교사는 그러한 가정을 살펴본다거나 이후의 교육 현장에 어떤 시사점을 제공할지 생각해 보지 않는다. '전문적 대화로 이끌어 주는 빅 아이디어'를 다룬 3장에서는 학습과 동기 유발에 관한 최신 연구 결과를 소개하였는데, 일련의 유용한 질문을 통해 이러한 연구 결과는 매일 경험하는 교실 현장에 어떤 시사점을 갖게 하는지 교사들로 하여금 살펴볼 수 있게 한다. 예를 들어, 관리자와 수석교사는 "학습 활동을 계획하면서 당신이 고려한 학생의 선택 사항을 돌아볼 때, 그것이 어떤 면에서 효과가 있다고 봅니까?" 혹은 "복잡한 내용을 다루는 상황에서 학생들이 만족스럽게 잘 따라왔던 장면을 떠올려 보면, 학생들의 자연스러운 의욕이 발휘될 수 있을 만한 활동에 대해 당신은 어떻게 다르게 시도해 볼 수 있습니까?" 등으로 질문할 수도 있다. 이러한 질문은 단 하나의 정답을 가정하지 않는다. 실제로 정답을 가정하는 것보다는 오히려 중요한 대화가 이어지도록 끈을 연결해 주는 역할을 한다.

탐색하기

관리자와 수석교사가 교사의 생각을 탐색할 때, 교사들에게 자신의 생각에 좀 더 깊게 파고 들어가서 그것에 대해 설명해 보도록 격려한다. '탐색하기'는 "그것에 대해 더 얘기해 줄 수 있나요?" "방금 말한 것의 예를 들어 줄 수 있나요?" 혹은 그저 "그것에 대해서 좀 더 얘기해 주세요."와 같은 표현이 해당된다.

탐색하기를 시도하는 강력한 방법은 바로 그저 아무 얘기도 하지 않는 것이다. 교실 상황에서 학생들이 좀 더 깊게 생각해 보도록 격려하는 효과적인 전략으로 기다려 주기(wait time) 방법을 활용하는 것처럼, 침묵은 교사들의 생각을 확장시키는 데 도움이 된다. 학생이 응답하도록 기다리는 것은 그것이 5초 정도라 해도 마치 오랜 시간처럼 느껴지듯이, 전문성을 담은 대화에서 침묵은 매우 길게 느껴질 수 있다. 그렇게 짧은 시간일지라도 이는 강력한 방법이며, 대화의 여러 단계에서 활용될 수 있다. 교사의 말을 기다려 줌으로써 관리자와 수석교사는 교사가 그 주제에 대해 할 말이 더 있다고 믿고 있음을 보여 주는 것이다. 실제로 이들은 자주 그렇게 한다. 교사의 말에 반응을 보이기 전에 잠시 말을 멈춤으로써 관리자와 수석교사들은 무언가를 말하기 전에 반드시 생각을 해야 한다는 것을 알려 주며, 그렇게 하는 것은 교사들에게 사려

깊음(thoughtfulness)과 반성(reflection)을 보여 주는 것이다.

다른 말로 바꾸어 말하기

관리자와 수석교사들에게 있어 가장 중요한 언어적 기술 중 하나는 바로 다른 말로 바꾸어 보는 것이다. 어떤 표현을 다른 말로 바꿔 보면, 약간 다른 방식에서 그 말을 되풀이해 보게 된다. 이를 통해 교사들로 하여금 방금 자신이 말했던 내용과 이해했던 내용 사이의 불일치를 인식하게 해 준다. 하지만 보다 중요하게, 다른 말로 바꾸어 보기는 교사에게 세 가지 중요한 메시지를 전달한다. 교사가 했던 말을 다른 말로 바꾸어 봄으로써 관리자와 수석교사는 첫째, 교사가 언급한 말을 들었으며, 둘째, 그것을 이해했으며, 셋째, 그것에 대해 관심을 보인다는 메시지를 전한다. 어떤 점에서 마지막 메시지인 '관심을 보인다(caring)'는 것이 교사와 관리자/수석교사 사이에 라포와 신뢰 감정을 구축하는 데 도움을 준다는 점에서 가장 중요하다.

코칭 분야의 어떤 전문가는 대화를 진행하기 전에 교사가 했던 모든 말을 다른 말로 바꿔 보아야 한다고 주장하기도 한다. 이러한 일시 멈춤(pauses) 방법을 활용함으로써 관리자와 수석교사들이 교사의 관점을 이해하려는 것이다. 여기서 중요한 점은 이 방법이야말로 교사와 관리자가 함께 이해하려고 하는 그 문제나 질문에 같은 편에 서 있음을 보여 주는 것이다. 다른 말로 바꾸어 보기를 활용하지 않게 되면, 일련의 질문은 당장 심문처럼 느껴지거나, 최소한 누구를 가르친다는 느낌이 들게 한다.

다른 말로 바꾸어 말하기는 다소 다른 목적으로 활용될 수 있으며(Lipton & Wellman, 2000, pp. 40-42) 다음과 같이 몇 가지 형태로 나타날 수 있다.

인정하기 및 명료화하기

관리자와 수석교사는 교사가 했던 말을 다른 말로 바꾸어 표현해 볼 수도 있는데, "다른 말로 해 보면……" "선생님이 했던 말을 제가 제대로 이해했는지 잘 모르겠어요. 선생님이 말하려고 했던 건……었나요?" 등의 표현을 사용한다. 이러한 다른 말로 바꾸어 말하기는 교사의 상황을 파악했으며, 교사의 시각을 존중하고 있음을 나타낸다. 또한 코치나 관리자의 시각을 강요하는 것이 아니라, 교사의 시각에서 사태를 바라보려는 의지를 보여 준다. 때때로 명료화하기 방법을 사용하여 "그것에 대해 조금 더 설명해 주시겠어요?" "방금 얘기한 내용의 예를 좀 더 들어 줄 수 있나요?"처럼 좀 더 정확하게 묘사해 보도록 교사에게 질문을 던지게 된다. 이러한 대화를 통해서 관리자나 코치가 "그러니까 선생님이 말하려는 것은……"과 같이 진전된 형태로 다른 말로 바꾸어 말하기가 가능해진다.

요약하기 및 조직하기

다른 말로 바꾸어 말하기는 "선생님은 학생들이 서로 배려하지 않는다는 걸 말하려는 것 같네요. 이게 선생님이 언급했던 얘기를 정확하게 요약했다고 볼 수 있을까요?" 등의 표현처럼, 여러 개의 작은 부분을 보다 일반적인 한 문장으로 요약해 주는 역할을 하기도 한다.

요약하기와 조직하기를 시도하기 위해서 '다른 말로 바꾸어 말하기' 기법에 담긴 매우 유용한 언어적 기법은 추상화 수준을 높이거나 낮추는 방법이다. 관리자와 수석교사가 그 수준을 높이면, "그런 상황이 얘기해 주는 것은 선생님이 학생들의 자연스러운 호기심을 많이 목격하고 있다는 것 같아요. 어떻게 생각하세요?"와 같이 교사의 일련의 구체적인 표현을 좀 더 일반적인 원칙으로 확대·해석해 준다. 이렇게 초점을 높여 주는 상향(upward) 이동은 구체적 수준에서만 생각하던 교사로 하여금 보다 큰 그림을 보게 하고, 자신들이 관찰한 내용의 진가를 알아보도록 순차적인 방식을 취하는 것이 보다 큰 원칙을 적용한 예가 될 수 있다.

초점을 낮추어 주는 하향(downward) 이동 역시 아주 유용할 수 있다. 초점의 하향 이동 전략을 사용하게 되면, 관리자와 수석교사가 (특히 너무 광범위한 용어로만 생각하는 경향이 있는) 교사들로 하여금 구체적인 예를 제시해 보도록 한다거나, 예를 들어 수학 수업에서 사용했던 접근 방법을 사회 수업에는 어떻게 적용할 수 있는지 생각해 보라고 할 수도 있다.

요약

이전 장에서도 언급하였듯이, 전문성을 담은 대화는 전문적인 학습을 촉진시키는 데 아주 중요한 도구가 된다. 하지만 교사와 행정가는 서로 공평하지 않은 권력관계를 가진 역학관계가 작동하고 있는 상황에 놓여 있다. 따라서 생산적인 대화를 이끌어 주는 이러한 기술을 처음부터 갖고 태어난 학교 교육자들은 아무도 없다.

생산적인 대화를 진행하려면 긍정적인 문화가 필요하다. 하지만 특히 리더의 입장에서 행정가인지, 수석교사인지, 동료 교사인지에 따라 기술이 필요하다. 이러한 기술에는 대화의 어조를 정하고, 생각해 보도록 하고, 교사가 자신의 교육 현장을 탐색해 볼 수 있게 하는 언어적 기술을 적용해 보도록 한다.

전문성을 띤 비공식적인 대화를 실행하는 데 있어 어떤 기술들이 활용되는지는 다음 장에서 다룰 것이다.

6장 전문성을 띤 비공식적인 대화

6장 전문성을 띤 비공식적인 대화

- 목적
- 전문적 대화를 위한 환경 마련하기
  - 비정규직 교사 - 비감독적 동료
  - 비정규직 교사 - 관리자
  - 정규직 교사 - 비감독적 동료
  - 정규직 교사 - 관리자
- 절차
  - 관찰
  - 대화
- 요약

전 문성을 띤 비공식적인 대화는 학교 교육자들(주로 관리자나 행정가들)이 비공식적으로 어느 교실에 들어와 수업을 관찰한 후 그 교사와 관찰자인 학교 교육자가 만나서 진행한다. 이때 수업 관찰은 보통 5분 내외로 짧게 하며, 관찰을 할 것이라고 항상 사전에 고지하지는 않는다. 관찰자는 주로 관리자나 행정가들(혹은 수업 시수 의무가 없거나 거의 없는 수석교사)이 담당하는데, 그 이유는 이들이 학교 일과에서 교실 방문을 하는 데 시간적 유연성을 갖고 있는 사람들이기 때문이다. 하지만 관찰자들은 동료 교사, 수석교사, 관리자, 행정가처럼 같은 학교에 소속된 여느 교육자일 수 있다.

학교에서 대부분의 관리자와 행정가는 교사들에게 안내와 지원을 해 주는 수업 리더의 책무를 성실히 이행하고 있다. 하지만 이들 중 많은 사람이 특히 비공식적인 관찰 상황에 처했을 때 어떻게 행동해야 하는지 당황하기도 한다. 이들은 교실에 자유롭게 출입할 수 있고 수업 관찰의 일환으로 그곳에 머물 수도 있지만 거기서 무엇을 해야 하는가? 자신들이 관찰한 것에 대해 교사와 전문성을 담은 대화를 언제, 어떻게 해야 하는가? 특히 교사들이 평가받는다는 느낌이 들지 않게 하면서 그러한 대화를 어떻게 진행할 수 있는가? 관리자나 행정가라면 반드시 피드백을 해 줘야 하는가? 만일 그렇다면 그 목적은 무엇인가? 이 장에서는 이러한 중요한 질문에 대한 안내를 제공하고자 한다.

학교 리더들이 비공식적으로 학급을 관찰하고 이어서 전문성을 띤 대화를 하는 것은 사실 Megan Tschannen-Moran(2004)이 다음에서 지적한 것처럼 대부분의 학교에서는 일반적인 문화로 여겨지고 있지 않다.

내가 교장으로 그 학교에 발령받은 첫날, 나는 모든 학급을 방문하였다. 발령 후 첫 주 내내 학교 건물에 대한 감각을 익히고 또 내가 누군지 보여 주고자 모든 학급을 매일 짧게 방문하였다. 그다음 주 초, 한 교사가 나를 찾아와 자기 사연과 함께 '다른 교사들'의 얘기를 전하면서, 교사들에게 미리 고지해 주지 않고 그렇게 학급을 방문하는 것은 학교를 책임져야 하는 교장이 해야 할 일이 아니라고 말했다. 나는 그 교사에게 학급을 방문하지 않고서는 학교 공동체를 위해 올바른 결정을 내릴 수 없다고 설명하였고, 이 얘기를 다른 교사들에게도 전해 달라고 부탁하였다. 나는 그 교사에게 교실을 방문하면서 벽시계 수리, 오래된 책 수거 등과 같은 학급환경을 바꿀 수 있는 사항을 적어 놓은 메모를 보여 주었다. 이러한 것이 그 교사의 태도를 바꾸게 하였다(p. 109).

관리자나 행정가들이 그 학교에서 눈에 띄는 존재이고, 진정한 전문성을 담은 대화에 참여하게 만드는 중요한 위치에 있는 사람이라는 점에서 그들의 존재와 역할은 전문적 탐구 문화의 핵심을 차지한다. 또한 좋은 수업에 대해 교직원들끼리 공통적인 이해를 하고 있다는 것은 그러한 대화의 토대를 마련해 주는 것이며, 3장에서 '빅 아이디어'에 대해 언급했던 것처럼 교직원 누구나 중요하다고 여기는 학생의 학습에 대해 공통된 시각을 공유하고 그것을 어떻게 촉진시킬지 교사와 행정가 모두에게 학교 현장에 대한 정신적인 방향을 제공해 준다. 이러한 전문성을 담은 대화를 통해서만이 그러한 생각이 현실에서 구현되도록 할 수 있다.

목적

교장이 전문성을 띤 비공식적인 대화를 실시하려는 목적은 그 학급을 방문하여 관찰했던 일련의 학습 경험과 연관 지어 교사들로 하여금 심도 깊은 생각(reflection)을 해 보게 하려는 것 때문이다. 용어에서 드러나듯, 관찰과 대화는 모두 비공식적(informal)이어서, 이미 학교에서 통용되고 있는 공식적인 절차를 따르지 않을뿐더러 학교나 교육청에서 제시한 교사 평가와 관련된 공식적인 평가 과정의 일부로 진행되지 않는다. 즉, 비공식적 관찰 그리고 그 이후에 연이어 진행하는 대화는 평가 목적이 아니다. 비공식적인 관찰을 진행하면서 관리자와 행정가들은 교사들의 학급에서 관찰했던 수업에 대해서 속속들이 알고 있어, 자신들이 관찰했던 내용을 풍부하면서도 생생한 전문성을 담은 대화의 소재로 삼으려는 것이다. 일반적으로, 관리자와 행정가들은 특히 정년을 보장받은 교사들(tenured teachers)*과 비공식적 관찰을 실시할 경우에는 평가 목적을 배제하곤 한다.

어쩌면 비공식적 관찰을 통해 보았던 어느 교사의 수업은 행정가 입장에서 볼 때 수정해 주어야 할 심각한 결함을 보일 수도 있다. 그러한 경우, 행정가는 다시 평가자 역할을 수행하며 교육청에서 제시한 교원능력 평가의 틀에서 제시한 대로 적용해야 한다. 그러한 일이 현실에서 거의 일어나지 않는다 해도 그 역시 가능한 시나리오이다. 따라서 관리자나 행정가가 내 교실에 발을 들여놓을 때마다 많은 교사는 위 근육이 경직됨을 느끼면서 이 방문자에게 내 교실이 어떻게 보일지 학급을 재빨리 둘러볼 것이다. 이것이야말로 바로 권력과 리더십 사이에 숨어 있는 긴장을 반영하는 현장이며, 그 교사에게 전문적 리더십을 발휘하려는 교장의 존재는 권력을 무책임하게 사용할지도 모른다는 두려움에 사로잡히게 한다.

이러한 전문성을 띤 비공식적인 대화 내용이 풍부해지려면, 전문 조직 내에서 권력의 본질에 대해 모든 구성원이 인식하고 있고, 그러한 지위를 가진 사람들의 책무는 학생들이 높은 수준에서 참여하고 학습하도록 촉진시키는 데 그러한 권위가 사용되어야 한다는 것을 학교 교직원들 사이에서 서로 공유하는 문화 속에서 진행된다면 가능하다. 신뢰와 존중을 전제로 한 환경에서 진행될 때만이 그러한 대화가 가능하며, 그러한 대화는 대화에 참여하는 양측 모두의 생각에 도전이 되도록 한다. 빅 아이디어에 대해 서로 공유하고 있는 이

---

*역자 주: 2장의 '미국의 교사 자격증 갱신'과 관련된 역자 주를 참조하길 바란다.

해의 틀 내에서 진행되는 전문성을 띤 대화에서는 각 개인이 갖고 있는 중요한 관점을 다룰 수 있다.

전문적 대화를 위한 환경 마련하기

　교사들과 함께 비공식적이나 전문성을 담은 대화에 참여할 수 있는 사람들은 주로 학교 일정상 학급을 방문하는 데 충분한 시간적 유연성이 있는 행정가, 관리자, 수석교사들이다. 다음 부분에서 명백하게 제시하겠지만, 대화의 본질은 교사가 정규직인지 아닌지, 관찰자가 감독 역량을 가진 사람인지 아닌지의 여부에 따라 상당히 좌우된다. 비공식적이며 전문성을 담은 대화의 본질에 상당히 영향을 미치는 것은 교사의 고용 상태이며, 정년이 보장된 교사들은 그러한 상황에서 보다 자유로우며, 정년을 못 받은 비정규직 교사들에 비해 자기 학급에 관찰자가 방문을 해도 상대적으로 위협을 덜 느낀다.

　전문성을 띤 비공식적인 대화가 나타나는 네 가지의 뚜렷한 환경이 있는데, 첫째, 정규직과 비정규직(기간제) 동료 교사 사이, 둘째, 비정규직 교사와 관리자 사이, 셋째, 정규직 교사와 비(非)감독적 동료(예: 수석교사) 사이, 넷째, 정규직 교사와 관리자 사이가 그것이다. 다음 부분에서 각각에 대해 간략하게 다루고자 한다.

비정규직(기간제/수습) 교사 – 비감독적 동료(예: 수석교사)

　이전에도 언급하였듯이, 비정규직 교사들은 상황에 따라 취약한 위치에 놓여 있으며, 그 점 때문에 교장이나 관리자와 같이 권위를 가진 누군가가 자신을 관찰하는 것에 대해 상당히 민감하게 받아들인다. 반면, 수석교사와 같은 비감독적 위치의 동료들과는 자연스럽게 대할 수 있고, 자신의 취약점을 거리낌 없이 드러내거나, 아직 확신이 서지 않은 자기 수업에 대해 다른 교사의 생각을 들어 보려고 할 수 있다.

비감독적 동료가 비공식적으로 비정규직(기간제/수습) 교사의 학급을 방문한다면, 그러한 관찰은 3장에서 언급했던 빅 아이디어에 따라 진행한다. 하지만 그 교사는 현재 고용 계약이 유예된 상태이기 때문에 관찰자는 일반적인 교수 기술에 대하여 지지, 안심 혹은 어떤 유용한 코칭을 받고자 하는 이들의 요구에 주목해야 한다. 이들은 경력교사들의 조언을 얻고 싶어 하고 자기 관심사에 대해 탐색할 수 있는 기회를 갖고 싶어 하지만, 그것은 언제나 빅 아이디어 맥락 내에서 시도되어야 한다. 즉, 학습 경험을 제공해 주기 위해 학생의 학습, 동기 유발, 학급 문화, 학생 참여의 본질 등에 대한 연구들이 시사하는 점은 무엇인가? 그러한 환경에서 대화란 함께 문제를 해결해 가는 방법 중 하나이다. 학생과 교사가 하는 것에 담겨진 빅 아이디어에 대해 우리가 알고 있는 것을 어떻게 반영시킬 수 있을까?

비정규직(기간제/수습) 교사 – 관리자

비정규직 교사와 관리자 간의 비공식적인 대화는 비감독적 목적으로 동료와 대화할 때와는 근본적으로 다르다. 비정규직(기간제/수습) 교사들은 아직 고용이 안정된 상태가 아니고 고용이 유예된 상태이기 때문에 행정가가 비공식적으로 고용을 보장해 준다 할지라도 그들은 불안한 상태에 있다. 비정규직 교사들에게 고용 계약은 대부분의 다른 고용 협상에서와 같이, 어떤 이유에서건 혹은 이유 없이도 재계약이 안 될 수 있다. 따라서 비정규직 교사와 관리자 간의 상호작용은 교사들 입장에서는 위험하다고 여길 수 있으며, 신뢰가 구축될 때까지 교사는 불안한 상태에 놓여 있게 된다.

따라서 관리자와 비정규직 교사 간 대화의 본질은 Megan Tschannen-Moran(2004, p. 109)이 "지지와 도전을 멋지게 합쳐 놓은 것"으로 묘사한 것과 같다. 즉, 관리자의 역할은 먼저 신규교사에게 안심시켜 주도록 하고, 가르치는 행위가 너무나 복합적이어서 신규교사들은 자신들의 기술에 대해 대부분 불안감을 갖고 있다. 반면에 대화는 교사의 생각을 탐색하게 하고 구조화된 반성을 촉진시킨다는 두 가지 점에서 중요하다.

비정규직 교사들에게는 일반 정규직 교사들에게 하는 것처럼 엄격하게 밀어붙여서는 안 된다고 생각하는 관리자들도 있어서, 어떤 면에서 이러한 고용 유예 상태의 교사들에게는 해당 방식이 수용되기 힘들다고 여기기도 한다. 하지만 비공식적인 대화를 통해 얻을 수 있는 전문적 학습 기회를 놓치게 된다면 안타까운 일이다. 진정으로 지지와 도전을 적합하게 혼합하여 제공하는 것은 쉽지 않은 일이다. 다른 영역에서도 대부분 그러하듯이, 이것은 학교에서 형성된 전문성 문화에 달려 있다. 이 점은 마지막 장에서 언급할 예정인데, 수업에 대해 어떻게 토의하는지 그 방식에 달려 있다. 이는 관찰 내용에 대해 비판이나 아주 부드러운 피드백을 제공해 주는 관리자의 문제가 아니라, 오히려 3장에서 언급한 빅 아이디어의 견지에서 관찰한 내용을 둘이서 함께 대화해야 하는 문제이다.

비정규직 교사와 비감독적 목적의 동료 교사 사이보다는 어쩌면 더 성취하기 어려울 수 있겠으나, 어쨌든 비정규직 교사와 행정가 사이의 대화 목표는 같을 수밖에 없다. 관리자와 교사는 모두 학생에게 학습에 배움이 일어나도록 기회를 제공하려고 노력하는 학교 교육자들이다. 따라서 수업의 목적이 무엇인가? 교사의 수업 목적을 감안할 때 실제 학생들이 하고 있던 일의 본질은 무엇이었나? 지적 엄격성의 수준은 어떠하였나? 학생들은 어느 정도로 의미 있는 학습에 참여하였는가? 수업의 일부 중 어떤 부분에서 개선될 여지가 있다면, 그것을 강화시킬 수 있는 가능한 방법은 무엇일까? 관리자란 교사를 판단하는 사람이 아니라, 교사가 제기하는 여러 고민을 해결하고자 함께 애쓰는 사람이다.

정규직 교사 - 비감독적 동료(예: 수석교사)

정규직 교사와 비감독적 동료 교사(수석교사)와의 환경이 전문성을 띤 비공식적인 대화를 시도하기에 가장 적합한데, 그 이유는 교사의 고용 상황이 안정되고 있고, 어떤 상황에서도 동료 교사가 그 교사에게 감독적 목적으로 보이지 않기 때문이다. 상황에서 가장 큰 도전은 교사들에게 충분히 의미를 가질 수 있도록 심도 있게 대화를 할 수 있느냐이다. 이 상황에서 비공식적인 대화를 진행하게 되면 흔히 대화의 초점이 빗나가고 흐려지기 쉽다. 교사들이 이미 긴밀히 협력하는 사이이거나 학교 밖에서도 만나는 친한 사이인 경우에 더욱 그렇게 되기 쉽다. 이들의 대화 초점이 중요한(가끔은 도전적인) 전문성 사안에 집중되도록 하는 어떤 규칙이 필요하다. 반면, 이러한 문제가 발생하지 않는다면, 대화는 두 사람에게 매우 만족스러운 결과를 선사한다.

생산적 대화를 보장하는 열쇠는 교실에서 벌어지는 일을 바라보는 관점을 제공해 주는지, 학교 문화에 빅 아이디어가 얼마나 반영되고 있는지의 정도에 달려 있다. 만약 학교에서 빅 아이디어가 잘 반영되고 있다면, 어느 누구도 지위에서 오는 권위를 상대에게 드러내지 않는 상황에서도 교사들 간의 대화는 이러한 개념들을 잘 활용할 수 있다. 빅 아이디어 그 자체뿐 아니라 빅 아이디어가 학급 현장에 주는 시사점은 전문적 대화에 뼈대를 제공해 준다.

정규직 교사 - 관리자

정규직 교사와 관리자 간의 전문적 대화 내용은 아주 풍부하고 생생할 가능성이 높다. 관리자가 교사에게 교육청이 부여한 권위를 행사할 수 있지만, 교사가 정규직이라면 그 교사는 높은 수준의 안정감과 편안함을 갖고 있다. 즉, 교사로서는 상대적으로 고용 상태에 영향을 거의 미치지 않기 때문에 대화는 그들이 시도하고자 하는 유용한 전문성의 길로 이끌게 된다. 하지만 관리자가 교장이나 장학사라는 직책을 맡고 있어서 교사의 수업을 평가해야 하는 책임이 있는 위치에 있다는 점 때문에 이러한 상호작용은 동료 교사 간의 상호작용보다 더 많은 에너지가 소모되기도 한다.

학교 문화 속에 빅 아이디어가 잘 뿌리내려 있거나 잘 스며져 있는 상황이라면, 그로부터 흘러나온 아이디어와 대화 주제는 비공식적인 대화의 본질적 내용이 된다. 이러한 모든 생각은 대화의 주제가 되고, 감독 권한을 가진 사람들이 시작한 대화에서도 언제든지 제기될 수 있다. 하지만 감독 권한을 가진 사람들이 이 주제를 언제든지 제기할 수 있다고 해서 이것을 상대해야 하는 교사가 반드시 방어적 입장을 취할 필요는 없다. 오히려 대화는 탐구 환경에서 나타난다. "이 중요한 빅 아이디어는 우리 학급에서 어떻게 활용될 수 있을까?" "학생들을 의미 있는 일에 참여시키는 것이 중요하다면, 학생들을 그쪽으로 이끄는 활동을 소개하면서 교사인 내가 할 수 있는 질문은 무엇일까?" 이러한 질문들은 그 자체로 문제 해결 양상을 띤다. 교사는 관리자에게 무언가를 보여 주어야 하는 것이 아니라, 오히려 두 학교 교육자가 더 나은 수업을 향해 상호적인 탐구에 참여하게 해 준다.

절차

전문성을 띤 비공식적인 대화는 행정가나 관리자가 사전에 미리 고지하지 않고 수업을 관찰한 후 실시하곤 한다. 미리 관찰할 것임을 고지하지 않으며, 주기적으로 교장이 예고 없이 교실을 방문하게 된다. 그렇지 않으면 매일 15분씩 5개 교실을 방문하는 일정처럼, 교장이 언제 방문할 것이라고 예고하게 되면 본질적으로 다소 체계적 형식으로 변모하게 된다.

하지만 교실 방문의 본질이 무엇이든 간에, 관찰 후에 관리자와 행정가들은 다음과 같은 도전에 직면한다. 교사에게 최대한 도움을 주려면 관찰한 내용을 가지고 어떻게 대화해야 하는가? 다른 말로 하면, 비판이나 평가의 방향으로 흐르지 않으면서 교사의 생각을 확장시키는 데 도움이 되려면 어떻게 해야 하는가?

전문성을 띤 비공식적인 대화는 식당이나 교직원 라운지와 같은 곳에서 벌어지는 비공식적인 방식일 때 가장 효과가 있다. 대화란 그 필요성 때문에 하는 것이므로 공식적인 형식을 취해야 한다고 생각하는 사람이라면 이에 동의하지 않을 수도 있다. 하지만 학교라는 공적인 공간에서 대화를 한다는 것은 교사들로 하여금 수업과 의미 있는 수업 계획을 고안하고 실시할 때 경험하게 되는 도전은 개인의 사적 영역이 아닌, 학교가 담당해야 하는 공적 영역의 일부라는 생각을 강화시킨다. 특히 빅 아이디어와 관련하여 교사 개개인이 직면하는 도전은 모든 교사가 시도하는 방식과 비슷하다. 교사들이 참여할 의향이 있다면, 식당 테이블 주위에 모두 모여 앉아 비슷한 주제를 가지고 대화할 수 있으며, 동료 교사들은 비공식적 자원의 역할을 담당하면서 도움을 줄 수 있다.

관찰

행정가와 관리자들은 짧지만, 비공식적인 수업 관찰을 할 때 가능한 한 수업에 방해가 되지 않으려고 노력한다. 즉, 교실에 들어갈 때 학생의 관심을 유발하지 않도록 하고, 엄한 표정을 짓지 않는 것이 중요하다. 관찰자는 학급의 관심을 받지 않은 상태에서 그 교사가 학생의 학습을 위해 학급을 어떻게 조직하는지, 학생들이 지금 하고 있는 활동이 무엇이며, 학생들이 학업 내용에 어떻게 참여하고 있는지 파악해야 한다. 혹시 교사가 긴장감에서 벗어나고자 교실에 지금 누가 방문했는지 소개하려 한다면, "그냥 하던 일을 계속 하세요. 그저 몇 분만 있다가 갈 거예요."와 같이 대답하면 좋다.

빅 아이디어는 여러 측면에서 뚜렷한 방식으로 학급에 반영되며, 어느 것이라도 분석과 토의를 위한 흥미롭고 생생한 대화 주제로 선택될 수 있다. 사실 학급에서 벌어지는 내용들을 분석하는 데 특히 유용한 점은 4장 '대화를 위한 주제'에서 다음과 같이 자세하게 소개하였다.

- 교수 목적의 명료성, 내용의 정확성
- 편안하고, 존중받으며, 지지해 주고, 도전하게 하는 학습환경
- 학급 경영
- 학생의 지적 참여
- 모든 학생의 성공적 학습
- 전문성

3장에서 언급했던 빅 아이디어들은 학급에서 벌어지는 모든 영역에 상당한 영향력을 미친다. 특히 수업에서 교사는 초점을 어디에 두겠다고 결정하는지, 학생들은 고차원적 학습에 어떻게 참여하는지, 동기 유발 원칙을 어떻게 적용할 수 있는지 등에 영향을 미친다. 교육자들이 빅 아이디어를 이해함으로써 알게 된 것은 학생들은 중요한 내용에 지적으로 역동적으로 참여할 때 학습이 일어난다는 점이다. 즉, 학생들은 교사가 가르치는 것으로부터 학습하는 것이 아니라, 흥미로운 질문과 문제에 어떻게 참여하는지 그리고 구조화된 반성과 확장을 통해 자신들의 학습을 어떻게 통합시키는지와 같이 지금 학생 본인들이 하고 있는 것에서 학습하게 된다. 그리고 동기 유발에 가장 영향력 있는 원천은 바로 내적에서 나오며, 학생들은 천성적으로 매우 호기심이 많으며, 학교가 직면하고 있는 도전은 그들에게 세상을 향해 나아갈 때도 그러한 태도를 유지하도록, 그래서 중요한 지식과 기술을 습득하도록 도와주는 것이다. 마지막으로, 지능은 고정적이지 않고 유연하다고 믿는 학생들이 과업에 도전할 때 더욱 꾸준히 임하고 그 일에 더 성공적이었다.

따라서 관리자나 행정가가 비공식적 관찰을 하고자 어느 학급에 들어갈 때, 마음속으로 그 교사가 하고 있는 것이 (수업 관련 틀과 같은) 전문적 교수 기준을

따르고 있는지 확인하려 해서는 안 된다. 교사를 지켜보기보다는 오히려 학생에 집중적으로 주목함으로써 그러한 기준이 언급되는 것보다 더 큰 항목에 주목하도록 해야 한다. 관리자는 스스로에게 다음과 같은 질문을 해 보면 도움이 된다.

- 학생들이 지금 하고 있는 것은 무엇인가? 인지적 도전 수준은 어떠한가?
- 학생들이 본질적으로 흥미를 나타내는 것은 무엇인가?
- 지금 교실에서 하고 있는 것을 통해 학생들이 학습하는 것은 무엇인가? 지금 학습하는 것은 교사가 의도한 것인가?
- 복잡한 내용을 배울 때 학생들이 꾸준히 임할 수 있도록 어떻게 격려하는가?
- 학생들은 어느 정도로 자신의 학습과 행동에 책임을 지는가?
- 환경은 학생들이 위험 부담을 기꺼이 시도해 보려 할 정도로 편안한가? 학생들은 어느 정도까지 서로를 지지해 주는가? 교사는 각 학생들의 지적 상태에 대한 존중을 어떻게 드러내는가?
- 학급은 어느 정도로 매끄럽게 잘 조직되어 있는가?
- 학교와 교육청에서 추진하는 것을 관찰하고자 할 때, 이것이 분명하게 드러나고 있는가?

대화

짧은 수업 관찰 후 교사와 그 학급에서 일어났던 일에 대해 대화할 때, 관리자나 행정가는 5장에서 언급했던 모든 언어적 기술을 이때 활용할 수 있다. 그것에는 라포 형성하기, 긍정적인 예상을 활용하기, (비이분법적 질문과 복수 형태를 활용하기, 분석적 사고를 촉진하기, 메타인지를 격려하기, 가정과 시사점을 검토하기 등과 같은 기법을 통해) 생각을 촉발하고 유지시키기, 탐색하기 그리고 다른 말로 바꿔 보기가 여기에 해당된다. 이러한 기술들은 대화가 위협적이지 않도록 이끄는 데 아주 유용하다.

하지만 그것만큼 중요한 것이 바로 학교에 형성된 탐구 문화이다. 전문성을 담은 대화가 위협적이지 않으려면, 모든 학교 교육자들이 학교에서 학습의 본질에 관하여 공통적인 기대를 함께 형성할 수 있는 기회를 갖는 것이 매우 중요하다. 대화를 위한 빅 아이디어와 주제뿐 아니라 학교의 전문성 교수 기준에서 나타난 개념에 대해 교직원들이 함께 공부하도록 하고, 학습과 교수에 대해서 학교에서 공통적 접근 방식을 형성해 가는 것이야말로 리더십의 중요한 책무이다.

일단 대화를 시작하게 되면 둘이 테이블에 앉아 대화를 할 때 두 사람 모두에게 공정한 게임이 되어야 한다. 예를 들어, 관리자가 교사에게 '당신은 초점의 명료성을 어떤 방식으로 드러냅니까?'와 같은 질문은 관리자 입장에서 그 교사가 그 점이 부족했다고 보아서가 아니다. 오히려 어떤 경우라도 모든 교사는 수업에서 그러한 명료성을 보여야 하기 때문이며, 교사들은 수업을 통해 성취하고자 하는 것이 무엇이며(예: 교사가 촉진하고자 한 학생들의 학습은 무엇인지) 그리고 그것을 어떻게 시도하였는지 설명할 수 있어야 한다. 모든 교수에서 중요한 사항은 그것이 유목적적이어야 하며, 만약 수업 목적이 무엇인지 관찰자가 알아채지 못하였다면 이에 대해 토의할 수 있어야 한다. 지적 엄격성, 편안하고 도전적인 환경 등과 같은 다른 주제들 역시 같은 방식에서 다루어져야 한다.

이러한 점을 마음에 새기면, 전문성을 띤 비공식적인 대화는 관리자가 학급에서 관찰했던 것의 결과가 되며, 대화는 가능한 다양한 주제를 통해 빅 아이디어를 끌어내는 방식으로 구조화된다. 빅 아이디어가 복잡하고 여러 다른 방식으로 표현될 수 있다는 점 때문에 대화는 매우 풍부해질 수 있다. 이때 대화는 정확한 해답을 갖고 있지 않은 여정과 같다. 비정규직 교사와 대화하는 상황일지라도, 그 목표는 복잡한 교육 주제들을 함께 탐색하고, 매일 교사가 경험하는 무수한 도전 과제에 대한 해결책도 함께 모색해 보려는 데 있다. 복합적인 문제를 논의하는 그런 대화는 관리자뿐 아니라 그 대화가 들리는 거리에 있는 다른 교사들도 그 과정에서 도움을 주는 자원이 되어 주기도 한다.

주로 관리자는 질문을 던지면서 수업 관찰에 대한 전문성을 띤 비공식적인 대화를 시작한다. 특히 관리자가 아주 짧은 시간(15분보다 짧게) 학급을 방문했다면, 그들이 던지는 질문이야말로 진짜 몰라서 하는 질문인 셈이다. 관리자는 어떤 정답을 찾으려는 게 아니다. 따라서 관리자는 다음과 같은 질문을 던질 수 있다.

① "(2학년) 학생들이 빨대와 실린더를 가지고 했던 활동에 아주 몰입해서 참여하고 있는 것 같았어요. 학생들이 탐구하던 개념이 무엇이었나요? 실제로 학생들의 과업은 무엇이었나요? 몇 분 동안만 학급에 있었던지라 저한테는 분명하게 와 닿지 않아서요."

② "(5학년) 학생들이 민주주의, 자유, 법에 대한 미국 혁명을 다루기 전에 다양한 집단의 의견을 적게 한 활동지에 관심이 갔어요. 학생들이 매우 다른 의견들을 기록한 것을 보았거든요. 학생들이 그걸 스스로 완성했나요? 일반 학급 토론을 계획하나요? 다음에 하려고 계획한 것은 무엇인가요?"

③ "(중1) 수업 중에 선생님이 한 소집단에게 토론을 시키고 있을 때 다른 집단들은(최소한 내 귀에 들렸던 두 집단은) 다른 내용을 토론하고 있는 것처럼 보였어요. 수업에서 이런 상황이 종종 벌어지나요?"

전문성 문화가 제대로 형성되지 않은 학교에서는 이와 같은 질문들이 위협적으로 다가올 수 있다. 실제로 이와 같은 중요한 문제들이 항상 점검되어야 한다는 점에 합의가 구축되지 못한 학교라면 관리자가 이런 질문을 꺼릴 수도 있다. 하지만 이런 질문들은 중요한 문제를 드러내고 있다. 관리자로서는 이를 무시하는 것이 관리자가 보여야 하는 리더십의 책무성의 중요한 부분을 회피하는 셈이 된다.

각 질문의 이면에 무엇을 담고 있는지 탐색해 보는 것이 중요하다.

첫 번째 시나리오에서는 관리자가 2학년 교실을 방문해서 수업을 관찰했을 때 학생 몇몇이 책 위로 튀어나온 빨대 아래로 작은 실린더를 밀고 있었다. 학생들은 그 과제를 즐거워하는 것 같았고, '지금 너희가 하고 있는 게 뭐야?'라고 물었을 때 학생들은 확실히 모르는 것 같았다. 교사에게는 수업에 대한 매우 분명한 목적이 있었고, 그것을 학생에게 탐색시키려 했다는 것을 관리자는 알 수 있었다. 학생들이 그것에 대해 설명하지 못했다고 해서 교사의 수업이 불분명했다는 뜻이 아니다. 그 수업의 목표는 학생에게 마찰, 가속 혹은 운동량에 대해 이해시키려는 것일 수 있다. 그것이 무엇이든 간에, 교사는 그 목적을 분명히 해야 하며 그것에 대해 설명할 수 있어야 한다. 그래서 관리자는 교사에게 수업 목표를 설명해 보도록 요청하였고, 학생들이 하고 있었던 실제 과업은 무엇인지 질문하였다. 그리고 그 개념에 대해 교사가 어떻게 학생들의 이해를 높일 수 있었는지, 어떤 활동과 반성이 그다음에 나와야 하는지 등으로 대화가 진행될 수 있다.

두 번째 시나리오에서는 관찰자가 그 교실에 들어갔을 때 학생들이 활동지에 적은 내용들을 서로 비교하고 있었다. 그 활동지에는 혁명전쟁 기간에 서로 다른 집단들이 보였던 견해와 이와 관련된 흥미로운 질문들을 담고 있었다. 하지만 관리자는 학생 질문이 서로 달라서 학생 반응도 제각각이었고, 게다가 그 중 몇 가지는 분명 틀린 답이었다는 점을 목격하였다. 따라서 그 과제에 대해 질문하는 것, 그 과제의 지적 엄격성과 학생들의 오개념들이 어떻게 발생하였는지 질문하는 것은 타당하다. 다른 것처럼 이러한 질문은 대화를 위한 주제가 될 수 있고, 빅 아이디어의 중요한 탐구 내용으로 이어질 수 있다.

세 번째 시나리오는 고차원적 학습에 학생들이 참여하도록 하는 개념과 학생들이 완성하려는 과제의 본질이 무엇인지 보여 주는 것이다. 이 상황에서 관리자는 최소한 몇 명의 학생이 주어진 주제를 토의하고 있지 않음을 관찰하였다. 물론 이에 대한 여러 다양한 이유가 있을 수 있다. 학생들에게 그 주제가 분명하지 않아서일 수 있고, (이유가 무엇이든 간에) 학생의 흥미를 끌지 못했을 가능성도 있다. 따라서 행동 유형에 대해 관리자가 제기하는 질문은 동기 유발, 교수 계획 혹은 특정 학생들로 인한 도전에 대해서 중요한 대화를 시작할 수 있다.

　관리자가 이러한 질문들을 제기한다고 해서 그 교사가 그 점에 결함이 있다고 말하려는 것이 아니라는 점이 중요하다. 추후에 대화를 해야 하는 이유가 목적의 명료성 부족(시나리오 1), 학생들의 혼란(시나리오 2), 학생 참여의 부족(시나리오 3)을 보여 주었기 때문이라는 해석도 물론 가능하다. 하지만 교사의 입장에서 보면, 교사의 매우 복잡한 사고를 드러내려는 것처럼 보인다. 게다가 이러한 대화의 결과로 인해 교사와 관리자 모두 수업에 대한 이해가 깊어질 수 있다.

요약

　전문성을 띤 비공식적인 대화를 실시하는 데 필요한 기술은 교육 리더십의 중요한 부분이다. 이 장에서 설명하였듯이, 이러한 대화는 빅 아이디어에 대한 시사점(3장)을 살펴보고, 대화를 위한 주제(4장)를 보여 주었다. 전문적 탐구가 가능한 학교 문화 속에서 이러한 개념들이 교직원들 사이에서 형성되었을 때 대화를 통해 교수와 학습에 대한 중요한 내용을 탐색해 볼 수 있게 한다. 현장에 대한 그러한 탐색과 교사들의 반성은 지속적으로 이루어져야 하는 교사의 학습에 중요한 기여를 하게 된다.

　전문성을 띤 비공식적인 대화는 학교의 복잡한 관계망 그리고 이해 속에서 진행된다. 이것은 위로부터나 이해 없이는 강요될 수 없으며, 반드시 학교 자체 내에서 길러져야 한다. 그리고 행정가는 학교에서 가장 큰 지위적 권위를 가진 사람이기 때문에, 행정가는 전문성을 띤 생산적인 대화가 이루어질 수 있는 조건을 조성하는 데 자발적인 역할을 담당할 책무가 있다. 이러한 조건을 형성하는 주제와 절차는 다음 장에서 다룰 것이다.

7장 실행상의 문제

7장 실행상의 문제

- 대화를 위한 시간 마련하기
- 목적에 대해 의사소통하기
- 신뢰 구축하기
  - 편안한 환경 조성하기
  - 일관성을 갖고 행동하기
  - 비밀을 유지하기
  - 전문적인 학습에 헌신을 보여 주기
  - 취약점을 드러내기
- 빅 아이디어에 대한 이해와 합의를 구축하기
  - 중요한 학습을 구성하는 것은 무엇인가
  - 학습을 촉진하는 것은 무엇인가
  - 학생들은 어떻게 동기 유발되는가
  - 지능은 무엇이며, 학생들의 견해는 자신들의 행동에 어떻게 영향을 미치는가
- 대화를 위한 주제를 정교화시키기
- 요약

전문성을 띤 대화는 학교 문화 속에서 일어날 수밖에 없어서 구성원들로 하여금 솔직하고, 본질적이며, 득이 될 수 있는 대화가 되도록 지원해 줄 수 있는 학교 문화가 구축되어야 한다. 특히 그러한 대화의 토대를 이루어야 하는 것은 학생들의 고차원적 학습을 지원할 수 있는 아주 괜찮은 아이디어에 대한 이해를 교직원끼리 서로 공유하고 있어야 한다는 점이다. 따라서 학교 교육자들이 영향력 있는 전문성을 띤 대화를 시도하고 그것에서 최선의 가치가 발휘될 수 있으려면, 그런 일들이 벌어질 수 있는 조건을 조성해야 한다. 전문성을 띤 대화를 가능하게 하는 선행 조건은 무엇이며, 학교의 리더들은 그러한 조건을 어떻게 만드는가? 이 장에서는 이 책에서 제시한 아이디어가 현장에서 적용될 때 고려해야 하는 여러 내용을 소개하려 한다.

대화를 위한 시간 마련하기

가르치는 일과 관련된 중요한 대화를 하려면 시간이 필요한데, 학교에서 밀려드는 수많은 일로부터 교사들이 방해받지 않는 시간을 따로 정해서 대화를 나눌 수 있어야 한다. 이 장 및 다음 장에서 언급하려는 기초적인(preliminary) 대화라 할지라도 시간적 배려가 필요하다. 이러한 대화 시간은 학교에서 전문성 문화를 조성하기 위한 투자이며, 전문적 대화가 가치 있다고 여긴다면 대화를 위한 전제 조건이 충족되었다고 볼 수 있다. 여기에서 중요한 전제 조건(precondition)이란 모든 교직원이 학생의 학습과 교수 현장에 관하여 중요한 개념을 공유하고 있어야 한다는 뜻이다.

학교 리더들이라면 학년 초에 일련의 회의 계획을 미리 잡아 두고, 매일의 교육 현장에 적용해 볼 수 있는 빅 아이디어에 대해 고려해 볼 것을 권고한다. 하지만 그러한 아이디어를 고려하기 전에, 그러한 대화가 겸허하고 솔직하게 이루어질 수 있을 정도로 학교가 충분한 신뢰 수준이 조성되어 있느냐가 더 중요하다. 이러한 토의는 정기적으로 개최되어야 하고, 가능하다면 교직원 회의나 부장회의 시간 중 일부를 활용할 수도 있다. (3장에서 언급한 중요한 아이디어를 탐색했던) 이러한 대화는 연구 모임, 학년 혹은 교과 모임 혹은 전체 교직원 모임에서도 할 수 있다. 이 장에서는 이 주제를 다루었던 다른 참고문헌과 논문들을 그 출발점으로 삼고자 한다.

목적에 대해 의사소통하기

'학교에서의 권력과 리더십'을 다룬 2장에서 언급하였듯이, 교사와 행정가를 포함한 학교의 모든 구성원은 학교 지위에서 발생하는 중요한 권위를 사용하여 학생의 학습을 향상시키는 것에 전념할 수 있는 학교 문화를 만들어야 한다. 게다가 이러한 노력은 교장의 직위를 가진 사람에게만 해당되는 것이 아니라, 모든 학교 교육자가 매일의 교육 현장에서 나타나는 다양한 도전 속에서 동료 간 협력 과정을 경험할 때 가장 잘 나타난다.

학생의 학습을 향상시킬 수 있는 주요 도구(tool)는 바로 교사 간, 교사-행정가 간 '전문적 대화'이다. 이러한 대화의 초점은 학생들이 학습하는 것은 무엇인지, 그러한 학습을 촉진시킬 수 있는 교수 계획과 평가 과제, 그러한 활동과 과제에 대응하는 학생들의 작업(work) 분석 등을 포함한 수업 본질에 관한 것이다. 특히 이러한 대화는 어떤 교사가 사전에 결정해 놓은 방법을 실제 수업에서 그렇게 했는지 확인하려는 것이 아니다. 대화는 교사와 행정가들이 학습하도록 의도한 것을 실제로 학생이 학습하였는지, 그러한 판단을 할 만한 증거, 학급에서 학습이 향상되었다고 확신할 만한 교수 과정에서의 조정 내용 등을 다루게 된다.

그러므로 전문적 대화의 주요 목적은 동료와의 협력적 대화를 통해 '학생의 학습 질을 향상시키려는 것'이다. 이러한 목적이 교직원들에게 전달되도록 명확하게 의사소통할 것을 권하는데, 그 방법으로 학생들을 위한 학습 조건을 유지하고 향상시키기 위해서는 그러한 노력에 동참하고 현장을 개선하는 데 전체 교직원들이 노력해야 하는 것이 중요하다고 설명한다. 이것은 공동의 노력이며, 어떤 일부를 시정한다거나 개선해서는 얻을 수 없다. 오히려 그러한 노력을 해야 하는 이유가 가르치는 일이야말로 너무나 복잡한 일이기 때문에, 절대 완벽할 수 없고 항상 개선할 여지가 있다고 보기 때문이다. 게다가 최근의 여러 연구 결과를 통해 교사들이 학교에서의 일상을 운영하는 방식에 대해 아직까지 정확한 답을 주지 못하고 있어도 그들이 그렇게 노력하는 것은 중요하다.

전문성을 띤 대화의 목적을 교직원들과 의사소통해 가면서, 풍부한 전문성을 띤 대화의 방식에 자주 나타나는 걸림돌을 탐색하는 것도 중요하다. 제일 먼저 교사와 행정가 간에 힘의 불균형이 존재한다는 것을 인정해야 하며, 솔직한 대화를 가능하게 하는 신뢰 수준의 구축을 어렵게 하는 것은 무엇인지 고려해야 한다. 이 점에 대해서는 아래 부분에서 보다 상세하게 다룰 것이나, 대화의 시작 시점에서는 전문성 공동체의 핵심을 차지하는 중심적인 위치에 교직원들이 놓여 있다는 점을 인식하고, 또 인식하도록 만드는 것이 중요하다.

게다가 전문적 대화를 통해 교수 측면의 개선 목적을 의사소통하려는 것은 바로 학생의 학습을 비롯한 교육 현장에서 강조되는 교육과정 계획과 관련된 여러 빅 아이디어(3장에서 기술했던 '전문적 대화를 이끌어 주는 빅 아이디어')의 존재를 인정하는 것이다. 이러한 빅 아이디어들은 선행 연구들을 통해서는 지지를 얻지만, 어떤 경우에는 일반적으로 학교를 운영할 때 언급되곤 하는 개념화와는 상반될 수도 있다. 예를 들어, 몇몇 학부모는 학교가 학생들이 조용히 앉아 교사의 얘기를 듣는 장소라고 생각하기도 한다. 하지만 학교라는 장소를 교사가 무언가를 제시해 주는 곳으로 보는 사람도 있겠으나, 현대의 저명한 교육자 중 어느 누구도 강의 방법만이 학생으로 하여금 도전적인 내용을 학습하는 유일한 방법이라고 보지 않는다.

이러한 빅 아이디어는 수업 관찰자로 하여금 수업 중에 목격하게 되는 내용의 틀을 잡아 주고, 그것이 대화 주제가 된다는 점에서 교실의 중요한 특성을 고려하도록 한다. 이러한 주제들의 예는 교실에서의 지적 엄격성 정도, 지원환경, 도전 등이다. 빅 아이디어의 중요성 그리고 현장에 끼칠 시사점 때문에 이러한 주제는 늘 대화의 소재가 된다. 대화 소재로 삼는다는 것 자체는 그 부분에 어떤 결함이 있어서가 아니라, 오히려 학습이 일어났다면 바로 그것이 가르치는 일의 핵심임을 보여 준다. 따라서 교육 현장에 대한 의미 있는 대화를 구성해 주는 토대로서의 역할을 담당하는 것이다.

이러한 내용(신뢰, 빅 아이디어, 대화 주제) 각각을 탐색할 수 있는 절차에 대해 다음에 기술하려고 한다. 이러한 문제를 다루는 대화에서 활용될 수 있는 구체적인 형식적 절차(프로토콜)에 대해서는 다음 장에서 다룰 것이다.

신뢰 구축하기

분명하게 말할 수 있는 것은 전문적 대화에 가장 중요한 조건은 '교사와 행정가 간의 신뢰'가 존재하느냐이다. 신뢰가 없다면 교장의 존재 앞에서 교사는 늘 방어 태세를 취할 수밖에 없으며, 행정가들이 자기 교실에 들어올 때마다 긴장을 하게 된다. 교사들이 공식적인 입장과 괴리가 있는 견해를 표시할 때 자신을 응징하거나 자신의 위치가 위협받는다고 느껴지는 경우, 교직원 회의에서 다루어지는 토의 내용은 전문가적 견해가 정직하게 반영된다고 볼 수 없다. 다른 말로 하면, 교사들은 자신들의 평판이 나빠질 것이라는 두려움 없이 위험을 감수하면서도 편안하고, 솔직하게 그러한 문제를 고민할 수 있다고 느껴야만 한다.

학교의 리더가 학교 구성원 사이에서 위험을 감수해도 괜찮을 만한 신뢰의 환경을 마련해 주는 것은 마치 학급에서 학생들을 위해 교사가 존중과 라포의 환경을 만들어 주는 것과 유사하다. 그러한 맥락에서 학생들이 초점에서 벗어난 아이디어를 제기할지라도, 교사나 친구들로부터 비웃음을 당하지 않는 편안한 곳으로 여겨야 한다. 학생들은 학급 공동체를 구성하고 있는 모든 사람에게 존중받고 배려받고 있다고 느껴야 한다. 오직 그럴 때만이 학생들은 자신이 갖고 있는 최대한의 잠재력을 발휘하며 학습하게 된다.

학교에서 신뢰 분위기를 구축하기 위한 첫 단계는 이 문제를 제시하고 토의할 수 있는 대화 주제로 상정하는 것으로, 행정가는 이러한 분위기가 학교의 다른 중요한 일을 해 나가는 데 있어 필수 전제조건임을 공개적으로 인정해야 한다. 만약 학교에서 교사와 행정가 간에 신뢰가 부족하여 최근에 어떤 문제가 생겼다면, 이러한 노력의 필요성을 공개적으로 토의해야 하고, 어떻게 노력해야 하는지 그리고 무엇이 필요할지 그 해결 방안에 대해 모든 교직원으로부터 도출된 해결책에 관하여 토의해야 한다.

물론 몇몇 교직원은 행정가가 학교에서의 신뢰 분위기를 높이려고 심각하게 고민하고 있다는 사실 자체를 의심할 수도 있다. 교사들로서는 여러 해 동안 학교에 근무하면서 경험했던 신뢰가 매우 낮은 그곳의 환경에서 오는 진정한 냉소와 소외를 표현하기도 한다. 그럴 경우, 교직원 간에 첫 번째 해야 할 합의는 양쪽 모두 이 문제를 진지하고 솔직하게 드러내 놓겠다는 약속/헌신이다. 이 문제를 어느 한쪽에서만 시도하는 경우, 그러한 얘기는 진정성도 없고 계략이거나 교사들로부터 동의를 끌어내려는 임기응변적 노력의 일환일 뿐이라고 여겨질 수 있다. 학교에 코끼리(예: 교장)가 존재한다고 인지함으로써 바람직한 의사소통의 여정에 필요한 신뢰 부족과 두려움 현상이 나타나지 않게 막아 주는 것이다. 그때 코끼리는 카펫 밑부분을 잡아당기며 모든 사람을 앞으로 끌고 나오면서 알려야 한다. "자, 여기 보세요." "과거에는 우리 중 많은 사람이 교장 앞에서 공개적으로 이 문제를 언급하는 것을 꺼렸어요. 우리는 그런 문화를 변화시켜야 할 필요가 있고, 그렇게 되려면 당신이 믿고 있는 것이 우리에게 가장 도움이 된다는 얘기를 듣고 싶어요."라고 코끼리가 얘기할 수도 있다.

학교의 여러 부분에서 학교 리더들이 취할 수 있는 구체적인 행동들이 있으

며, 이에 대해 다음에서 간략히 소개하고자 한다.

편안한 환경 조성하기

많은 교사는 행정가들과의 상호작용에 있어 근본적으로 자신의 위치가 열세에 놓여 있다고 느낀다. 행정가들은 주로 교육청의 교원 평가 과정을 통해 방향을 잡으면서 학교 내에서 상당한 권력을 행사한다. 따라서 교사 입장에서 행정가에 대해 느끼는 어떤 수준의 불안감은 불가피한 측면이 있다. 만일 학교 리더가 교사 편에 서서 교사의 '입장'에서 고려할 것임을 느낄 때, 교사들은 종종 그 행정가와 발전 영역에 대한 자신만의 생각을 나누면서 관심사를 표현하기도 한다.

하지만 행정가가 학급에 관찰하러 가거나 관찰한 내용에 대해 대화를 나누게 되었을 때, 학교 리더들은 교사들이 느끼는 그러한 불안감을 어느 정도 완화시킬 수 있다. 예를 들면, 다음과 같이 시도할 수 있다.

- 학생 안전에 심각한 위험이 발생하는 경우만 아니라면, 비공식적인 관찰을 통해 수집한 어떤 정보도 그 교사의 평가 과정에 사용하지 않을 것임을 교사와 약속하기
- 수업에 대한 비공식적인 관찰을 할 때 전혀 메모를 하지 않기, 교실에 잠깐 들러서 학생과 함께 학습 활동에 참여하기

일관성을 갖고 행동하기

교사들은 행정가들과의 상호작용에서 그리고 학부모들과 본청 행정가들과 상호작용할 때 이랬다 저랬다 하는 행정가들을 전적으로 신뢰하기 힘들어한다. 자신의 발밑에 있던 양탄자를 갑자기 잡아끄는 것 같은 혼동된 상황이나

다음에 무슨 일이 벌어질지 예측할 수 없을 때 교사들은 일관성의 부족을 느끼게 된다. 행정가들이 자신들의 리더십을 행사하면서 교사들의 신뢰를 훼손하는 데 기여하는 행동들을 하기도 한다. 다음은 그러한 바람직하지 못한 몇 가지 예이다.

- 중요한 사안이 생기면 교사와 전문적 협의를 하겠다고 약속했음에도, 행정가는 혼자 미리 시간을 정해 놓고 그로 인해 생기는 결과도 혼자 결정을 내려 버린다.
- 어느 학급에 어느 학부모의 아이를 배정하는 문제와 관련하여, 교사들은 다른 반에 배정하는 것이 좋겠다는 의견을 주었음에도, 행정가가 (아마도 학부모 협의회에 관여하고 있는) 어느 한 학부모의 압력에 굴복하고 만다.
- 예를 들어, 수학과에서는 내용과 순서가 사전에 명확히 정해진 프로그램을 사용하는 데 비해, 국어과에서는 그와는 반대되는 구성주의적 프로그램을 사용하도록 옹호함으로써 교육과정과 가르치는 문제에 있어 행정가가 일관성이 없고 불일치한 접근 방법을 채택한다.
- 교직원 협의를 하고 난 후, 어떤 소집단에서 제기하는 저항의 첫 징조에 대해 행정가는 오직 그러한 노력을 좌절시키려는 목적을 가지고 현장에 상당한 압력을 가한다.

비밀을 유지하기

비밀 보장 문제는 학교에서 교사와 행정가들이 갖고 있는 본질적으로 다른 권력 때문에 좌지우지될 수 있는 문제가 아니고, 오히려 그 조직 내에서 각 개인이 갖고 있는 지위와는 상관없이 여느 개인 사이에도 벌어질 수 있는 문제이다. 우리가 어떤 사람에게 비밀 얘기를 할 때, 그 정보를 다른 사람에게 하지 않으리라는 기대를 갖고 있다. 만일 내가 했던 비밀 얘기를 다른 사람이 알고 있음을 나

중에 알게 되었을 때, 그 사람에 대한 신뢰는 (종종 돌이킬 수 없을 정도로) 흠이 생기며, 배반과 동일한 수준으로 여겨 그 관계는 지속될 수 없다. 정보가 퍼져나가 신뢰를 훼손시키는 유형의 예는 다음과 같다.

- 어떤 교사의 이혼 소송이나 자녀의 마약 중독으로 몸부림치고 있는 상황과 같은 개인사의 어려움을 발설함.
- 전임자가 전문적 관계를 유지하고자 했을 때, 동료에 대해 비판적인 시각을 나타냄.
- 다른 학교 교직원들과 얘기하면서 자신이 근무하는 학교를 나쁘게 얘기할지도 모른다는 의심을 불러일으킬 만한 또 다른 학교에 대한 비판적인 지적을 발설함.

전문적인 학습에 헌신을 보여 주기

몇몇 행정가는 학교나 교육청에서 제공하는 전문성 개발 기회에 참여하라고 하는 것(그런 의미를 굳이 내세우지 않아도) 이상으로 이미 충분하게 관여하고 있다고 얘기한다. 게다가 몇몇 행정가는 자기 책임과 관련하여 필요한 모든 것을 이미 알고 있으며, 그저 교장인 내가 이끄는 대로 교사가 따라오기만 한다면 학생들이 고차원으로 학습할 수 있다고 밝히기까지 한다. 이러한 태도는 교육자로서 행정가들에 대한 교사들의 신뢰를 훼손하는 결과를 낳으며, 가르치는 행위의 복잡성을 고려할 때 교사들은 그러한 행정가의 태도를 거만한 것으로 인식하는 데 반해, 행정가들의 실천을 통해 지속적인 학습에 전념하려는 것을 보이게 되면 그것이야말로 전문적인 개입과 호기심으로 여긴다.

학교의 행정가 스스로 지속적으로 전문적인 학습에 진심 어린 헌신을 드러낼 수 있는 여러 구체적인 행동이 있다. 이러한 행동들은 모든 전문가들이 언급하는 지속적인 학습의 중요성을 분명하게 표현해 가면서 학교에서 전문적 탐구 문화를 구

축하는 데 도움이 될 수 있다. 이러한 몇 가지의 예시가 다음에 제시되어 있다.

• 현직 연수 기회에 교사들과 함께 참여하라.

행정가들이 연수 장소에 그저 잠깐 나타났다 사라져 버리는 존재가 아닌, 연수에서 제시하는 접근 방법을 자기 학교의 프로그램에 어떻게 도입하면 좋을지 교직원들과 테이블에 같이 앉아 심각하게 활동과 토의에 참여하는 것이 중요하다. 게다가 학교 교육자들이 함께 전문적 활동에 참여할 때 그들은 학교에서 공유하는 문화의 일원이 되었다는 기억에 남을 만한(어떤 이에게는 멋진) 경험을 함께 하는 것이 된다. 이러한 공유된 문화는 교사와 교장 간의 신뢰를 형성하고 유지하는 데 상당한 잠재력을 갖는다.

• 교사들에게 최근 전문 서적에서 제시하고 있는 새로운 내용을 설명하라.

이는 교장 자신이 기존에 알고 있는 지식을 고정된 것으로 여기지 않으면서, 자신의 시대에서 전문적 학습으로 여겨지던 것들이 이제는 더 이상 새로운 것이 아님을 보여 준다. 만일 교장들이 어떤 사안에 대해 교사들에게 의견을 제시해 달라고 한다면, 그 이후 이어지는 대화들은 전체 교직원이 서로에게 자원으로서의 역할을 해 주는 것이며, 행정가의 입장에서는 개방성과 호기심의 태도를 보여 주는 것이다.

취약점을 드러내기

교사들은 자신의 전문성 위치상, 본인 학교에 근무하는 행정가들을 취약한(vulnerable) 대상으로 보지는 않을 것이다. 특히 권위주의적인 교장과 계속 근무해 왔던 교사라면, 교장들이 교사들만큼이나 취약한 존재라는 사실을 인정하지 않으려 할 것이다. 가끔 교사들이 교장과 같이 학습할 때 가장 좋아하는 부분은 학교 리더가 교직원들과 함께 전문적 개발을 해 가면서 새로운 학습을 적용하면서 자신이 느꼈던 두려움을 교사들에게 터놓으며 얘기하는 시간이다("모든 교실에 등장하는 '문제 상황'을 언급해야 할 때 어떻게 해야 당신과 그것에 대해 얘기를 가장 잘 할 수 있을지 여전히 고민 중이에요. 이 문제에 대해서 같이 머리를 맞대어 해결하면 좋겠어요."). 취약성에 대한 인식을 어떻게 드러낼 수 있는지 다음에서 몇 가지 예를 제시한다.

• 교직원 회의나 연구 모임에서 교사들이 고민하는 교육 문제를 언급하라.

예를 들면, 영어가 미숙한 학습자들의 어휘가 상당히 부족해서 이 학생들을 과학 관련 주제를 다루는 토의에 참여시키는 것은 쉬운 일이 아니다. 만일 교사들에게 이러한 문제를 얘기할 수 있는 기회가 있다면, 교사는 교장이 이 문제를 완전히 이해하지는 못하겠지만 이를 통해 기꺼이 배우려 하는 존재로 볼 것이다. 게다가 교사들은 그러한 공통적인 문제에 대해 자신들이 해 왔던 접근 방법을 서로에게 나눌 수 있는 기회를 갖게 되기 때문에 이어지는 대화가 모든 교사의 참여에 따른 새로운 학습이라는 결과로 나타난다.

• 교육청 정책과 연관된 문제를 해결할 때 교직원들에게 조언을 구하라.

(예: 새로운 교육과정에 관한 교육청 정책과 같은) 어떤 사안이 언급되고, 이에 대한 교사들의 찬성과 반대 의견 모두 주의 깊게 경청함으로써 행정가는 교사들의 견해에 존중감을 나타냄과 동시에 중요한 교육청 사안에 대한 학교 입장은 학교 교육자들의 집합적 지혜를 반영해야 한다는 것을 보여 주는 것이다. 다른 말로 하면, 행정가만이 이러한 문제에 접근하는 유일한 전문가라고 볼 수 없다.

대화로 신뢰 구축 문제를 한번 제시하게 되면, 학교 교직원들은 그러한 신뢰를 어떻게 구축할 수 있는지(그리고 동시에 그것을 방해하는 것은 무엇인지)에 대한 여러 실질적인 의견을 갖고 있다. 이 사안들을 제시하면서, 행정가들은 신뢰관계를 구축하는 것이 중요하다는 인식과 그러한 헌신을 향한 신호를 주게 된다.

대화를 통해 종종 전문적인 교육자들이 다른 사람과의 상호작용에서 어떻게 행동하는지에 영향을 미치는 일련의 준거 혹은 작동 원리를 도출하게 된다. 그러한 목록에 다음의 예들이 포함될 수 있다

- 약속을 지키기
- 신뢰를 배반하지 않기
- 중요한 결정을 내리기 전에 동료 교사들과 상의하기
- 전문적인 대화를 비롯하여 현직 연수 기회에 충분히 참여하기

신뢰 구축을 위해 취할 수 있는 실제적인 조치를 분명하게 표현하는 것만큼이나 중요한 것은 교사와 행정가 모두 어떤 행동이 그들이 합의해 왔던 원칙을 위반했다면 이를 전할 수 있는 전략을 개발해야 한다. 예를 들면, 어떤 교사가 어떤 문제에 대해 행정가의 태도가 교사와 행정가가 개발하고자 함께 노력해 왔던 신뢰관계를 훼손하는 것으로 보았다면, 분노나 응징에 대한 두려움 없이 이 문제를 끄집어내는 것이 중요하다. 그 자체로서 이것은 높은 신뢰 수준을 필요로 한다. 예를 들어 교장이 내리려는 결정이 신뢰관계를 훼손시킨다고 느낄 때, 교사들은 행정가에게 이에 대해 말할 수 있을 정도로 환경이 편안하다고 느껴야 한다.

학교 리더들은 신뢰가 빨리 형성될 수 있다거나, 심지어는 단 한 번의 대화를 진행하는 것으로 그 문제가 해결될 수 있을 것으로 기대해서는 안 된다. 신뢰는 복잡한 문제이며, 또한 공들여서 신뢰가 생겼을지라도 쉽게 훼손될 수 있다. 8장에서 언급하겠지만, 이러한 점 때문에 학교 리더들과 교사들은 그 주제에 대한 일련의 대화에 참여할 것을 추천한다.

▌빅 아이디어에 대한 이해와 합의를 구축하기

가르치는 행위에 관한 전문성을 띤 대화가 의미 있으려면, 교사와 행정가들이 그들이 하고 있는 일에 바탕을 둔 중요한 개념에 대한 이해를 서로 공유해야만 한다. 가르치는 것에 대한 모든 정의 그리고 교육과정의 모든 조직에는 사람은 어떻게 학습하고, 어떤 것이 진정 배울 가치가 있는지와 관련된 어떤 가정들을 담고 있다. 하지만 그러한 가정들은 아직까지 명쾌하게 검증하지 못했는데, 이 때문에 교사마다 현장에서 가르칠 때 불일치가 나타나게 되고, 교사와 행정가 간에 서로 다른 기대를 낳게 된다. 이는 수업에 대해 엄격한 접근 방법을 적용해야 한다고 주장하려는 것이 아니라, 교사의 창의성이 발현될 수 있으려면 학생들을 중요한 학습에 참여시킬 수 있는 기법을 계획하는 것이 중요하다는 것을 언급하려는 것이다. 게다가 교사들끼리 그러한 접근 방법을 서로 공유하는 것은 전문성을 띤 대화의 중요한 원천이 된다.

하지만 그것이 교사들이 학급에서 매일 결정해야 하는 것에 직접적으로 영향을 끼친다는 점에서 중요한 질문이 제기된다. 그러한 질문의 예가 다음에 소개되어 있다.

- 유아들은 그렇게 뭔가를 배우려는 적극적인 학습자들인 데 반해 우리 6학년 학생들은 졸고 있거나 반항적 특성을 보인다면, 내가 적용할 수 있는 전략으로는 어떤 것들이 있는가?
- 학급에서 나는 어떻게 하면 긍정적인 에너지를 만들어 낼 수 있는가?
- 학생들이 교실에서 필기 내용을 베끼곤 하는데, 학생들이 하고 있는 일에 관심을 집중시킬 수 있는 방법은 무엇인가?
- 학생들이 어떤 활동은 무척 활발히 참여하는 데 반해 어떤 활동은 그렇지 않은데, 학생들은 왜 이렇게 반응하는가? 어떻게 하면 학생의 참여를 늘릴 수 있는가?

- 학급 토의 시간에 어떤 학생이 엉터리 답을 했을 때, 학생 스스로 자신의 가치가 소중하다는 느낌을 훼손시키지 않게 하면서 나는 어떻게 반응해야 하는가? 사실 소수 학생이 토의를 주도하는 것이 아니라 모든 학생이 토의에 참여하고 있다고 나는 어떻게 확신할 수 있는가?
- 우리가 교과서의 많은 부분을 추상적 수준으로나마 다루고 있지만, 교과서에서 언급한 모든 내용을 담는 것이 중요한가?

교사들이 느끼는 그리고 교육 관련 연구를 통해 여러 통찰력을 제공하는 교수·학습과 연계된 여러 중요한 질문이 있다. 하지만 문제는 간단하지 않아서, 자동차 범퍼에 붙이는 광고처럼 쉽게 정답을 제공해 주는 것도 아니다. 그러한 질문들은 관련 연구를 읽고 토의해야 하며, 어쩌면 친숙하지 않은 교수적 접근 방법을 사용해야 할 수도 있다. 교수·학습을 강조하는 중요한 개념들은 3장에서 간략하게 기술하였다. 이러한 내용들은 교사들이 매일 경험하는 교육 현장에 상당한 시사점을 주기 때문에, 학교의 소모임이나 어떤 연구 모임 혹은 부처를 막론하고 전체 교직원들이 깊은 탐색을 해 볼 가치가 있다.

이러한 질문 하나하나가 매우 중요하고, 그것들은 교사들로 하여금 주의 깊은 연구와 토론으로 이끌어 줌으로써 매일 경험하는 교육 현장에 영향을 미치게 한다. 이러한 주제에 대한 일련의 모임 윤곽은 8장에 소개되어 있다. 따라서 교육자 그룹의 구체적인 관심사에 따라 그러한 질문의 일부는 조정될 수 있다.

중요한 학습을 구성하는 것은 무엇인가

현 시점에서 볼 때, 학교에서 일어나는 중요한 학습과 관련된 여러 전통적인 가정들이 도전을 받고 있다. 이러한 냉혹한 현실이 알려 주는 것은 과거에 학교 교육자와 정책 입안가들이 교육과정을 조직했던 방식이 미래의 요구를 충족시키기에는 부적합하다는 것이다. 3장에서 경제와 글로벌화 측면 그리고 개혁 측면의 경향을 소개하면서, 미래를 계획하는 진일보한 교육과정이 나올 수밖에 없는 이유를 기술하였다. 하지만 어떤 교육자들에게는 그러한 논의가 받아들이기 어려울 수 있고, 따라서 제기된 논점에 대하여 그것이 타당한 것인지 일련의 진지한 토론을 벌일 수도 있다. 하지만 그러한 숙의 과정의 결론에 다다를 즈음, 학교 교육자들은 학교에서 활용되어야만 하는 일련의 중요한 기술 및 이해를 고려할 수 있게 된다. 다음에 제시된 것은 3장에서 소개된 것이다.

- 문자 및 구두 의사소통을 포함한 전통 교과에서 시도한 깊은 이해와 기술
- 국제적인 이해
- 개혁성, 진취성 그리고 창의성
- 비판적 사고와 문제 해결
- 협력과 리더십을 포함한 대인관계 기술
- 어떻게 학습하고 질문하는지 알기

포괄적인 결과 목록에 관하여 구체적으로 탐색할 필요가 있는 중요한 질문은 다음과 같다.

- 현재 우리 교육과정은 학습의 이러한 중요한 요소를 어느 정도로 반영하는가? 만약 그것이 반영되지 못하고 있다면, 어느 부분에서 강화시켜야 하는가?
- 우리가 지적한 중요한 학습을 가르치기 위해서 시사하는 내용은 무엇인가? 단순하게 제시하고 연습시킬 수 있는 각각의 분리된 기술과는 구별되면서 추상적 사고와 문제 해결 같은 부분에서 우리 학생들이 뛰어나기를 바란다면, 교사 입장에서는 다른 교수 기술이 요구된다. 전통적인 교수 기술은 언제나 필요할 것이지만, 그와 함께 학생들 입장에서 미래의 성공에 필요한 고난도의 이해에 필요한 다른 것 역시 필요하다. 그렇다면 그런 것들은 무엇이며, 교사들은 어떻게 그것을 달성할 수 있는가?

학습을 촉진하는 것은 무엇인가

학습과 관련된 연구는 지난 세기 내내 수행되어 왔으며, 현재 우리가 알고 있는 이해는 이전 세대의 사람들이 알고 있는 것과는 어느 정도 다르다고 할 수 있다. 물론 이러한 연구 결과가 결코 최종적이라고 여기지는 않겠지만, 우리 대부분은 이전에 알고 있었던 것에서 상당한 진보가 이루어졌다고 확신하고 있다. 그저 정보를 제시하고 그것을 학생들이 흡수할 것이라고 기대하기보다는 학습을 위해서는 학생들이 자료를 가지고 적극적으로 임해야 한다는 것을 이제 알게 되었다. 학생들은 그저 '받아들이지(take it in)' 않으며, 지적 활동이 요구되는 '이해(understand)' 과정을 반드시 거쳐야 한다. 3장에서 언급하였듯이, 학생들은 다음 사항을 반드시 수행해야 한다.

- 관련을 짓고, 가설을 세우는 등 정신적으로 활동적이어야 한다.
- 새로운 이해를 이미 알고 있는 것과 연결시킨다.
- 심도 깊으며 구조화된 반성(reflection)을 시도한다.
- 협력한다.

교사들은 위에서 강조한 아이디어를 탐색한 후, 다음과 같은 토론 질문들을 학년 및 교과 모임이나 부장들과 함께 하면서 생산적인 시간을 보낼 수 있다.

- 우리가 제공하는 교수 과업은 학생들의 정신적 활동에 어느 정도까지 몰두하게 할까?
- 어떤 주제에 대해 학생들이 이미 알고 있는 것을 좀 더 깊이 이해할 수 있게 하려면 우리는 어떤 도움을 주어야 할까?
- 우리가 하는 학생들의 과제 분석은 학생의 이해 수준에 대해 무엇을 얘기해 주는가?

- 학생들이 친구들과 협력할 수 있도록 우리는 학생에게 어떤 기회를 제공하는가?
- 학생들이 배운 것을 반성하고, 메타인지 기술을 개발하도록 우리는 어느 정도까지 허용하는가?

3장에서 학생들이 어떻게 학습하는지에 대해 언급하였듯이, 빅 아이디어로 말미암아 여러 많은 질문을 제기할 수 있으며, 중요한 점은 교사들이 그러한 개념을 자신들의 학급에 적용할 수 있고, 자신의 수업과 동료의 수업을 통해 배울 수 있는 기회를 갖게 된다는 점이다.

학생들은 어떻게 동기 유발되는가

무엇이 학생들을 동기 유발시키는지를 이해하는 것이 교사들에게 매우 중요하다. 모든 교사마다 학생들이 의미 있는 과업에 깊게 몰두할 수 있는 즐겁고 유의미하고 질서정연한 교실에 대한 어쩔 수 없는 이상적인 이미지를 갖고 있다. 하지만 현실은 그와는 반대의 모습으로 나타나곤 한다. 학교에서는 과거에 경험했던 것에 따라, 학생들은 무기력하거나 심지어는 반항적인 모습을 보이기도 한다. 게다가 교실에 학생 수가 너무 많기도 하고, 신체적으로 교사보다 클 수도 있다. 그렇다면 학생들의 넘쳐나는 에너지를 활동적인 참여에 쏟을 수 있도록 교사들은 어떻게 도와줄 수 있을까?

3장에서 동기 유발에 관한 연구 결과를 살펴보면서, 학교 활동에 학생들이 적극 참여하도록 만드는 인간의 중요한 심리적 욕구들을 지적하였다. 그것들을 살펴보면 다음과 같다.

- 다른 사람들과 친밀하게 지내고 관계를 맺는 것
- 역량 혹은 숙달

- 자율성 혹은 자유
- 지적 도전

최근 연구 결과에 따르면, 학생들이 학업 자료에 깊이 몰두할 수 있게 하려면 학급활동 및 과제가 이러한 특성과 연결되어야 한다고 지적하고 있다. 교사가 다음과 같은 질문들을 함으로써 어느 정도까지 이에 도달할 수 있을지에 관하여 활동과 과제를 분석할 수 있다.

- 학생들이 다른 학생들과 관계를 맺을 수 있는 기회를 제공하려면 우리는 어떻게 학급을 조직해야 하는가? 이 점이 학생들에게 중요한데, 만약 우리가 학급 활동에서 이러한 기회를 제공하지 못한다면 아마도 학생들은 서로 필기 내용을 베끼거나 친구에게 휴대폰 문자를 보내며 그들의 욕구를 방출하려 할 것임을 알고 있다.
- 어떻게 하면 학생들이 어려운 자료를 다루면서 느끼는 성취감을 경험할 수 있게 할까? 학생들에게 이해를 위해 몰두할 수 있는 기회를 제공하여 배움이 일어날 수 있도록 함으로써 그저 떠먹여 주는 학생들이 되지 않도록 할 수 있는가?
- 자유와 자율성을 고려한다면, 학생들이 자신의 과업에서 어느 정도까지 선택할 수 있어야 하는가?
- 숙제로 내줄 때나 학급에서 활용하는 활동과 과제들이 얼마나 지적으로 도전적이어야 하는가? 어떤 학급이 보여 주는 기술과 능력의 범위를 고려할 때 모든 학생이 적절한 수준에서 도전을 받게 하려면 우리는 학생들의 과제를 어떻게 다르게 내주어야 하는가?

이러한 질문들은 교육자들로 하여금 우리가 실제 학급에서 하고 있는 일이 무엇인지 점검하게 해 주고, 최신 연구 결과에서 드러난 학생들이 학습으로 나아가게 하는 에너지를 발휘하게 하는 것과 상반되는 과업을 학생들에게 제공하고 있는 것은 아닌지 점검하게 해 준다. 이러한 질문들은 당연히 교사 개개인의 반성 혹은 교수 연구 팀의 구성원들과 나누는 대화의 기초 역할을 할 수도 있다. 교육자들이 함께 고민할 때 유익한 대화가 가능해진다.

지능은 무엇이며, 학생들의 견해는 자신들의 행동에 어떻게 영향을 미치는가

지능의 본질 그리고 학업 성과에 영향을 미치는 지능을 바라보는 학생 스스로의 관점에 대한 영향력 등은 최신 연구 결과를 통해 잘 알려졌다. 그 연구들을 통해 우리가 알게 된 것은 크게는 사회뿐 아니라 학교에서 지능에 대한 지배적인(고정적이어서 바꿀 수 없는) 관점을 갖고 있는 학생은 학습에 어려움을 느낄 때 패배주의 태도를 가지며, 반대로 어려운 과업을 통해 더 많이 배운다고 믿는 학생들은 학교에서 훨씬 더 탄력성과 성공을 보여 준다는 것이다. 이러한 연구 결과는 다음과 같이 요약할 수 있다.

- 지능은 변할 수 있다는 관점을 가진 학생들이 학교에서 훨씬 더 잘 해낸다.
- 교사들(그리고 학부모들)은 학생들이 지능에 대해 그러한 관점을 갖도록 도와줄 수 있으며, 학생들이 어려움을 견뎌 내는 것을 칭찬하고, 학습에 전략을 사용함으로써 학습이 일어나게 하는 학생 자신의 힘에 대해 건전한 태도를 가지도록 도와줄 수 있다.

이러한 점을 고려하게 되면, 중요한 문제에 대해 토의하도록 이끌어 주며 다음과 같은 질문들을 교사 스스로 해 볼 수 있다.

- 처음에 학생들이 성공하지 못했을지라도 어려운 과업을 참고 견뎌 내도록

어떻게 격려할 수 있는가?

• 학생을 대할 때 최선의 칭찬은 무엇인가? 학생 자신의 능력을 바라보는 데 실제로 해가 되는 칭찬을 사용하지 않으려면 어떻게 해야 하는가?

• 학생들의 노력에 대해 피드백을 해야 할 때, 우리는 그들 노력의 어떤 부분을 강조해야 하는가?

이와 같은 그리고 다른 질문들은 교사나 행정가 같은 전문적인 학교 교육자들에게 중요하면서도 전문적인 대화를 가능하게 해 준다. 이러한 대화는 학생의 학습, 교사와 학생 사이의 상호작용의 핵심이 무엇인지 알게 한다.

대화를 위한 주제를 정교화시키기

4장에서 언급했던 대화 주제들은 3장에서 언급했던 빅 아이디어에서 직접적으로 도출된 것으로, 학교 안에서 벌어지는 전문적 대화의 기초 역할을 담당한다. 4장에서 기술하였듯이, 그러한 주제들은 다음과 같다.

• 교수 목적의 명료성 그리고 내용의 정확성
• 편안하고, 존중받으며, 지지해 주고, 도전하게 하는 학습환경
• 학급 경영
• 학생들의 지적 참여
• 모든 학생의 성공적 학습
• 전문성

이러한 주제에 시사점을 제공하는 여러 아이디어는 빅 아이디어와 관련된 대화를 할 때 논의될 수 있는데, 교실에서 실제적으로 드러나는 모습의 표현으로

그리고 비공식적인 교실 방문을 한 후 이어지는 전문성을 띤 대화의 소재로도 활용될 수 있다.

폭넓은 관점에서 보면, 이러한 주제들이 개인이 선택할 수 있는 재량의 문제가 아님을 분명히 인식하는 것은 중요하다. 즉, 빅 아이디어가 시사하는 것을 고려해 보면, 모든 수업마다 복적의 명료성(다른 말로 하면, 교사들이 의도한 것을 학생들이 학습하였다고 교사들이 어떻게 알 수 있는가?) 그리고 엄격한(정신적인 활동과 이해 개발을 담보할 수 있는) 학습 과업을 드러내야 한다. 게다가 모든 수업마다 (학생의 동기 유발 원칙이 발휘되도록) 높은 수준의 학생들의 에너지와 참여 그리고 편안하고 도전적인(학생들이 정서적인 편안함에 머무르지 않고 자신의 생각에 도전하게 만드는) 학급환경을 보여 주어야 한다. 마지막으로, 모든 수업마다 매끈한 진행이 이루어지고(학생 스스로 그렇게 되도록 기여함으로써), 필요하다면 학교나 교육청의 개혁안을 실행하는 데도 기여할 수 있어야 한다.

이러한 주제들은 항상 대화의 소재로 다루어야 한다. 하지만 교사들이 실제로 적용하는 것은 처해 있는 학습 상황에 따라 상대적으로 달라질 수 있다. 빅 아이디어의 원칙을 고려한 다음, 교사들이 현장에서 이를 어떻게 바라보느냐의 문제는 전문성을 띤 대화의 풍부한 주제로 활용될 수 있다. 학교 교직원들과 이러한 빅 아이디어를 중요하게 탐색한 후, 그다음으로 교육자들의 관심을 주제로 옮겨 가서 조금 더 자세하게 이에 대해 토론할 것을 조언한다. 교사들이 빅 아이디어를 확실히 이해했다면, 교실에서 이러한 생각이 어떻게 실천될 수 있을지에 대한 시사점은 어렵지 않을 것이며, 실제로 이러한 아이디어가 제공하는 자연스러운 시사점으로 이어질 것이다.

요약

수업 관련 틀에 익숙한 교육자라면 빅 아이디어 관련 틀을 구성하는 요소의

큰 덩어리(cluster)이자 틀 그리고 대화 주제를 강조하고 있는 가정을 이해할 것이다. 따라서 이 책에서 언급한 아이디어들은 좋은 수업을 바라보는 기초로서 학교에서 그 틀을 사용하는 데 도움을 준다.

학교의 모든 교육자는 빅 아이디어와 주제들을 이해하고 있어야 하며, 이것을 가르칠 때마다 적용해야 한다는 점이 중요하다. 전문성 공동체에 속한 모든 구성원 간에 높은 수준의 신뢰가 형성되려면 시간과 헌신이 요구된다. 하지만 한번 신뢰를 얻게 되면, 학교 내 교육자들은 그들이 활용할 수 있는 전문적 대화의 도구를 갖게 되는 것이다.

다음 장에서는 매일 생활하는 학교 현장에서 보다 진전된 전문성을 띤 대화를 이어 가기 위한 필수적인 토대를 마련해 주는 차원에서, 이러한 아이디어에 관해 학교에서 일어나는 일련의 토의에서 교사들을 어떻게 몰두하게 할지에 대한 제안을 하고자 한다.

8장 대화 활동을 적용해 보기

8장 대화 활동을 적용해 보기

- 기초 세우기
- 목적에 대해 의사소통하기
  - 대화 활동 1: 학생의 학습에 기여할 수 있는 사람 정하기
  - 대화 활동 2: 좋은 수업(good teaching)을 촉진시키기 위한 교장의 역할
- 신뢰 구축하기
  - 대화 활동 1: 낮은 신뢰 수준 환경을 파악하기
  - 대화 활동 2: 신뢰할 수 있는 환경을 만들고 강화시키기
  - 대화 활동 3: 신뢰를 가져다줄 활동 계획 마련하기
- 빅 아이디어: 높은 수준의 학습을 고려하기
  - 대화 활동 1: 자신의 최근 학습을 되돌아보기
  - 대화 활동 2: 변화하는 세상에 대해 생각해 보기
  - 대화 활동 3: 중요한 학습을 확실하게 하기
- 사람들은 어떻게 학습하는가
  - 대화 활동 1: 개인 경험을 통해 관찰한 것을 요약하기
  - 대화 활동 2: 자신이 했던 학습을 되돌아보기
- 가치 있는 학습 경험
  - 대화 활동 1: 아동의 학습 특성을 반영하기
- 인간의 동기 유발
  - 대화 활동 1: 성인의 동기 유발 고려하기
  - 대화 활동 2: 학생의 동기 유발 고려하기
- 대화를 위한 주제
  - 토의 질문 1~6: 대화가 가능한 주제를 생각해 보기
- 요약

이전 장에서 언급하였듯이, 학교의 지위로부터 권위를 적절하게 활용한다는 것은 교수·학습에 영향을 주는 빅 아이디어와 관련하여 전문적 차원에서 의견 일치를 이끌어 내야 한다는 의미이다. 빅 아이디어는 언제나 탐구할 만한 대화 주제이며, 학교 리더들은 자신에게 주어진 권한을 활용하여 전문성을 띤 비공식적인 대화를 수행한다. 넓게 보면, 학교 리더가 갖는 책임감의 주요 부분 중 하나는 이러한 대화를 할 수 있도록 학교에 소속된 모든 개개인(모든 교사 그리고 공식적·비공식적 교사 리더 모두 포함)을 대화에 참여할 수 있는 배경과 기술로 무장시켜야 한다는 점이다.

하지만 어떻게 시작해야 하는가라는 중요한 질문이 제기된다. 학교 리더들은 교직원들에게 불필요한 염려를 유발하지 않으면서 동시에 어떻게 하면 이러한 전문적인 현장 탐구가 가능한 조건을 만들 수 있을까? 학교에 소속된 교직원들이 서로 다른 직책을 갖고 있다는 것을 잘 인식하고 있으면서, 학교 교육자로서 어떻게 하면 동료 교사와 협력하는 환경 속에서 전문성을 띤 대화가 가능하게 할 수 있을까?

이 장에서는 이러한 중요한 질문에 대한 대답으로 문서 형태로 혹은 다소 변형된 형태의 구체적인 도구를 제공하고자 한다. 이 장에서 기술하고자 하는 것은 일련의 전문성을 띤 대화에 관한 것으로, 그것은 다양한 형태의 모임, 중요한 주제를 다룬 독서 모임, 교직원들이 서로 공유하는 이해에 도달할 수 있는 기회를 주는 장소 등에서 일어날 수 있다. 의심할 여지없이, 이렇게 제안된 대화는 이를 활용하는 사람들에 의해 변형될 수는 있겠지만, 근본적으로는 중요한 대화를 위한 틀을 제공하려는 의도를 갖고 있다.

이러한 대화에 적합한 집단 크기 관련 질문에 대해서는 정답이 없다고 얘기할 수 있는데, 일반적으로 집단 크기는 모두가 참여할 수 있을 정도로 소규모이면 좋겠지만, 다양한 의견이 대두될 수 있을 만큼 커도 괜찮다. 따라서 모든 사람이 참여할 수 있는 기회가 제공된다면 더 큰 집단도 가능하겠지만, 대개 집단 크기는 5~10명 사이를 추천한다. 학교 규모가 크다면 연구 모임이나 학년 중심으로 모일 수 있겠고, 소규모 학교에서는 전체 교직원 모두 토의에 참여할 수도 있다.

연구 모임의 경우라면, 논의하려는 영역에서 필요한 기술을 갖고 있는 사람이 그 모임을 이끌어야 한다. 학교 전체 교직원이 모두 참여하는 경우라면, 주도자는 자연스럽게 교장이나 교감이 된다. 반대로 상대적으로 규모가 큰 학교여서 그러한 모임이 학년이나 연구 모임별로 조직될 수 있다면, 해당 모임의 리더나 부장이 그 역할을 담당하는 것이 맞을 것이다.

여기에서 강조하는 토의는 핵심 질문을 중심으로 이루어지고 그 결과로 대안을 제시해야 하는데, 예를 들면 대규모든 소집단이든 토의가 진행된 후에 개인이 느낀 점을 서로 공유하는 것과 같이, 어떻게 하면 다른 교사들이 참여하도록 할 수 있는가에 초점을 맞추어야 한다. 어떤 토의 내용은 교사들이 다음에 계속 논의했으면 하는 질문을 제안하는 것처럼 예상되는 반응을 보이기도 한다. 하지만 어떤 경우든 이러한 토의 목적은 분명하게 제시되어야 하는데, 교사들이 이러한 과정을 통해 서로에게 추천받은 내용을 학교 현장에서 활용하든 활용하지 않든 간에, 토의 촉진자(facilitators)라면 집단 구성원들이 이러한 토의를 통해 무엇을 얻어 가야 하는지 분명한 감각을 가지고 있어야 한다.

어떤 집단에서 특히 어느 주제에 대해 관심을 보이는 경우에는, 항상 그 주제와 관련된 참고문헌을 더 찾아보고 추가적인 토의를 진행하는 것이 바람직하다. 빅 아이디어와 관련된 가장 기본적인 참고문헌은 이전에 소개했던 3장 내용이며, 그 장에서 모든 교사가 그러한 자료에 접근할 수 있어야 한다고 기술하였다. 그리고 4장에서는 대화 주제와 관련된 중요한 요약본을 제시하였다. 마지막으로, 그 장에서 언급된 책과 논문들은 맨 뒤쪽의 참고문헌으로 제시하였기 때문에 이를 활용하여 다양한 주제를 보다 깊이 있게 탐색해 볼 수 있도록 고려하였다.

기초 세우기

앞의 장에서 언급하였듯이, 가르치는 것에 대한 전문성을 띤 대화를 위해서는 시간뿐 아니라 이러한 대화를 위한 기본 원칙을 만들 수 있는 시간을 학교에서 따로 마련해 놓아야 한다. 정직하고 솔직한 토의가 되려면 신뢰의 필요성과 신뢰를 확신해 줄 수 있는 방법뿐 아니라, 모든 대화로 이끌어 주는 빅 아이디어와 대화 주제에 대해 전문적 측면에서 합의를 이루어 가는 방법에 대한 논의가 필요하다. 따라서 이러한 중요한 문제에 합의를 이루기 위해서, 학교의 리더는 전체 교직원이나 어떤 소규모 학년 모임 혹은 연구 모임의 구성원들과 여러 번의 토의를 진행할 것을 추천한다.

분위기를 조성해 주는 대화가 이루어지면 사려 깊은 계획이 이루어져야 하며, 특히 대화를 위해 학교에서 따로 정해 놓은 시간을 활용하여 실시하도록 한다. 실제로 이러한 대화는 그 학교의 1년 계획을 더 나은 방향으로 이끌어 준다. 하지만 이러한 대화 시간을 잘 활용할 때만이 우리가 이렇게 얻고자 했던 결과를 얻을 수 있다.

목적에 대해 의사소통하기

교사에게 전문적 측면에서의 대화가 가능한 탐구 문화를 촉진하기 위한 첫 번째이자 필수적인 단계는 바로 이러한 대화 목적을 설정하는 것이다. 다른 말로 하면, 교사들이 해야만 하는 과업을 수행할 수 있는 맥락이 마련되어야 한다는 뜻이다. 즉, 모든 학교 교직원에게 학교에 재학하는 모든 학생은 높은 수준의 교육을 받아야 하며, 이것이 교사들에게 가장 우선순위가 되어야 한다고 확신시켜야 한다. 교직원의 소중한 시간을 쓰려는 이유가 현재 그 학교에서 가르치고 있는 방식이 잘못되었다거나 뭔가 부족하다는 것을 말하려는 것이 아니다. 그저 다음의 명백한 사실을 언급하기 위해서이다. 가르치는 일은 너무나 복잡한 행위라서 절대 완벽할 수 없다. 즉, 가르치는 일은 결코 완벽할 수 없기 때문에 교사인 우리는 언제나 개선점을 찾아야 한다. 따라서 모든 교직원은 수업 방법과 접근 방식에 있어 개선점을 끊임없이 찾으며 노력해야 하는 교직의 전문적 책무가 있다. 이 때문에 때로는 실제로 교사가 교실에서 하는 행위가 무엇에 기반을 두고 있는지 깊이 생각하게 만들고, 주어진 환경에서 오늘은 무엇을 할지를 결정하게 하는 빅 아이디어에 대해 학교의 모든 교직원이 개념적으로 비슷한 이해를 하고 있어야 함을 강조한다. 즉, 교수 상황에서는 어떤 상황에 가장 최선의, 유일한 답이 있다는 뜻이 아니라, 그 보다는 학교에 근무하는 전문적인 학교 교육자라면 그가 행동하는 모든 것의 바탕을 형성하는 어떤 중요한 아이디어가 있음을 말하려는 것으로, 이는 우리 모두 이 사실을 이미 알고 있다거나 우리의 이해가 더 이상 개선될 수 없음을 얘기하려는 것이 아니다.

대화 활동 1 ▶ 학생의 학습에 기여할 수 있는 사람 정하기

기초 질문

이 대화에 참여하는 교사들에게 모든 교직원들끼리 공유하는 목표가 '학생들의 수준 높은 학습을 촉진하려는 것'인지 질문해야 한다. 우선, 그것이 무엇을 뜻하는지 교직원 모두 알고 있으며, 또 동의한다고 생각하는지 교사들에게 질문한다. 이 질문은 다음 부분에서 다룰 예정이다.

토론을 시작하기 위해서 교사들에게 다음 질문을 고려해 보라고 한다.

"학생의 학습에 도움이 되는 요소들은 무엇일까?"

질문에 대한 코멘트

교사들에게 이 질문이 자신들을 떠보려는 의도를 가진 것으로 여겨지지 않아야 한다. 만일 학교의 과거 문화로 인해 교사의 신뢰 수준이 아주 낮은 상태라면, 이러한 토의를 진행하기 어려울 수 있다. 따라서 이 질문을 통해 어떤 특정 대답을 기대하는 것도 아니며, 그 질문에는 아주 다양한 답이 있을 수 있고, 이러한 중요한 사안에 대해 서로의 생각을 나누는 것이 중요하다는 점을 다시 한 번 확인시켜 주어야 한다.

추천하는 집단 형태

교사 개인적으로 이 질문을 고려해 보게 할 수도 있고, 학교 리더가 전체 교직원들을 대상으로 일반적인 토의를 진행해 볼 수도 있다. 혹은 교사들이 (앉아 있는 테이블별로) 작은 집단을 구성하여 이 질문을 논의하게 하고, 그들의 답변을 비교할 수도 있다. 작은 집단에서 교사들이 토의하는 경우, 그 집단에 속한 교사 한 명을 정하여 반드시 그 집단에서 논의되는 내용을 기록하도록 한다.

도구 혹은 준비물

교사 각자의 생각을 살펴보려면, 교사들로 하여금 자신들의 생각을 빈 종이에 적어 보게 한다. 그 질문을 처음에 개인별 혹은 소집단별로 다루었느냐는 중요하지 않고, 오히려 칠판이나 커다란 종이 위에 교사들의 생각을 모아 가면서 일반적인 토론을 진행해야 한다. 토의를 통해 각 집단마다 모든 아이디어가 도출될 때까지 비슷한 아이디어들은 서로 합쳐 가며 최종적으로 그 집단에서 도출된 아이디어 한 개만 보고하도록 요청한다.

아이디어를 모아 갈 때 T차트 같은 것을 활용하여, 학교가 통제할 수 없는 것과 통제할 수 있는 것으로 나누어 구분해 보도록 한다. 예를 들면, 학생들이 가정에서 그 학생의 학업에 도움을 줄 수 있는 사람이 얼마나 있는지 같은 사항은 학교가 그에 대한 영향을 아예 미치지 못하거나 거의 제한적으로만 영향을 미칠 수 있는 부분이다. 그와는 반대로, 학교(혹은 교육청)는 해당 주(state)에서 정한 교과 기준에 부합하기만 하면, 전적으로 교육과정에 대한 통제권을 행사할 수 있다. 일단 교사들로 하여금 이러한 구분을 하게 하고, 새로운 아이디어가 나오면 그것이 어느 부분에 해당하는지 집단 내의 의견을 이끌어 낸다.

예상되는 교사 반응

학교가 처해 있는 상황이나 학교 교육자들이 처해 있는 도전이 무엇이냐에 따라, 아마도 어떤 교사는 학생의 성취를 증진시키는 것은 교사의 영향력을 벗어나는 일이라는 생각에 초점을 맞추면서, 학생의 성취를 올리는 것이 학교의 영향력을 넘어서는 요인이라고 여길 수 있다. 사실, 교사들로 하여금 학생들의 학습에 영향을 미치는 여러 중요한 요인을 고려해 봄으로써, 이러한 대화가 학교 교육자들이 학생들의 수행을 강화시킬 수 있는 단계를 제공하여 변화시킬 수 있다는 점을 고려하게 한다는 점에서 가치가 있다.

학교가 통제할 수 있는 내용에 관하여 교사들로부터 나올 수 있는 아이디어의 유형으로는 다음과 같다.

- 교육과정
- 수업의 질
- 학생을 위한 지원 체제(학생들이 어려움을 느꼈을 때 어디서 도움을 얻을 수 있는가?)
- 기본적인 학사 일정 그리고 학생 경험이 지속적으로 방해되고 있는지 여부
- 교사들이 협력하고 함께 계획할 수 있는 시간

바람직한 토의 결과

교사들이 학생의 성공에 동일하게 기여하는 요인들을 학교 내부 및 외부에서 이해하는 것이 중요하다. 하지만 학교가 통제할 수 있는 요인에 한정해서 생각해 본다면, 학생의 학업에 영향을 주는 단 한 가지의 가장 중요한 요인은 바로 '수업의 질(quality of teaching)'이다. 그리고 교사 스스로 그리고 동료와 함께 수

업의 질을 지속적으로 개선하고자 노력해야 한다는 점은 모든 교사가 피해 갈 수 없는 부분이다.

대화 활동 2 ▶ 좋은 수업(good teaching)을 촉진시키기 위한 교장의 역할

기초 질문

다음으로, 집단에 주목하여 관련 질문을 제기해 본다. "(학교가 통제할 수 있는 요인에만 한정할 때) 학생의 학습에 가장 중요한 요인은 '수업의 질'이라는 것을 우리가 잘 알고 있기 때문에 이제는 그것을 어떻게 하면 개선시킬 수 있느냐를 이해하는 것이 중요하게 된다. 이 부분은 모든 교사의 책무이지만, 행정가들은 교사들의 이러한 노력에 어떻게 도움을 줄 수 있을까? 수업의 질과 관련해서, '수준 높은 수업'을 하도록 하기 위한 리더(교장 혹은 부장)들의 책무는 무엇일까?"

질문에 대한 코멘트

학교의 리더라고 한다면 그저 좋은 교사를 뽑아 그들이 최선을 다하기를 바라는 것에 머물러서는 안 된다. 리더의 역할은 학생들을 참여시켜서 생산적인 학습이 이루어지도록 동료 교육자로서 교사들과 함께 고민하고, 더욱 전진하도록 하는 역할을 담당해야 한다. 이전 장에서 언급하였듯이, 행정가들은 그 직위로부터 나오는 권위가 있기 때문에, 교사의 수행을 평가하고 그것이 강화되도록 도움을 주어야 하는 일종의 의무감이자 권한을 부여받고 있다. 하지만 사실상 모든 교사는 행정가들을 판단하는 사람 혹은 심사하는 사람으로 여기고 있다 해도, 실제로는 동료의 역할을 해야만 한다.

추천하는 집단 형태

대화는 개인 각자의 생각이나 작은 집단의 토론으로 시작하여 보다 큰 집

단의 토의로 이어질 수 있다. 혹은 전 교직원이 다 함께 토론에 참여할 수도 있다.

도구 혹은 준비물

집단 크기가 큰 토론에서는 교사 생각을 기록할 수 있는 칠판이나 커다란 종이가 유용할 수 있겠지만, 그 외의 경우에는 이와 같은 토론에서는 다른 준비물이 필요 없다.

예상되는 교사 반응

일반적으로, 교사들은 행정가들로부터 지원받을 수 있는 것을 얘기할 것이다. 이것이 무엇을 의미하는지를 탐색하는 것이 중요하다. 이러한 내용에는 다음과 같은 것이 포함될 수 있다.

- 교사들이 필요로 할 때 수업 준비물을 제공하는 것
- 학부모를 상대할 때 도움을 주는 것
- 교사들이 함께 논의할 수 있는 시간을 마련해 주는 것
- 교사들이 학회에 참석할 수 있도록 허락해 주는 것
- 수업 상황에서 비롯된 고민에 도움을 주는 것

바람직한 토의 결과

토론을 통해 이루고자 하는 것은 행정가의 중요한 역할은 바로 학교에서 교수적 측면의 리더가 되어야 한다는 점이다. 리더들은 교사만큼 특정 교과 역량은 갖추고 있지 않을 수 있어도, 가르치는 문제와 관련된 것을 탐색할 때 도움을 줄 수 있어야 한다. 결국 이 내용이 이 책의 핵심 주제로, 행정가가 갖고 있는 직위에서 나오는 권위를 가장 잘 활용할 수 있는 방법이야말로 교사들과 전문성을 띤 비공식적인 대화에 참여하는 것으로, 교사들로 하여금 이러한 대화

의 가치를 인식하도록 만드는 것이다. 하지만 교사들의 입장에서 행정가를 오직 준비물 제공자 혹은 주요 학사 일정을 짜고 이를 지키려는 사람 정도로 여긴다면, 앞에서 언급한 대화의 가능성은 현실에서 나타나기 어렵다.

신뢰 구축하기

이전 장에서 언급하였듯이, 학교에 긍정적 영향을 미칠 수 있는 리더의 능력은 개인 간의 신뢰 수준, 특히 교사와 행정가 간의 신뢰 수준에 달려 있다. 앞에서도 기술하였듯이, 이는 서로 다른 개인이 갖고 있는 서로 다른 권력의 크기에 크게 좌우된다. 교사가 스스로 자신을 위축되어 있는 존재로 보고 있다면, 행정가가 자기 교실에 나타났을 때 아주 솔직하게 행동하기가 쉽지 않다.

학교에서 개인이 서로 다른 권력을 갖고 있다는 사실을 무시하기란 어렵다는 점에서 이러한 어려움을 해결할 수 있는 단 하나의 간단한 해결책이란 없으며, 특히 학교라는 조직을 고려할 때 있을 수 없는 일이다. 이 문제에 다가갈 수 있는 최선의 방법은 가능한 한 모두가 솔직하게 드러내 놓고, 또한 그러한 환경을 만드는 것이 전문적인 측면에서 보는 바람직한 관계와 의무라는 점을 고려하면 높은 수준의 신뢰가 얼마나 중요한지 받아들일 수 있다.

학교 상황을 고려하여 이러한 대화는 몇 번으로 나누어 진행하면서 확장될 필요도 있으며, 서로 공유하고 있는 이해는 무엇인지 확인하기 위하여 교사들은 이전에 토의했던 문제로 돌아갈 필요가 있다.

대화 활동 1 ▶ 낮은 신뢰 수준 환경을 파악하기

기초 질문

신뢰에 관한 대화를 하려고 할 때, 교직원들에게 가장 먼저 언급해야 할 것은 리더로서 당신은 모든 교직원끼리 높은 신뢰 수준을 갖추고 있어야 한다는 중요성을 잘 알고 있으며, 이를 구축하는 데(혹은 나아지도록 하는 데) 최선을 다할 것이라는 점을 천명해야 한다. 이를 믿지 않는 교사들의 입장에서 보면, 이 부분이 쉽지 않은 주제일 수 있으며, 전적으로 그 문제에 솔직하게 행동하기 어렵다는 점을 알고 있어야 한다. 하지만 리더로서 딩신은 학교에 신뢰할 수 있는 환경을 만들고자 모든 노력을 기울일 것이며, 그러한 당신의 행동과 노력에 대해 교사들로부터 조언과 피드백을 얻을 계획임을 알려야 한다.

초기 단계라면, 교사 집단에게 다음과 같은 질문을 해 본다. "당신은 학교 구성원들, 특히 교사와 행정가 사이에 너무나 낮은 신뢰 수준을 보이는 학교에서 근무해 본 적이 있나요?" 이 질문은 다른 교직원들이 누군지 알아챌 수도 있는 동료에 관해 비판적인 내용을 말해 보라는 것이 아님을 분명히 해야 한다. 하지만 교사들이 익명성이 담보되어 구체적인 이야기를 할 수 있는 상황이 되면, 그러한 대화에서는 추상적인 내용만 다루는 대화에서는 결코 나올 수 없는 훨씬 풍성한 대화를 나눌 수 있다.

교사들이 여러 아이디어를 공유할 수 있는 기회를 갖게 한 후, 다음과 같은 확장된 질문을 통해 그들의 초점을 집중시켜 보도록 한다. "낮은 신뢰 수준이 나타나게 된 이유는 무엇인가요?" 그리고 "낮은 신뢰 수준의 결과는 어떤 것이었나요?"

질문에 대한 코멘트

주로 긍정적인 면보다는 부정적인 분위기를 묘사하는 것이 더 수월하다는 점에서 중요한 대화의 시작으로 이를 채택하곤 한다. 참여자가 집단에 대한 신뢰를 훼손시킬 수 있는 가장 엽기적인 행동을 했음에도 오히려 칭찬이나 보상을 받게 된다는 토론에 악영향을 끼칠 수 있듯이, 가능하다면 참여자가 피해야 할 경솔한 행동 몇 가지를 함께 소개해 주는 것이 좋다.

추천하는 집단 형태

이러한 토의는 두 명이나 한 테이블로 구성된 작은 집단에서 시작되어야 한다. 교사 개개인이 심리적으로 안전하다고 느끼는 것이 중요하므로 집단 크기는 작을수록 좋다. 그리고 앞서 다루었던 질문들, 즉 "낮은 신뢰수준이 나타나게 된 이유는 무엇인가요?" 그리고 "그 결과는 어떤 것이었나요?"에 대한 답을 두 개씩 도출해 보도록 요청하면서 일반적인 토의를 진행한다.

도구 혹은 준비물

집단의 크기가 큰 토론인 경우 처음에는 준비물이 필요 없지만, 두 번째부터는 칠판이나 큰 종이가 필요하다.

예상되는 교사 반응

그 질문에 대해서 여러 가능한 대답이 나올 수 있다. 첫 단계의 토론에서는 교사들이 신뢰와 관련된 중요한 아이디어가 도출될 수 있는 이야기들을 할 것이다. 자연스럽게, 처음에는 이야기 자체가 아주 적나라한 내용일 수 있지만, 교사들은 그 내용을 다듬어서 다른 교사들은 누구 얘기인지 눈치채지 못하게 한다.

하지만 토의가 진행되면서 질문이 점차 확장되면, 교사들은 무엇 때문에 낮은 신뢰 수준이 나타나게 되었는지에 대해 다음과 같은 내용을 언급할 수 있다.

- 동료 교사가 비밀을 누설할 수밖에 없는 상황이었다.
- 교사가 평가 내용에 대해 자기만 보려고 적어 놓은 것을 교장이 가져가서 정보로 활용했다.
- 부장이 무엇을 해 보겠다고 말하고는 아무런 행동도 취하지 않았다.

낮은 신뢰 수준의 결과와 관련한 토의에서는 교사들이 다음과 같은 내용을

언급할 수 있다.

- 교사들이 동료 교사나 행정가에게 솔직하게 대하지 않게 된다.
- 교사들은 어떤 중요한 것을 시도해 보라고 할 때 냉소적이며, '이 또한 지나가리라.' 하는 태도를 취한다.
- 교사들은 다른 사람들로부터 피해를 받지 않으려는 방어적 태도를 취하고, 전문적인 위험을 감수해 보려 하지 않는다.

바람직한 토의 결과

토의가 잘 진행되면, 초기에 진행한 신뢰에 대한 토의 결과를 통해 학교 교직원들이 서로 신뢰할 수 있는 전문적 교육환경을 구축해 보려는 교장(혹은 부장)의 진정성을 받아들이고, 교사들이 이러한 중요한 주제에 관해서는 앞으로 기꺼이 참여하려 할 것이다. 하지만 학교의 환경이 아주 부정적이라면, 리더가 긍정적인 환경을 만들고자 최선을 다하고 있다고 사람들이 믿기 전까지 그 주제에 관하여 수차례 대화가 필요하다.

신뢰의 부재를 가져온 요인이 무엇인지 토론을 진행하면서 제기되는 내용은 신뢰 분위기를 구축하거나 강화시키려면 각 개인들이 실제로 무엇을 할 수 있을지, 그다음에 실시한 토의 주제로 활용될 수 있다.

> **대화 활동 2** ▶ 신뢰할 수 있는 환경을 만들고 강화시키기

이전 토의에서 신뢰의 부재 분위기에 관련한 내용을 다루었다면, 그다음에 진행될 대화는 이 토의 주제로부터 부분적으로 파생된다. 하지만 이 역시 개인 경험에 토대를 둔 이야기에 맞춰져 있다. 개인 이야기를 통해 어떻게 하면 학교 교직원들이 자신이 처한 상황에서 신뢰 분위기를 구축하고 강화시킬 수 있

을지 아이디어를 도출한다.

기초 질문

이전에 했던 질문과 비슷하지만, 이번에는 교사들에게 그들이 경험했던 높은 신뢰 수준을 보인 전문적인 교육 현장을 회상해 보는 질문을 한다. 그러고는 이전에 했던 것처럼, 교사들에게 다음 질문에 대해 대답하게 함으로써 그에 대한 교사들의 생각을 확장시켜 보도록 한다. "높은 신뢰 수준을 보이는 교육환경에서 공통적으로 나타나는 일반적인 특성들은 무엇인가요?" "신뢰가 높은 환경을 구축한 사람들에게서 당신은 무엇을 관찰할 수 있었나요?"

질문에 대한 코멘트

이번 질문은 이전의 질문이 처했던 동일한 어려움은 제기되지 않는데, 그 이유는 어느 누구도 그 집단 사람들이 알 수도 있는 어떤 사람에 대해 간접적으로라도 비판하지 않기 때문이다. 이러한 점에서 이번 질문은 순전히 긍정적인 방향의 대화로 이끌어 주며, 교직원들이 자신의 학교 문화를 개선하는 데 본받았으면 하는 특성들을 도출해 내는 데 그 목적이 있다.

추천하는 집단 형태

이전 토의에서 했던 것처럼, 이번 질문은 제일 먼저 짝 활동 혹은 소집단에 가장 잘 어울린다. 그리고 난 후, 당신이 일반적인 토의를 진행하면서 그 집단에 속한 모든 구성원을 포함시키는 것이 가장 좋다.

도구 혹은 준비물

대화의 첫 부분에서는 준비물이 필요 없다. 하지만 작은 집단이나 짝 활동보다 큰 집단의 토론을 진행하는 경우, 도출된 내용을 구성원들과 공유하기 위해 사용될 칠판이나 큰 종이가 중요하게 된다.

예상되는 교사 반응

이전의 질문에서 했던 것처럼, 이야기를 들어줄 교사들이 있기 때문에 이 질문에 대한 여러 대답이 가능하다. 하지만 공통적인 특성을 확대한다는 점에서 교사들의 입장에서 다음과 같은 것을 언급할 수 있다.

- 그 사람들은 다른 사람들에게 솔직했다. 그들은 일반적이지 않은 입장을 취해도 보복의 두려움을 느끼지 않았다.
- 나는 교장에게 다가가 내 걱정을 얘기하더라도, 그것이 내 교원 평가에 영향을 미칠까 걱정하지 않는다.

두 번째의 확장된 질문은 그러한 높은 신뢰환경을 구축하고자 노력했던 리더들을 관찰하면서 그들이 무엇을 했는지에 대해 교사들은 다음과 같은 내용을 언급할 것이다.

- 행정가들은 교사의 말을 주의 깊게 경청하였고, 교사의 관점을 존중하였다.
- 그 학교의 모든 구성원은 비밀을 누설해서 단기적 이득을 얻을 수 있는 상황일지라도, 비밀은 누설되지 않을 것으로 믿었다.
- 나는 행정가가 어떤 일에 대해 그 일의 추이를 살펴보겠다고 하면, 적절한 방식으로 그렇게 할 것임을 믿는다.

바람직한 토의 결과

이전의 토의와 더불어, 이번 토의를 통해 개인들이 취할 수 있는(혹은 피해야 하는) 구체적인 행동들이 포함된 건강하고 신뢰할 수 있는 구체적인 학교 환경 특성이 반영된 가치 있는 목록을 만들게 된다. 신뢰할 수 있는 환경을 구축하고 유지하는 책임은 주로 가장 권력을 많이 갖고 있는 교장이나 행정가(혹은 장학사나 부장, 수석교사 같은) 개인들이 져야 한다.

이러한 결과는 교직원의 신뢰를 탐색해 보려는 다음 단계뿐 아니라 교사들의 문화를 어떻게 하면 개선할 수 있는지에 대한 논의를 생각해 보는 데 아주 중요하다.

대화 활동 3 ▶ 신뢰를 가져다줄 활동 계획 마련하기

앞에서 언급한 신뢰와 관련된 두 번의 토의를 거치면서, 학교 교육자들(교사들과 행정가들)이야말로 자신들의 환경에서 교사와 행정가 간의 신뢰를 어떻게 하면 증진시킬 수 있을지 결정할 수 있는 위치에 있는 사람들이라는 점이 강조되었다. 특히 편안하고 신뢰할 수 있는 환경을 구축하는 데 주요한 책임은 행정가처럼 보다 많은 권력을 갖고 있는 개인이 져야 한다는 점에서 그러한 헌신은 이들 리더로부터 나와야 한다.

기초 질문

교사들에게 다음과 같은 질문을 한다. "신뢰와 관련해서 과거 몇 번의 회의를 거치면서 우리가 도출했던 결론을 생각해 볼 때, 그렇게 신뢰할 수 있는 환경을 이곳에 만들고 유지하려면(혹은 개선하려면) 우리는 무엇을 할 수 있을지 구체적인 제안을 해 보세요."

질문에 대한 코멘트

이전부터 이 학교의 관계가 어떠했느냐에 따라, 이러한 대화의 결과는 과거에 경험했던 것으로부터 영향을 받지 않을 수 없다. 게다가 신뢰 부재에 대한 책임이 있는(혹은 책임져야 한다고 여기는) 사람들이 실제 눈앞에 존재하기 때문에 그들의 눈치를 보아야 했다. 만일 어떤 교사가 그러한 형편없는 환경은 교장 때문이라고 생각한다면, 그 교장이 지금 그 학교를 떠났다고 할지라도 교사들은 전적으로 솔직하게 행동하기 어려울 수 있다.

추천하는 집단 형태

이러한 대화는 먼저 개인적으로 돌아보도록 한 후, 2명 혹은 3명씩 의견을 나누도록 해야 한다. 이렇게 진행하면, 환경이 안전해서 교사들이 가능한 한 솔직하게 얘기해 볼 수 있다는 생각을 갖게 하는 데 도움이 된다. 2명 혹은 3명의 짝들은 이제 다시 한 테이블의 집단 구성원들과 소집단 형태로 자신들의 생각을 나눌 수 있으며, 그 결과 어떤 행동들을 취할 수 있을지 의견 일치에 도달할 수 있다. 소집단 토의를 한 후 전체 교직원들과 다시 토의를 진행하고, 이때 합의된 내용을 칠판이나 커다란 종이 위에 요약해 놓는 것이 중요하다.

도구 혹은 준비물

이러한 토의를 위해서는 준비물이 필요 없지만, 소집단 혹은 짝 활동을 통해 도출된 내용을 가지고 다시 보다 큰 규모의 집단 토의에서 논의할 때에는 칠판 혹은 커다란 종이를 활용하는 것이 중요하다.

예상되는 교사 반응

학교에서 그러한 환경을 강화시키고 신뢰 수준을 높이기 위해 교사들 혹은 행정가들이 취할 수 있는 구체적인 행동에 관하여 교사들은 여러 구체적인 제안을 할 수 있다. 그것들은 다음과 같은 것들이다.

- 신뢰 수준 그리고 어떻게 이를 증진시킬 수 있는지에 관한 솔직한 토의를 진행하기
- 헌신을 통해 그 뒤를 이어 가기
- 신뢰 유지하기
- 전문성 개발 경험에 함께 참여하기
- 행정가들이 교사들에게 전문적인 문제에 대해 교사들의 판단을 물어보기

바람직한 토의 결과

신뢰할 수 있는 환경을 구축해야 하는 책무는 행정가와 같은 권력을 더 많이 갖고 있는 개인에게 지워졌지만, 교사 역시 중요한 역할을 담당한다는 점을 교사들이 인식하는 것이 중요하다. 따라서 이미 기술하였듯이, 헌신을 통해 리더들에게 적용했던 이러한 동일한 가이드라인이 교사들에게도 적용되도록 하는 것이 중요하다.

여기에서 제기되는 또 다른 문제는 합의된 원칙을 위반하는 사람들이 받아야 하는 결과에 관한 것이다. 예를 들어, 신뢰를 위반한 교사에게 어떤 반응을 보여야 하는가? 충분히 신뢰할 만한가? 다시 말해서, 만족할 만한 신뢰 수준에 도달했다고 서로에게 말할 수 있는가? 이것은 실로 어려운 문제로, 많은 교사가 편안하게 의견을 제시하기 어려울 수 있다. 한 가지 접근 방법은 유머를 활용하는 것인데, "어떤 사람이 신뢰를 깨버리는(혹은 신뢰를 져버리거나 어떤 다른 위반을 하는) 경우 우리는 어떻게 해야 할까요? 적절한 벌칙은 무엇일까요? 스무 대 때려 주기?" 이러한 방식의 질문은 우리를 웃게 만들지만, 다음과 같은 중요한 문제를 제기한다. 어떤 방식으로든 우리를 실망시킨 동료들에게 어떻게 하면 정중하게 대하면서도 이를 지적할 수 있을까?

이것이야말로 바로 신뢰의 문제이다. 불편한 상황일지라도 솔직하게 행동할 수 있을 만큼 우리는 서로를 신뢰하는가? 지금 단계에서는 이에 대해 논의할 수는 있지만, 교직원들로부터 아직 어떠한 헌신도 끌어낼 수 없다. 하지만 그저 이 문제를 테이블 위에 올려놓는 것만으로 지금 이 단계에서 충분하다.

빅 아이디어: 높은 수준의 학습을 고려하기

신뢰에 관한 대화를 계속하지만 학교 교육자들이 이제 그들의 관심사를 3장 '전문적 대화로 이끌어 주는 빅 아이디어'에서 언급했던 빅 아이디어로 옮겨 가는 것이 중요하다. 빅 아이디어가 학교에서 매일 벌어지는 교육 현장의 기초를 형성해 준다는 점에서 이번의 대화는 아주 중요하다.

높은 수준의 학습을 달성하고자 교원들의 헌신을 언급하는 것은 교육자뿐 아니라 정책 입안자 모두에게 부담(mantra)이다. 하지만 높은 수준의 학습이란 무엇을 의미하는가? (단순히 주 평가에서 높은 점수를 받는 것을 의미하는가?) 어떤 모습으로 나타나는가? 학교 교직원은 그것이 달성되었음을 어떻게 알 수 있는가? 이 문제와 관련하여 중요하지만 자주 간과되는 내용은 이 내용이 바로 21세기에 살아남기 위해서는 지속적인 학습이 중요하다는 것과 관련된다는 점이다. 높은 수준의 학습을 고려하는 것은 몇 단계를 거쳐야 한다는 뜻이며, 동시에 순서를 고려하여 진행되어야 한다.

대화 활동 1 ▶ 자신의 최근 학습을 되돌아보기

기초 질문

참석자들에게 21세 이후 지금껏 무엇을 배워 왔는지(무엇을 배웠어야 했는지!) 생각해 보도록 한다. 이러한 학습은 전문적인 측면에서건 개인적인 측면에서건 자신들이 살아왔던 삶의 한 부분에서 일어났다.

질문에 대한 코멘트

참석하는 교원의 나이에 따라 그 질문은 이들에게 과거 20년에서 30년 이상을 돌아보게 할 수도 있다. 하지만 젊은이뿐 아니라 오늘날을 살아가는 성인이라면 그들이 적응해야만 하는 정보 테크놀로지 사회로의 혁명을 매일 경험하고 있다. 이번 토의의 목표는 정보 테크놀로지 혁명에 대해 생각해 보라는 것이며, 모든 사람이 학습에 필요한 어떤 기술들을 매우 잘 발달시켜야 할지 그 필요성을 고민해 보라는 것이다.

추천하는 집단 형태

이번 토의는 위협적인 성격의 것이 아니기 때문에 환경을 편안하게 만들고자 집단 형태에 주의를 주지 않아도 된다. 심지어 처음부터 모두 참여하는 토의도 가능하다. 반대로, 이번 대화가 소규모 집단으로 시작되는 경우, 모든 사람이 참여할 가능성이 높다. 이때 참여하는 모든 사람은 칠판이나 커다란 종이에 적어야 하는 목록을 작성하는 데 필요한 아이디어를 내야 한다.

도구 혹은 준비물

칠판이나 커다란 종이 말고는 이 대화 시점에서 필요한 준비물은 없다.

예상되는 교사 반응

처음에 스마트폰이 나왔을 때 교사들이 그것을 어떻게 사용하는지 몰랐던 에피소드 혹은 자녀가 소셜 미디어 때문에 황당한 일을 겪을 때 아이를 도와주려 했지만 소셜 미디어에 대해 몰라 오히려 아이에게 도움을 받을 수밖에 없었던 얘기들이 나오기 시작하면, 이러한 대화는 매우 즐거워진다. 이들은 다음과 같은 내용을 언급하게 될 것이다.

- 컴퓨터로부터 스마트폰, PDA, 카메라 등의 전자제품을 사용하여 일을 처리하기
- 새로운 소프트웨어 프로그램을 사용하기 위해 학습하기
- 도로가 바뀐 이후에 친숙한 장소를 가기 위해 자기만의 방식으로 찾아가기
- 쓰기 과정 혹은 새롭게 도입된 탐구식 과학 프로그램의 활용 방식과 같은 전문적인 학습하기

바람직한 토의 결과

이제까지는 교사 자신들도 학습자라는 점에 주목하지 않았으나, 이러한 토론

은 교사들로 하여금 21세기에서 요구하는 삶은 어떤 모습일지 분명하게 보여 준다. 그리고 이 모습이 교사들에게 중요하다면, 이것은 학생들에게도 똑같이 중요하다.

> **대화 활동 2** ▶ 변화하는 세상에 대해 생각해 보기

기초 질문

교사들에게 50년 전 세상을 생각해 보라고 한다. 세상은 어떻게 변화되어 왔는가? 혹시 가능하다면, 상상력을 자극하도록 그 시대 배경을 보여 주는 사진을 몇 장 보여 준다. 구글 검색을 하면 이러한 사진을 제공해 주는 여러 사이트를 찾을 수 있다(예: 미국 경험과 관련된 『뉴욕타임스(New York Times)』의 사이트, www.nystore.com/ProdInterCode.aspx?prodcode=791&intercode=544&minorcode=1432).*

교사들에게 교통 수단, 통신, 여성의 역할과 기대, 직종에 따른 직업(공장 근로자, 비서, 농부, 자동차 수리공)의 요구 사항 등과 같이, 지금과 달랐던 1950년대 삶의 모습을 생각해 보도록 한다.

질문에 대한 코멘트

오늘날의 많은 학생은 지금부터 앞으로 50년간 계속 노동 인구로 잡힐 것이다. 1950년대를 살았던 사람들이 지금 시점의 인터넷이나 비행기 여행 시 유비쿼터스 속성을 예측할 수 없었던 것처럼, 앞으로 50년 동안 벌어진 상황(이에 따라 어떤 구체적인 기술이 필요할지)을 예측하는 것도 똑같이 불가능하다.

물론 교직원 중 많은 교사가 1950년대를 살아본 적이 없었겠지만, 그 시대의

---

*역자 주: 우리나라의 옛 사진, 동영상, 텍스트 등의 정보는 한국관광공사(http://korean.visitkorea.or.kr)의 '대한민국 구석구석 이야기'에서 검색할 수 있다.

경험이 있는 가족과 친구와 대화를 해 본 적이 있을 수도 있겠고 그때를 배경으로 한 영화를 보았을 수도 있다.

추천하는 집단 형태

이러한 토의는 소집단 형태가 잘 맞으며, 각 집단은 그동안 일어났던 변화 중에서 한 가지를 골라 그것에 초점을 맞추게 한다.

도구 혹은 준비물

이들의 대화 결과를 기록할 수 있도록 각 소집단마다 복사/출력한 신문과 펜을 제공하여, 교사들이 모이는 장소 주위에 두어 토의할 수 있도록 한다. T차트 형태를 사용하여 한쪽은 1950년대, 다른 한쪽은 2000년대로 제목을 적어서 분명하게 비교될 수 있도록 한다.

예상되는 교사 반응

교사들은 1950년대 이래 근본적으로 변화되어 온 일상생활의 여러(혹은 대부분의) 모습에 대해 언급할 것이며, 다음과 같은 내용이 포함될 것이다.

- 통신/커뮤니케이션(스마트폰, 인터넷 등)이 엄청나게 영향을 끼치고 있으며 더 쉽게 다가갈 수 있다.
- 많은 사람이 기름값 변동을 점점 더 민감하게 받아들이고, 이산화탄소 배출량을 줄이고자 하는 마음이 있음에도 상당히 거리가 먼 곳으로 휴가를 떠난다.
- 현재 대부분의 여성은 직업을 갖고 있으며(그럼에도 여전히 현실에서 남성과 동등한 기회를 얻고자 노력하고 있으며) 최소한 남성들이 누리는 것만큼의 동등한 자격 요건이 고려되기를 기대하고 있다.
- 현재 모든 직업은 컴퓨터 기술을 상당하게 다룰 수 있어야 한다. 비서들

은 과거에 타자기를 치고 서류 정리를 하곤 했으나, 지금은 데이터베이스를 만들고 있다. 농부들은 가격을 온라인으로 확인하며, 그들이 파악한 것에 따라 가격을 조정하고 있다. 자동차 수리공은 상당히 정교한 컴퓨터 진단 도구를 사용하고 있다. 이러한 직종에 종사하는 사람들은 직업에서 이러한 기술을 익혀야 한다.

• 사실상 모든 생산 공장과 여러 서비스 산업에서 종사하는 노동자들은 팀으로 조직되기 때문에 팀워크와 협력을 가장 우선순위에 놓고 있다.

• 대부분의 지역사회(공동체/커뮤니티)는 점점 더 인종적으로 다양해지고 있어서 1950년대에 필요했던 것보다 훨씬 더 국제적인 이해가 요구되고 있다.

바람직한 토의 결과

이번 토의 결과로 교사들에게 분명하게 전해야 할 것은 지금 모든 노동 인력이 지식 노동자가 되어 가고 있으며, 우리의 테크놀로지는 되돌릴 수 없을 만큼 변화하고 있으며, 세계가 사실상 진정으로 좁혀지고 있다는 것이다. 따라서 사고하고 추론할 수 있는 존재가 되어야 하며, 특히 이러한 새로운 기술을 학습하는 것은 교육적으로 특혜를 받은 사람에게만 해당되는 것이 아닌, 이제 우리 모두에게 기본이 되어 버렸다.

대화 활동 3 ▶ 중요한 학습을 확실하게 하기

이전에 토의를 하면서, 장기적 관점에서 볼 때 학생 성공에 필수적이라고 교사들이 인식했던 이러한 유형의 지식과 기술이 학교의 교육과정 속에서 항상 강조되지 않았음을 지적하는 교사도 있을 수 있다. 지난 토론에서 두 가지 관련 질문을 했다. "우리 학생들을 위해 교사들이 시도해야만 하는 중요한 학습은 무엇인가요?" 그리고 "이것은 교육과정 어디에서 시도할 수 있을까요?"

기초 질문

　교사들에게 지난 두 번의 토론 중에 그들이 참여했던 토론 내용을 상기해 보도록 하고, 학생들이 졸업하기 전에 어떠한 지식과 기술을 갖추는 것이 중요한지 열거해 보도록 한다. 일단 중요한 학습 관련 목록이 만들어졌다면, 교사들에게 일상의 학교 교육 내에서 학생들이 이러한 것을 어디에서 배울 수 있는지 질문해 본다.

질문에 대한 코멘트

　이러한 토론은 교사들의 관심사를 '고차원적 학습'이라는 용어의 의미에 주목하도록 한다. 이것은 생각하기와 사유하기, 환경적 그리고 문화적 감수성 등을 의미한다. 그리고 몇몇 중학교 및 고등학교에서 지구상의 논란거리나 환경 문제를 다룰 수 있을지는 몰라도, 상대적으로 그러한 것에 접근할 수 있는 학생들은 솔직히 거의 없다. 따라서 인지적 그리고 협력적 기술들을 매일 학생들이 배워야 하는 교과 속에 통합시켜야 한다.

추천하는 집단 형태

　이번 토의는 전체 교사들과 함께 다루는 것이 가장 좋은데, 그 이유는 여러 비슷한 아이디어가 대두될 수 있으며, 또한 학생들의 삶과 연결될 수 있기 때문이다.

도구 혹은 준비물

　지난 토의 과정 중에 도출된 T차트가 이때 가치를 발휘하는데, 세상이 어떻게 변하고 있는지에 대해 교사들이 작성했던 목록을 되짚어 보면서, 학생들을 위해 교사로서 반드시 가르쳐야 하는 학습 결과의 유형을 떠올려 보도록 한다.

예상되는 교사 반응

첫 번째 질문(우리 학생들을 위해 교사들이 시도해야만 하는 중요한 학습은 무엇인가?)은 비록 그 질문에 딱 한 가지의 정답만 있다고 생각해서는 안 되겠지만, 3장에서 언급된 것과 비슷한 여러 아이디어가 도출될 것이다. 교사들이 어떤 자료를 읽고 다루느냐에 따라 교사들의 생각이 그러한 아이디어로부터 어느 정도 분화될 수 있다. 하지만 아이디어 속에 내포된 것들은 대부분 다음의 토의 속에서 다뤄질 것으로 예상된다.

- 전통적인 교과목 속에서의 깊은 이해와 기술
- 국제적인 이해
- 혁신과 창의성
- 추상적인 사고와 문제 해결
- 대인관계 기술
- 새로운 것을 어떻게 학습하는지 알기

이미 짜여 있는 학교 교육과정 속에 매우 중요한 개념들과 기술들을 통합하는 데 어려움을 겪을 때, 두 번째 질문(이것을 교육과정의 어디에서 시도할 수 있을까?)은 교사들로부터 사려 깊은 의견이 도출될 수 있도록 돕는다. 모든 학생의 학교 경험 속에 그것들이 통합되지 못한다는 인식은 실제로 가능하지 않기 때문에 이러한 우려는 아마도 사라질 것이다.

바람직한 토의 결과

교사들이 토의에 적극 임하도록 리더가 노련하게 촉진자의 역할을 잘 해냈다면, 학생들이 반드시 성취해야 할 중요한 지식과 기술들이 교사들의 그 바쁜 하루 일과 속에 그저 더해지고 끼어들게 해서는 안 된다고 대부분의 교사가 인식할 것이다. 오히려 사고하기, 대인관계 기술, 학습을 위한 학습 기술 등과 같은 것들은 사실상 어떤 교과목에라도 통합시킬 수 있다.

다음 토의에 앞서, 이번 토의를 준비하기 위해 교사들에게 어린아이가 과업에 몰두하거나 놀고 있는 것을 30분 정도 지켜보라고 한다. 이 과제를 위해서 자신의 자녀나 지인의 아이를 관찰해도 괜찮다. 주위에서 어린아이를 만날 기회가 없다면, 동네 놀이터로 가서 그곳에서 놀고 있는 아이들을 관찰해도 괜찮다.

사람들은 어떻게 학습하는가

이번의 토의 내용은 단언컨대 전체 순서 중에서 교사들에게 가장 중요한 부분이라고 할 수 있는데, 그 이유는 교사들이 학생이 학습하도록 계획하고, 이러한 계획을 실행할 때 교사가 매일 해 오고 있는 것이 무엇인지 그 세부 내용을 보여 주기 때문이다. 즉, 학생들이 학습했으면 하는 것, 그러나 그것을 어떻게 학습하는지 가장 분명하게 확인할 수 있는 하나의 방법이다. 학교의 여러 측면을 고려할 때, 보통 일반 사람들에게 통용되는 보편적인 지혜를 통해 그 문제를 바라보는 시각과 최신 연구 결과를 통해 알려 주는 것 사이에는 차이가 있다. 심지어는 교사 자신의 유년 시절 그리고 성인으로서 겪은 개인 경험도 다 다르다. 다른 여러 주제와 함께 다루면서, 이 주제를 여러 차례에 걸쳐 다루게 될 것이다.

대화 활동 1 ▶ 개인 경험을 통해 관찰한 것을 요약하기

교사들은 매일의 교실 경험을 통해, 인간이 갖고 있는 본질적인 학습 특성을 포착할 수 있는 충분한 기회가 있다. 모든 부모는 어린 자녀가 옷장을 뒤지고, 어디나 기어 올라가려 하고, 자신이나 다른 사람을 곤경에 빠지게 하면서도 자

신의 주변을 탐색하는 아이의 끊임없는 에너지 분출을 목격한다. 아이들은 끊임없이 "왜 그래요?(Why?)"라고 질문하여, 그들의 보호자들이 결국에는 "원래 다 그런 거야!(Just the way it is!)"라고 지쳐서 말할 수밖에 없도록 만든다. 고학년 아동들은 자신들의 탐색을 조금 더 노련하게 하지만, 지칠 줄 모르는 에너지를 가졌다는 점에서 비슷하다. 이번 토의는 어린 아동들의 학습 본성을 살펴보고, 고학년 아동을 관찰할 때 드러나는 것과 어린 아동들의 관찰을 통해 드러나는 것이 어떻게 대조되는지 강조하려는 의도가 있다.

기초 질문

"당신이 관찰했던 아이의 행동, 문제해결 방법(예: 어떤 것을 타고 넘어가는 방법), 에너지 수준 등을 포함하여 당신이 관찰한 것은 무엇이었나요? 가정이나 학교에서 고학년 학생들을 관찰했던 것과 어떻게 대비되나요?"

질문에 대한 코멘트

이 질문은 교사들로 하여금 학교 맥락을 벗어난 장소에서 어린 아동들이 어떻게 행동하는지 지켜보도록 하고, 또한 학생을 위한 학습 경험을 계획하는 내용과 관련되어 추가적인 대화의 토대를 마련해 준다. 이번 토론을 통해 자주 도출되는 것은 어린 아동들은 새로운 것을 학습하는 데 엄청난 에너지를 갖고 있지만, 학교에서 오랜 시간을 보내면서 이러한 에너지의 많은 부분이 소멸된다는 것이다.

추천하는 집단 형태

먼저, 이 질문은 교사 자신들이 관찰한 것을 공유할 수 있고, 서로 공유했던 다른 모든 이야기를 관통하는 일반적인 원칙을 이끌어 내려면 소집단 형태가 가장 최선이라 본다. 소집단 토의를 한 후에는 반드시 전체 교직원들과 대화를 하여 논의되었던 학습자들의 특성이 교직원들 사이에서 공유되도록 한다.

도구 혹은 준비물

   교사들에게 이번 토의를 위해 〈표 8-1〉과 같이 공통적으로 관찰했던 내용을 기록할 수 있는 기회를 주는 것이 도움이 된다.

〈표 8-1〉 대화의 공통적인 내용을 기록하는 장치	
어린 아동	사춘기 청소년
관찰 내용	
학습자의 특성	

출처: Danielson, C. (2009). *Talk about Teaching! Leading Professional Conversations*. Thousand Oaks, CA: Corwin Press. www.corwinpress.com 이 책을 구입한 학교현장 또는 비영리 단체에 한해서만 복제를 허가함.

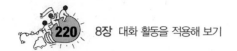

예상되는 교사 반응

교사들은 거의 틀림없이 다음과 같이 어린 아동들의 학습 특성을 언급할 것이다.

- 어린 아동들은 학습을 향한 엄청난 에너지를 갖고 있다. 사실 이러한 에너지는 때로 부모나 다른 양육자들을 지치게 한다.
- 어린 아동들은 자신들의 주위 환경에 대해 상당한 호기심을 드러내며, 잠자리에 들 시간임에도 멈추려 하지 않을 정도로 끊임없이 탐색한다.
- 고학년 아동들은 (비디오 게임이나 스케이트 보드를 배우는 것과 같이) 그들에게 강한 호기심을 불러일으키고 도전하고픈 것에 몰두하고 있을 때 그 과업을 향한 상당한 에너지를 분출한다. 하지만 이들이 원하지 않는 것을 하라고 할 때는 진정한 무기력 상태를 나타낸다.

바람직한 토의 결과

운이 따르고 리더가 대화를 노련하게 이끌어 주면, 교사 자신들의 경험을 통해서나 이번 대화를 통해 인식하게 되는 것은 바로 아동들이 학습에 상당한 에너지를 갖고 있다는 사실이다. 교사로서 우리가 시도해야 하는 도전은 학생의 그러한 에너지를 포착하여 학교 과업 시 그것이 발휘되도록 하는 것이다.

대화 활동 2 ▶ 자신이 했던 학습을 되돌아보기

교사 자신이 학습하는 상황에서 어떻게 접근하였는지 생각해 보면 학습에 대한 또 하나의 중요한 통찰력을 도출할 수 있는데, 이전에 아동 및 아동의 학습에 대해 토의했던 내용과 합해져서 이번 대화는 학생들을 참여시키려는 수업 계획과 관련된 고려사항에 대한 강력한 통찰력을 제공해 준다.

기초 질문

"잠깐 시간을 내어 본인은 어떻게 학습하는지 생각해 보세요. 어떤 중요한 내용이 있었을 때 당신은 어떻게 학습했는지 그 예를 생각해 보세요. 어떻게 학습이 일어났나요? 이 점은 학습 상황이나 다른 상황에서도 나타날 수 있어요. 하지만 선생님이 어떻게 학습했는지 생각해 보고, 선생님과 같은 테이블에 앉아 있는 동료들에게 그 상황을 짧게 기술해 보세요."

질문에 대한 코멘트

이번 대화는 학습자들로 하여금 다시금 자신의 경험을 통해 중요한 교수적 원칙이 도출될 수 있도록 하기 위함이다. 자신이 경험했던 학습을 생각해 보라고 했을 때 교사들은 자신들이 알고 있던 전문 지식으로부터 자신을 분리하여 그 경험을 반추할 수 있어야 한다. 교육적 전문용어나 머릿속에 담긴 지식(pseudoknowldge)으로부터 분리되는 것이 가능하며, 실제로 그렇게 되어야만 한다.

추천하는 집단 형태

이번 대화는 먼저 테이블 단위로 구성된 집단에서 시행하고 난 후, 전체 집단으로 확대해야 한다. 전체 집단 토론의 초점은 교사들의 이야기를 통해 교사들이 발견한 학습 패턴 그리고 그중에서 교사들이 일반 규칙이라고 의견을 모을 만한 것이 존재하느냐에 집중해야 한다.

도구 혹은 준비물

전체 집단 토의 결과는 커다란 종이 위에 기록해야 한다.

예상되는 교사 반응

일반적으로 (무엇을 배웠는지에 따라) 신체적으로나 정신적으로 어떤 과업에 활발하게 참여하였을 때 최상의 학습이 나타났다고 결론을 내릴 것이다. 교사들은 강의 내용을 듣는다거나 교과서를 읽는 것만으로는 중요한 학습 내용을 거의 기억하지 못했다.

바람직한 토의 결과

이번 토의의 목표는 교사들로 하여금 학습은 자신의 활발한 참여 여부에 따라 달라진다는 것을 인식하게 하는 것이다. 학생들이 하는 학습도 이와 비슷한데, '학생들에게' 무엇을 하도록 하는 것이 아니라 오히려 학생들 스스로 무엇을 '하느냐'에 달려 있다.

가치 있는 학습 경험

아동들이 놀 때나 무언가에 열중하고 있는 상황을 지켜보고, 또한 교사 자신의 학습 경험을 분석해 보면서 교사들은 학습 경험의 중요한 특성을 알아차릴 수 있다. 또한 교사들은 자신의 교수 경험으로부터 이를 이끌어낼 수도 있다. 이번 토의는 이러한 특성들을 이끌어 내고자 하는 의도를 가지고 있다.

대화 활동 1 ▶ 아동의 학습 특성을 반영하기

기초 질문

"선생님이 수업할 때의 경험을 생각해 보고, 특히 수업에서 학생들이 매우 깊이 몰입해서 많은 것을 배우게 되었던 성공적인 수업 하나를 상기해 보세요. 선생님과 같은 테이블에 앉아 있는 동료들에게 그 수업에 대해 짧게 묘사해 보세요."

질문에 대한 코멘트

이번 질문과 관련하여, 학생들은 매우 흥미로워했으나 이를 통해 학습이 이루어졌다고 보기 어려운 활동을 언급할 수도 있다는 점에서 몇 가지를 명확히 해야 할 필요가 있다. 반대로, 어떤 교사들은 학생들은 바쁘게 무언가를 하고 있지만 지적으로는 몰입하지 못했던 활동을 생각해 낼 수도 있다. 즉, 교사들은 과제 완수에 의미를 두고 임무를 수행해 왔다고 주장할 수 있다. 하지만 과제 그 자체가 도전적이지 못하거나 수준 높은 학습이 되지 못하는 경우, 학생들의 참여는 기대하기 어렵다.

추천하는 집단 형태

이번 대화는 소집단으로 시작해야 하는데, 이때 교사들이 자신들의 이야기를 다른 교사들에게 얘기할 수 있어야 한다. 교사들이 자신들의 사연을 말하도록 한 후, 교사들로 하여금 각기 다른 교사들의 이야기 속에서 공통 유형을 알아차리고, 일반적으로 활동과 과제에 참여하게 하는 특성들을 살펴보도록 격려한다. 그리고는 전체 교직원들과 일반 토의를 시행하고, 학습 활동에 참여하게 만드는 특성이라고 교사들이 동의한 내용을 목록으로 작성하도록 한다.

도구 혹은 준비물

각기 다른 집단에서 나온 의견을 모으기 위해 커다란 종이가 필요하다.

예상되는 교사 반응

교사들은 학습 경험에 참여하게 만드는 여러 특성을 파악할 것인데, 다음에 언급된 것 중 일부 혹은 전체가 해당될 수 있다.

- 흥미로운 문제 혹은 질문을 제기한다.
- 학생의 선택과 자발성을 요청한다.

- 넓게 살펴보기보다는 깊게 살펴보도록 격려한다.
- 협력적인 과업을 허용한다.
- 고차원적 사고(예: 정보를 수집하고 분석하기, 예측하기)를 요구한다.

바람직한 토의 결과

교사들에게 이번 토의의 비평적 지점을 인식하도록 하는 것이 중요한데, 학생의 학습에 중요한 것은 바로 학생의 지적인 참여이다. 학습이란 본질적으로 적극적이며 지적인 참여를 통해 '학습자가 주도할 때' 일어난다. 다른 방식으로 표현해 보자면, 교사의 입장에서는 교사인 우리가 제공하는 것 때문에 학생들이 배우게 된다고 생각하는 유혹에 빠지기 쉽다. 교사들이 흔히 범하는 이러한 실수에서 벗어나려면, 학생들은 '교사인 우리가 하고 있는 것' 때문에 학습하게 되는 것이 아니라 '학생들이 하고 있는 것' 때문에 학습한다는 사실을 깨달아야 한다. 그렇다면 교사로서 우리가 감당해야 하는 도전은 학생들을 위해 내적 흥미를 유발하면서 교사인 우리가 바라는 학습이 일어날 수 있도록 학습 경험을 계획하는 것이다.

인간의 동기 유발

학생 입장에서 헌신을 해야만 수준 높은 학습이 가능하다. 교사와 학부모 입장에서는 학생들이 잘 배우기를 바라는 것만으로는 충분하지 않으며, 특히 중고등학교 학생들은 복잡한 개념과 기술을 습득할 수 있도록 해야 한다. 하지만 학생들로 하여금 노력을 해 보도록 그리고 정신적으로 힘든 노동을 감내해 보도록 동기 유발시키는 것은 무엇일까? (어린 아동에게 금빛 별 모양 스티커와 같은) 높은 성적에 대한 보상 때문일까? 외적 동기 유발과 내적 동기 유발의 차이점은 무엇이며, 교사들은 학생들이 내적 동기를 유발하도록 어떻게 도와줄 수 있는가?

여러 학자 중 William Glasser(1986)와 Edward Deci(1995)가 수행했던 동기

유발 관련 연구 결과 요약을 소개해 줄 수 있다. 이들의 연구를 통해 알게 된 것은 모든 인간은 어떤 중요한 심리적 욕구를 갖고 있으며, 그러한 욕구들은 3장에서 언급하였듯이 다음과 같다.

• 소속감 그리고 다른 사람과 관계 맺기

  인간은 사회적 동물이어서 다른 사람들과 관계를 맺고 살아가야만 한다. 성인과 아동 모두 다른 사람들과 함께 작업할 수 있는 활동에 참여할 때 더욱 동기 유발된다.

• 능력 혹은 숙달하기

  모든 사람들은 어려운 과업을 성취할 때 상당한 만족감을 얻는다. 애써 노력했다는 것 그 자체로 만족감의 일부가 충족되는데, 만일 과업이 너무 쉽거나 도전을 주지 못하는 경우 그 결과는 보잘것없다.

• 자율성 혹은 자유

  어느 누구도 무엇을 하라고 잔소리를 듣는 것을 좋아하지 않는다. 3세인 자녀에게 "지금 자러 갈래? 아니면 5분 내로 갈래?"라고 물어본 적 있는 부모라면 이 점을 잘 이해할 수 있다.

• 지적 도전

  성인과 아동 모두 도전을 즐긴다. 이 점은 사람들이 십자말풀이(crossword puzzle)나 스도쿠(Sudoku) 놀이를 왜 하는지 그 매력을 설명하는 데 도움이 된다.
  이런 점이 성인과 아동을 포함한 모든 인간이 갖고 있는 필수적이며 근본적인 욕구라는 점을 지적한다. 이러한 아이디어와 학교에서의 학습 경험이 반영되도록 우리는 어떻게 조직해야 하는지를 탐색하기 위해 몇 번의 토의 시간을 가져야 한다.

대화의 다른 부분에서 시도했던 것처럼 교사들의 경험으로부터 중요한 원칙들을 도출해 내도록 하는 것이 도움이 된다. 따라서 여러 학자 중 Glasser(1986)와 Deci(1995)가 언급했던 것처럼, 동기 유발 관련 대화는 교사 자신의 욕구가 어떻게 충족되는지 살펴보면서 시작한다. 그러한 대화는 교사들은 학교생활을 서로 공유하고 있다는 점에서 교사들의 전문적인 경험에 초점을 맞출 것이다.

기초 질문

"학교, 특히 하나의 조직체인 학교에서 교사로서 자신의 삶을 생각해 보세요. 교사들의 관계 맺기, 능력, 자유, 지적 도전의 욕구들은 어떻게 다뤄지고 있나요? 교사로서 본인은 그러한 요구들이 처해 있는 대우를 개선시킬 수 있는 방법을 생각해 볼 수 있나요?"

질문에 대한 코멘트

이번 질문은 직설적이어서, 명료화할 필요가 거의 없거나 아예 그럴 필요가 없다. 대부분의 교사가 자신이 근무하는 학교를 학생들의 욕구는 고려되지만 교사의 욕구는 무시되는 곳으로 생각하고 있다는 점에서 이것은 어찌 보면 익숙하지 않은 개념일 수 있다. 따라서 학교 혹은 조직으로서 그곳에서 많은 시간을 보내야 하는 성인들을 위하여 더 많은 보상을 줄 수 있는 곳으로 변모할 수 있다는 사실을 발견하면 놀랄 수 있다.

추천하는 집단 형태

이번 대화는 소집단으로 시작할 수 있는데, 집단마다 욕구를 하나씩 다르게 정해 줄 수 있다. 집단은 본인 집단에게 배정된 욕구에 대해 생각해 보고, 전체 집단 토의에서 이에 대해 발표해 보도록 한다.

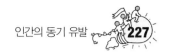

도구 혹은 준비물

어떤 것도 필요하지는 않지만, [그림 8-1]에서 사용된 것과 비슷한 유인물이 도움이 될 수 있다.

예상되는 교사 반응

이번 대화는 교사들에게 학교라는 곳이 근무하기에는 만족스러운 장소일 수 있어도 그곳에서 일하는 성인을 위해 개선될 여지가 있다는 점을 다룬다. 교사들은 다음의 내용을 언급할 수 있다.

- 내가 수업 연구 모임의 일원이 되었다는 것이 나로 하여금 학교에서 다른 사람과 관계를 맺고 있다고 느끼도록 했다.
- 우리의 교직원 모임은 나에게 중요하다.
- 어려움을 겪고 있는 학생을 도와주어 마침내 그 학생이 성공하게 된 것은 나에게 상당한 만족감을 주었고, 나는 능력이 있으며 뭐든 할 수 있다는 느낌을 갖게 했다.
- 교육청에서 내려온 지침들은 나의 자율성 감정에 상처를 냈고, 이렇게 되지 않도록 우리가 할 수 있는 무언가는 없을까?
- 이러한 개념을 어떻게 제시할지 결정하는 일은 진정 도전적이지만, 나는 해내고자 노력하는 모습을 즐기고 있다.

바람직한 토의 결과

교사들이 그 개념을 현실적으로 받아들이도록 하려면, 자신만의 관점을 통해 심리적 욕구 문제를 고려해 보도록 하는 것이 도움이 된다. 또한 교사들로 하여금 학생과의 결과적 측면에서뿐 아니라 성인이 근무하고 있는 장소로서 학교를 개선시킬 수 있는 아이디어를 제공해 보라고 할 수 있다.

1. 우리 교사 집단에게 필요한 욕구(needs)에 동그라미 치세요.

소속감, 능력, 자율성, 도전

2. 교사의 입장에서, 학교에서 이러한 근본 욕구를 더욱 충족시킬 수 있는 방안에 대
해 몇 가지 예를 적어 보세요.

----

3. 또한 학교 차원에서 이러한 욕구가 더욱 발현될 수 있는 방안에 대해 몇 가지 제
안해 보세요.

[그림 8-1] 우리의 욕구를 점검하기

출처: Danielson, C. (2009). *Talk about Teaching! Leading Professional Conversations*. Thousand Oaks, CA: Corwin Press. www.corwinpress.com 이 책을 구입한 학교 현장 또는 비영리 단체에 한해서만 복제를 허가함.

대화 활동 2 학생의 동기 유발 고려하기

일단 동기 유발 이론 내용에 교사 자신들의 개인적 경험을 적용해 보게 되면 교사들은 자신의 관심을 학생의 입장으로 전환할 수 있으며, 이러한 아이디어가 실제 현장에 어떻게 영향을 미칠 수 있는지 그리고 미쳐야 하는지 생각해 볼 수 있다.

기초 질문

"교실에서 학생들이 경험하는 것 그리고 학생들이 참여하는 다른 프로그램 속에서 어떤 기회를 제공해야 다른 사람들과 관계를 맺고자 하는 욕구가 충족될 수 있을까요?"

질문에 대한 코멘트

대부분의 교사는 인간으로서 갖고 있는 학생들의 욕구를 고려하지 않은 채 학생들을 그저 가르친다는 의미로 여긴다. 하지만 이번 토론은 교사들이 가르치는 방법에서뿐 아니라 학생을 대상으로 하는 프로그램을 계획하는 경우에서도 이러한 고려를 연결시킬 때 학생들이 학습에 훨씬 더 참여하게 된다는 점을 교사들이 인식하도록 하는 데 도움을 준다.

추천하는 집단 형태

이번 대화는 학년별, 교과별, 연구 모임별로 구성된 소집단에서 가장 잘 수행된다. 각 소집단들은 교사들이 내린 결론을 짧게 요약하여 전체 교직원에게 제공하도록 해야 한다.

도구 혹은 준비물

실제로 어떤 것도 필요하지는 않지만, [그림 8-2]에서 사용된 것과 비슷한 유인물이 도움이 될 수 있다.

William Glasser(1986)와 Edward Deci(1995)가 언급했던 심리적 욕구(needs)를 우리 학교는 어떻게 충족시키고 있는지 혹은 충족시킬 수 있는지 예들을 생각해 보세요.

소속감

능력

자율성

도전

[그림 8-2] **학생의 욕구를 점검하기**

출처: Danielson, C. (2009). *Talk about Teaching! Leading Professional Conversations*. Thousand Oaks, CA: Corwin Press. www.corwinpress.com 이 책을 구입한 학교 현장 또는 비영리 단체에 한해서만 복제를 허가함.

예상되는 교사 반응

교사들은 다음의 내용을 언급할 것이다.

- 내가 수업을 할 때 집단에서 하는 활동이 왜 그리 중요한지 이제 알 수 있다.
- 지난번 학생 한명이 다항식의 인수분해 방법을 마침내 이해했을 때 그 학생은 너무나 흥분하였다! 그 학생은 너무나 강력한 느낌을 받은 것이다!
- 나는 학생들에게 어떤 것을 하라고 요구할 때 학생들에게 더 많은 선택이 가능하도록 해야 한다. 그래야 학생이 무엇을 선택하든지 수준 높은 질이 담보된 학습으로 나타나게 된다는 점을 확실하게 받아들일 필요가 있다.
- 우리가 과학 수업에서 생각해 볼 만한 문제를 수업에 더 많이 포함시킬 수 있을지 궁금하다.

바람직한 토의 결과

이번 대화는 학습 측면에서 오히려 수업에서 시도한 작은 수정 사항이 종종 학생들의 헌신과 참여에 커다란 차이를 낸다는 점을 강조해야 한다. 심리적 욕구와 관련된 이론들은 교사들로 하여금 어떤 조정을 해야 할지 파악하는 데 매우 도움이 된다. 교사들은 이러한 이론들이 이전의 토론에서 논의하였던 학습 경험을 계획할 때보다 확실한 합리적 근거를 마련해 준다는 점을 알아야 한다. 이러한 점들은 학습 측면과 더불어, 동기 유발 이론 측면에서 반드시 살펴보고 고려해야 한다. 이번 대화에서는 좋은 수업 활동에는 다음 내용들이 포함된다는 점을 강조하였다.

- 흥미로운 문제 혹은 질문을 제기한다.
- 학생의 선택과 자발성을 요청한다.
- 넓게 살펴보기보다는 깊게 살펴보도록 격려한다.
- 협력적인 과업을 허용한다.

• 고차원적 사고(예: 정보를 수집하고 분석하기, 예측하기)를 요구한다.

대화를 위한 주제

이제 전문적 대화가 언제나 가능하도록 해야 하는 교육 현장의 중요한 측면을 고려해 보는 시간이 되었다. 이 책의 앞부분에서 언급하였듯이, 교장의 지위에서 나오는 권위를 중요하게 활용할 수 있는 방법은 바로 중요한 개념에 대해 교사들이 공통적인 이해가 가능하도록 만드는 일이며, 학교에서 이러한 개념이 적용되도록 탐색하도록 하는 것이다. 그러한 중요한 개념들이 바로 빅 아이디어라고 할 수 있으며, 이에 대하여 어느 정도 깊이 있게 다루었다. 이제 교사들로 하여금 교실 현장에 그들이 시도할 수 있는 적용을 해 보도록 한다.

4장에서 언급하였듯이, 풍부한 전문적 대화에서 언제나 등장하는 주제들은 다음과 같다.

• 교수 목적의 명료성 그리고 내용의 정확성
• 편안하고, 존중받으며, 지지해 주고, 도전하게 하는 학습환경
• 학급 경영
• 학생의 지적 참여
• 모든 학생의 성공적 학습
• 전문성

토의 질문 1~6: 대화가 가능한 주제를 생각해 보기

교장으로서 학교를 둘러보다가 어느 교실에 들어갔을 때, 당신은 그 교실을 맡고 있는 교사와 의미 있으면서도 전문성을 띤 대화를 나눌 수 있기를 기대한

다는 점을 교사들에게 얘기한다. 그리고 교장으로서 당신은 교사들과 나누는 대화가 풍부하고 생산적이기를 희망한다는 점을 언급한다. 위에서 다루었던 내용들을 짚어 가면서, 이러한 주제들이 빅 아이디어에서 직접적으로 나온 것이며, 학교의 모든 교직원이 그것에 대해 토의할 수 있다는 점이 중요함을 언급한다. 또한 교사와 그것에 대해 토의한다고 해서 그 교실 현장에 뭔가 부족한 점이 있다고 보는 것이 아님을 언급해야 한다. 오히려 그것과는 상관없다! 하지만 가르치는 일은 너무나 도전적인 업무이며, 언제나 개선될 여지가 있다. 대화는 계속 진행되어야 하고 지속적인 개선을 목적으로 하는 것이며, 이는 모든 전문적인 교육자라면 반드시 갖추어야 할 책무의 한 부분이다.

기초 질문

"어떤 교사가 이러한 아이디어를 고차원적으로 다룰 수 있는 학급을 맡고 있다면, 그 학급의 학생이나 교사로부터 무엇을 목격하거나 듣게 될까요? 몇 가지 구체적인 예를 생각해 낼 수 있나요? 또한 그러한 학급의 교사들은 자신의 수업에 대해 어떻게 얘기할까요?"

질문에 대한 코멘트

이번 대화는 교사들로 하여금 행정가들이 자신의 학급을 방문했을 때 그들이 특정 반응에 주목할 것이라는 걱정을 할 필요가 없는 편안한 환경에서 동료들과 이러한 아이디어를 시도해 보도록 한다. 사실, 이번 질문은 정답이 있을 수 없고, 그 대신 교사의 반성과 대화를 촉진시키려 함을 강조하는 것이 중요하다.

추천하는 집단 형태

학년별 혹은 교과별, 연구 모임별로 구성된 소집단은 이러한 대화에 가장 좋은 집단 형태이다. 이 주제와 관련해서는 매 회 하나의 주제를 선택하여 총 6번의 토론 기회를 가질 것을 추천한다. 소집단이 자신들의 생각을 커다란 종이

위에 적도록 하면, 이러한 차트는 벽에 걸어 둘 수 있는 자료가 될 수도 있고, 각 집단이 작성한 기록의 근거가 되어 이 주제와 관련하여 추후에 이어질 전체 집단 토의에서도 활용할 수 있다.

만약 학교에서 '수업 관련 틀'을 활용하는 경우, 이러한 주제들과 수업 관련 틀의 요소들을 어떻게 연계시킬 수 있는가의 문제는 또 다른 중요한 대화로 이끌 수 있다. 이와 관련된 연계 지침은 4장에서 기술하였다.

도구 혹은 준비물

이번 토론에서는 커다란 종이 외에는 필요한 도구가 없다.

예상되는 교사 반응

교사 반응들은 당연히 매우 다양할 것으로 예상되지만, 다음과 같은 내용이 언급될 것이다.

• 교수 목적의 명료성 그리고 내용의 정확성에 대해서
  − 수업 후에 이어지는 대화에서 교사는 학생들이 학습하도록 의도한 것이 무엇이었는지 매우 분명하게 말한다.
  − 활동 및 준비물이 이러한 교사의 목적에 부합한다.

• 편안하고, 존중받으며, 지지해 주고, 도전하게 하는 학습환경에 대해서
  − 학생들이 교사나 친구들로부터 결코 놀림을 당하거나 무시당하지 않음을 목격한다.
  − 학생들이 대충 하거나 제대로 하지 않은 과제는 교사가 받아 주지 않는다.
  − 교사들은 학생들의 노력과 그들이 과업에서 활용한 전략을 칭찬한다.

• 학급 경영에 대해서

- 수업와 관련 없는 문제로 수업 시간을 낭비하는 일은 거의 없다.
- 학생 스스로 수업이 순조롭게 진행되고 있다고 여긴다.
- 교사는 학생의 행동에 대해 교사로서의 직업에 입각한 코멘트만 한다.

• 학생의 지적 참여에 대해서
- 학생들에게 분석적으로 혹은 창의적으로 사고하도록 한다.
- 과제와 활동들은 정답이 여러 개가 가능하도록 계획하거나, 여러 접근 방법을 통해 하나의 답으로 도달될 수 있도록 계획한다.
- 학생들은 자신들이 하고 있는 과제에 대해 활발하게 토론에 참여한다.
- 수업 중에 학생들끼리 대화하는 소리가 들린다. 학생들은 무엇을 해야 하는지 알고 있으며, 교사의 지시는 최소화하면서 그 일에 열중한다.
- 모든 학생은 활동에 참여한다.

• 모든 학생의 성공적 학습에 대해서
- 교사는 수업을 하면서 학생이 이해를 하고 있는지 살펴본다.
- 교사는 모든 학생이 그 수업을 통해 얻어야 하는 결과에 도달했는지 확인하기 위하여 질문 혹은 접근 방법(예: 외출 티켓)을 준비한다.
- 교사는 학업에 어려움을 겪고 있는 학생들을 도와주기 위해 수업 내용을 조정하거나 보충 자료를 제공한다.
- 학생 스스로 자신들의 과제를 평가한다.

• 전문성에 대해서
- 교사들은 홀로 혹은 동료와 함께 전문적인 학습 활동에 참여한다.
- 교사가 기록한 내용은 정확해야 하며, (수업을 위한) 계획에 활용할 수 있다.
- 교사는 교수 프로그램 및 학생 개개인의 진전에 대해 학생의 가정과 자주 의사소통한다.

― 교사들은 학교나 교육청에서 주최하는 전문적 활동에 참여한다.

바람직한 토의 결과

교사들은 처음에는 광범위하게 가능한 접근 방법에 대한 감각을 가지고 대화를 시작하여, 결국 그 대화가 내포하는 다른 주제로 논의를 넓혀 가야 한다. 교사들은 자신들의 아이디어가 괜찮은 것이라는 자신감을 갖게 될 것이며, 그 아이디어를 낸 동료 교사에게 감사함을 표시할 것이다. 전체적으로 이러한 대화를 진행하다 보면 교장과 전문적인 대화에 참여하는 것이 교사의 불안을 덜어 주는 방안이 될 수 있고, 교사들로 하여금 무언가를 보상받는 경험을 기대하도록 해 줄 수도 있다.

요약

역사적으로 살펴볼 때 대부분의 학교는 교원들의 전문성을 띤 풍부한 대화가 가능하다거나, 더군다나 교장이나 다른 행정가들의 도움을 받지 못하는 상황에 처해있어 교사들이 참여할 수 있는 조직이 되지 못했다. 하지만 이 장에서 강조했던 것처럼, 일련의 토론에 참여한 후에는 학교 교직원들은 교육 현장에서 강조되고 있는 근본적인 빅 아이디어에 대해 교사들끼리 공유된 이해를 비롯하여, 교실에서 그것이 어떻게 실현될 수 있는지에 대한 감각을 가져야 한다. 게다가 첫 번째 토론을 통해 신뢰할 수 있는 환경에서 이러한 대화를 나눌 수 있다.

참고문헌

Arneson, S. M. (2014). *Building trust in teacher evaluations: It's not what you say; it's how you say it.* Thousand Oaks, CA: Corwin.

Barnard, C. I. (1958). *The functions of the executive.* Cambridge, MA: Harvard University Press.

Barrell, J. (1991). *Teaching for thoughtfulness: Classroom strategies to enhance intellectual growth.* White Plains, NY: Longman.

Barrell, J. (2003). *Developing more curious minds.* Alexandria, VA: ASCD.

Bennis, W. (2003). *On becoming a leader* (3rd ed.). Cambridge, MA: Basic Books.

Binet, A. (1975). *Modern ideas about children* (S. Heisler, Trans.). Menlo Park, CA: Suzanne Heisler.

Black, P., Harrison, C., Lee, C., Marshall, B., & Wiliam, D. (2003). *Assessment for learning: Putting it into practice.* Philadelphia, PA: Open University Press.

Bosk, C. L. (1979). *Forgive and remember: Managing medical failure.* Chicago, IL: University of Chicago Press.

Boyer, E. (1983). *High school: A report on secondary education in America.* New York, NY: Harper & Row.

Brounstein, M. (2000). *Coaching and mentoring for dummies.* New York, NY: Wiley.

Coleman, J. (1966). *Equality of educational opportunity.* Washington, DC: National Center for Educational Statistics.

Collins, J. (2001). *Good to great: Why some companies make the leap and others don't.*

New York, NY: HarperCollins.

Common Core State Standards (2015). Retrieved from http://www.corestandards.org/

Costa, A. L., & Garmston, R. J. (2002). *Cognitive coaching: A foundation for renaissance schools* (2nd ed.). Norwood, MA: Christopher Gordon.

DeGrasse, L. (2001, January 11). Excerpts from judge's ruling on school financing. *New York Times*. Retrieved from http://www.nytimes.com/2001/01/11/nyregion/excerpts-from-judge-s-rulingon-school-financing.html

Danielson, C. (2007). *Enhancing professional practice: A framework for teaching*. Alexandria, VA: ASCD.

Deci, E. (1995). *Why we do what we do: Understanding self-motivation*. New York, NY: Putnam.

Dewey, J. (1959). *Dewey on education: Selections*. New York, NY: Teachers College Press.

Dweck, C. S. (2000). *Self-Theories: Their role in motivation, personality, and development*. Philadelphia, PA: Psychology Press.

Dweck, C. S. (2006). *Mindset: The new psychology of success*. New York, NY: Random House.

Dweck, C. S. (2014, December). Teachers' mindsets: "Every student has something to teach me." *Educational Horizons, 93*(2), 10-14.

Feiner, M. (2004). *The Feiner points of leadership: The 50 basic laws that will make people want to perform better for you*. New York, NY: Warner Business Books.

Fogarty, R. (Ed.). (1998). *Problem based learning: A collection of articles*. Arlington Heights, IL: Skylight.

Fosnot, C. T. (1989). *Enquiring teachers, enquiring learners: A constructivist approach to teaching*. New York, NY: Teachers College Press.

Friedman, T. L. (2007, June 10). Israel discovers oil. *New York Times*. Retrieved from http://select.nytimes.com/2007/06/10/opinion/10friedman.html?_r=1&oref=slogin

Fullan, M. (2005). *Leadership and sustainability: Systems thinkers in action*. Thousand

Oaks, CA: Corwin.

Gallagher, S. A., & Stepien, W. J. (1996). Content acquisition in problem-based learning: Depth versus breadth in American studies. *Journal for the Education of the Gifted, 19*(3), 257-275.

Ginnott, H. G. (1969). *Between parent and teenager.* New York, NY: Macmillan.

Glasser, W. (1986). *Control theory in the classroom.* New York, NY: Perennial Library.

Glasser, W. (2001). *Every student can succeed.* Chula Vista, CA: Black Forest Press.

Glickman, C. D., Gordon, S. P., & Ross-Gordon, J. M. (2003). *SuperVision and instructional leadership: A developmental approach* (6th ed.). Boston, MA: Allyn & Bacon.

Goleman, D. (1995). *Emotional intelligence.* New York, NY: Bantam.

Goodlad, J. I. (1984). *A place called school: Prospects for the future.* New York, NY: McGraw-Hill.

Greene, D., & Lepper, M. (1974). How to turn play into work. *Psychology Today, 8*(4), 49-52.

Herzberg, F., Mausner, B., & Snyderman, B. (1993). *The motivation to work.* New Brunswick, NJ: Transaction.

Hiebert, J., Carpenter, T. P., Fennema, E., Fuson, K. C., Murray, H., & Wearne, D. (1997). *Making sense: Teaching and learning mathematics with understanding.* Portsmouth, NH: Heinemann.

Hiebert, J., Stigler, J. W., Jacobs, J. K., Givvin, K. B., Garnier, H., Smith, M., ······ Gallimore, R. (2005). Mathematics teaching in the United States today (and tomorrow): Results from the TIMSS 1999 video study. *Educational Evaluation and Policy Analysis, 27*(2), 111-132.

Holliday, M. (2001). *Coaching, mentoring, and managing* (2nd ed.). Franklin Lakes, NJ: Career Press.

Jackson, D. B. (2003, April). Education reform as if student agency mattered: Academic microcultures and student identity. *Phi Delta Kappan, 84,* 579-591.

James, W. (1983). *Talks to teachers on psychology: And to students on some of life's ideals*. Cambridge, MA: Harvard University Press.

Johnson, S. M. (1990). *Teachers at work: Achieving success in our schools*. New York, NY: Basic Books.

Jung-Beeman, M., Bowden, E. M., Haberman, J., Frymiare, J. L., Arambel-Liu, S., Greenblatt, R., ⋯⋯ & Kounios, J. (2004). Neural activity when people solve verbal problems with insight. *Public Library of Science Biology, 2*(4).

Kelly, R. E. (1998). In praise of followers. *Harvard Business Review, 88*(6), 142-148.

Kohn, A. (1993). *Punished by rewards: The trouble with gold stars, incentive plans, A's, praise and other bribes*. Boston, MA: Houghton Mifflin.

Kramer, R. M. (1996). Divergent realities and convergent disappointments in the hierarchic relation: Trust and the intuitive auditor at work. In R. M. Kramer & T. R. Tyler (Eds.), *Trust in organizations: Frontiers of theory and research* (pp. 216-245). Thousand Oaks, CA: Sage.

Lipton, L., & Wellman, B. M. (2000). *Pathways to understanding: Patterns and practices in the learning-focused classroom* (2nd ed.). Sherman, CT: Mira Via.

McPhee, J. (1966). *The headmaster: Frank L. Boyden of Deerfield*. New York, NY: Farrar, Straus & Giroux.

Mishra, A. K. (1996). Organizational responses to crisis: The centrality of trust. In R. M. Kramer & T. R. Tyler (Eds.), *Trust in organizations: Frontiers of theory and research* (pp. 261-287). Thousand Oaks, CA: Sage.

National Research Council (1999). *How people learn: Bridging research and practice*. Washington, DC: National Academies Press.

Nigro, N. (2003). *The everything coaching and mentoring book: How to increase productivity, foster talent, and encourage success*. Avon, MA: Adams Media.

Perkins, D. N. (1992). *Smart schools: From training memories to educating minds*. New York, NY: Free Press.

Peters, T., & Austin, N. (1985). *A passion for excellence: The leadership difference*.

New York: Random House.

Reina, D. S., & Reina, M. L. (2006). *Trust and betrayal in the workplace: Building effective relationships in your organization* (2nd ed.). San Francisco, CA: Berrett-Kohler.

Resnick, L. B., & Klopfer, L. E. (Eds.). (1989). *Toward the thinking curriculum: Current cognitive research*. Alexandria, VA: ASCD.

Rock, D. (2006). *Quiet leadership: Six steps to transforming performance at work*. New York, NY: HarperCollins.

Sarason, S. B. (1991). *The predictable failure of educational reform: Can we change course before it's too late*. San Francisco, CA: Jossey-Bass.

Senge, P. M. (1990). *The fifth discipline: The art and practice of the learning organization*. New York, NY: Doubleday.

Senge, P. M., Cambron-McCabe, N., Lucas, T., Smith, B., Dutton, J., & Kleiner, A. (2000). *Schools that learn: A fifth discipline fieldbook for educators, parents, and everyone who cares about education*. New York, NY: Doubleday.

Sergiovanni, T. J. (1992). *Moral leadership: Getting to the heart of school improvement*. San Francisco, CA: Jossey-Bass.

Shulman, L. S. (2004). *The wisdom of practice: Essays on teaching, learning, and learning to teach*. San Francisco, CA: Jossey-Bass.

Silverman, L., & Taliento, L. (2005). *What you don't know about managing nonprofits—and why it matters*. New York, NY: McKinsey & Company.

Stigler, J. W., & Hiebert, J. (1999). *The teaching gap: Best ideas from the world's teachers for improving education in the classroom*. New York, NY: Free Press.

Taba, H., & Elzey, F. (1964). Teaching strategies and thought processes. *Teachers College Record, 65*, 524-534.

Tschannen-Moran, M. (2004). *Trust matters: Leadership for successful schools*. San Francisco, CA: Jossey-Bass.

Tschannen-Moran, M., & Hoy, W. K. (1998). A conceptual and empirical analysis of

trust in schools. *Journal of Educational Administration, 36*, 334-352.

Visscher, M. (2006). Reading, writing, and playing "The Sims": What video games can teach educators about improving our schools. *Ode, 4*(7), 18-23.

von Glasersfeld, E. (1989). Cognition, construction of knowledge, and teaching. *Synthese, 80*, 121-140.

Whitaker, T., Whitaker, B., & Lumpa, D. (2000). *Motivating and inspiring teachers: The educational leader's guide for building staff morale.* Larchmont, NY: Eye on Education.

White, R. W. (1959). Motivation reconsidered: The concept of competence. *Psychological Review, 66*, 297-333.

Whitmore, J. (2002). *Coaching for performance: GROWing human potential and purpose* (3rd ed.). Boston, MA: Nicholas Brealey.

찾아보기

〈내용〉

저자 소개

Charlotte Danielson

Danielson의 관심 분야는 수업(teaching)으로, 교사의 질(teacher quality) 향상과 특히 교사들의 전문적인 학습을 촉진하려는 교사 평가 체제(teacher evaluation systems) 구안에 관심을 가지고 있다. 교사 효율성(teacher effectiveness) 분야의 명망이 높은 전문가로 전 세계에 알려져 있는 그녀는 미국을 비롯한 전 세계 여러 나라의 교육부, 주(state) 교육부를 위해 조언을 해 주고 있다. 정책 입안자 및 행정가들을 대상으로 정책 고문뿐 아니라 미국 국내외 학술대회에서 기조연설자 역할도 담당해 오고 있다.

Danielson은 코넬 대학교에서 역사학을, 옥스퍼드 대학교에서 철학, 정치학, 경제학을, 러트거스 대학교에서 교육 행정 및 경영을 전공하였다. 그녀는 유치원에서부터 대학에 이르는 모든 학년을 가르쳐 본 경험이 있고, 교육과정 디렉터 및 교원 발달 디렉터로 일하였으며, 다니엘슨 그룹(Danielson Group)을 설립하였다. 그녀가 만든 '수업 관련 틀(Framework for Teaching)'은 미국에서 교수(teaching)에 관해 언급할 때 가장 많이 활용되고 있으며, 미국 대부분의 주에서 유일하게 활용되는 모델 혹은 몇 개의 승인받은 모델 중 하나로 도입되어 활용되고 있다.

Danielson은 『학생들의 성공을 위한 학교를 조직하기(Enhancing Student Achievement: A Framework for School Improvement)』(2002), 『교사 리더십(Teacher Leadership That Strengthens Professional Practice)』(2006), 『전문적인 현장 강화시키기(Enhancing Professional Practice: A Framework for Teaching, 2nd ed.)』(2007), 『수업에 대한 이야기(Talk About Teaching! Conducting Professional Conversations)』(2009) 등의 저서들을 비롯하여, 그녀의 생각을 적용하고자 하는 현장 실천가들을 위한 수많은 실천적 도구 및 훈련 프로그램(현장용 및 온라인용) 등을 망라한 여러 영역의 저서를 출판하였다.

역자 소개

정혜영(鄭惠永, Chung, Hye Young)
이화여자대학교 초등교육과 학사
이화여자대학교 초등교육 석사
미국 서던캘리포니아 대학교 TESOL 석사
미국 서던캘리포니아 대학교 교사교육 박사
현 이화여자대학교 초등교육과 교수

〈관심 연구분야〉
초등교육
교사교육(교사 전문성, 코칭과 멘토링, 교원 개발 등)
초등 영어 교사교육

〈저ㆍ역서〉
초등학교 교사론(공저, 학지사, 2007)
초등교육이란 무엇인가: 현상학적 이해(공저, 교육과학사, 2005)
성공하는 교사의 첫걸음(공역, 시그마프레스, 2009)
교육의 위기: 교사의 직무 스트레스와 탈진(공역, 박학사, 2007)

교사, 수업을 말하다

-빅 아이디어로 수업 전문성 찾아가기-

Talk About Teaching! (2nd ed.)
–Leading Professional Conversations–

2018년 8월 20일 1판 1쇄 인쇄
2018년 8월 30일 1판 1쇄 발행

지은이 • Charlotte Danielson
옮긴이 • 정혜영
펴낸이 • 김진환
펴낸곳 • (주)**학지사**
　　　　04031 서울특별시 마포구 양화로 15길 20 마인드월드빌딩
대표전화 • 02)330-5114　　　팩스 • 02)324-2345
등록번호 • 제313-2006-000265호

홈페이지 • http://www.hakjisa.co.kr
페이스북 • https://www.facebook.com/hakjisa

ISBN 978-89-997-1591-4　93370

정가 16,000원

이 도서의 국립중앙도서관 출판시도서목록(CIP)은 서지정보유통지
원시스템 홈페이지(http://seoji.nl.go.kr)와 국가자료공동목록시스템
(http://www.nl.go.kr/kolisnet)에서 이용하실 수 있습니다.
(CIP 제어번호: CIP2018023168)

교육문화출판미디어그룹 **학지사**

심리검사연구소 **인싸이트** www.inpsyt.co.kr
원격교육연수원 **카운피아** www.counpia.com
학술논문서비스 **뉴논문** www.newnonmun.com
간호보건의학출판 **학지사메디컬** www.hakjisamd.co.kr